Veröffentlichungen

der Europäischen Märchengesellschaft

Band 20

Im Auftrag der Europäischen Märchengesellschaft
herausgegeben
von Margarete Möckel und Helga Volkmann
Illustrationen von Burgis Heller

Spiel, Tanz und Märchen

Erich Röth Verlag Regensburg

CIP-Titelaufnahme der Deutschen Bibliothek

Spiel, Tanz und Märchen / im Auftrag der Europäischen Märchengesellschaft hrsg. von Margarete Möckel und Helga Volkmann.
Regensburg: Röth, 1995
[Veröffentlichungen der Europäischen Märchengesellschaft Bd. 20]
ISBN 3-87680-369-1
NE: Margarete Möckel und Helga Volkmann [Hrsg.]: Europäische Märchengesellschaft: Veröffentlichungen der Europäischen Märchengesellschaft

Texterfassung, Konvertierung/Satz: Manuela Treindl, Regensburg
Druck: Druckerei Zachmeier, Hausen
Umschlaggestaltung: Heinrich Benjes, Hellwege, unter Verwendung der Abbildung einer etruskischen Tänzerstatuette
ISBN 3-87680-369-1

INHALT

Durchgängige Abkürzungen von Literaturangaben:

AaTh	Aarne, Antti/Thompson, Stith: The Types of the Folktale. A Classification and Bibliography. Second Revision. Helsinki 1961.
Böhme	Böhme, Franz Magnus: Deutsches Kinderlied und Kinderspiel. Leipzig 1897, Repr. Nendeln 1967.
BP	Bolte, Johannes/Polívka, Georg: Anmerkungen zu den Kinder- und Hausmärchen der Brüder Grimm Bd. 1 – 5. Leipzig 1913 – 1932 (Nachdruck Hildesheim 1963).
EM	Enzyklopädie des Märchens. Hg. v. Kurt Ranke u. a. Berlin, New York 1977 ff.
FFC	Folklore Fellows Communications. Helsinki u. a. 1907 ff.

VORWORT

Es scheint uns gewiß, daß SPIEL, TANZ UND MÄRCHEN im Ritus ihre frühen gemeinsamen Wurzeln haben, und von diesem Ansatz her haben wir den Jahreskongreß der Europäischen Märchengesellschaft 1993 konzipiert. Was den drei Genres gleichermaßen eignet, ist die spürbare *Verbindlichkeit der Form.* Im Märchen sind es die festgefügten Strukturen und Motive; sie entsprechen den Abläufen und Regeln im Spiel ebenso wie den festgelegten Schrittfolgen und Figuren im Tanz. Nichts ist beliebig, alle Vielfalt ordnet sich spielerisch zu verbindlichem Muster. Daran erkennen wir das rituelle Erbe, das Spiel, Tanz und Märchen als Geschwister ausweist.

Wenn auch unsere Märchen *in ihrer heutigen Gestalt* wohl nicht viel älter sind als ein halbes Jahrtausend, so reichen doch viele ihrer Motive weit zurück in die frühen Zeiten, als die Menschen ihr Gemeinschaftsleben durch Rituale ordneten und diese Ordnung in Tanz, Spiel und Erzählung jedes Jahr erneuerten.

»Ein wesentliches Merkmal der rituellen Kulturen ist die Mächtigkeit des Tradierten in ihnen. Umfangreiche Bestände von immer gleichbleibenden Ritualen werden im bewußten Gedächtnis der einzelnen Ritualträger bewahrt und von Generation zu Generation überliefert. Die rituelle Darstellung einer ganzen Welt ... wird in Masken, Rollen, Begehungen, Symbolen, Gebeten, Liedern, Erzähltexten bewahrt und vererbt, eine lebende Enzyklopädie von unermeßlichem Wert, da aller Daseinssinn und -zusammenhang, aber auch alle Lebens*mittel,* Jagdtier und Nutzpflanze, Haus und Umwelt, Gesellschaftsform und Rolle, Werkzeug und Werkstoff in ihr gründen und durch sie Bestand haben.« (Heino Gehrts, Schamanentum und Zaubermärchen, S. 51)

In vielen Gegenden der Welt fanden Forscher unseres Jahrhunderts noch lebendige Zeugen solcher komplexen Überlieferungen, in denen rituelle Spiele, Tänze und Erzählungen ihren festen Platz hatten. In unserem Kulturkreis aber sind es vor allem die Märchen, in denen wir immer noch Spuren dieser Ursprünge und Gemeinsamkeiten mit Tanz und Spiel finden können.

Diese *inhaltliche* Gemeinsamkeit herauszustellen, also vor allem auf die Wurzeln zu verweisen, ist auch Thema und Ziel des vorliegenden Bandes. Vielleicht kann die Europäische Märchengesellschaft mit dieser Veröffentlichung der Wissenschaft einen neuen Impuls geben, sich der Erforschung des Ritus als Ursprung vieler unserer Zaubermärchen erneut zuzuwenden – besonders in der Zusammenschau mit Spiel und Tanz. Detailforschungen unter eingeengten und einengenden Sichtweisen befördern ein Raster- und Schubladensystem, das dem lebendigen Märchen *inhaltlich* nicht gerecht werden kann. Wir stimmen dafür, von den Wurzeln her einen Ansatz wahrzunehmen und aufzugreifen, der schon seit Jahrzehnten vorliegt: den kulturhistorischen (Saintyves, Siuts, Propp). Und wir freuen uns, dazu einen weiterführenden Beitrag veröffentlichen zu können, der die Herkunft einzelner Märchenmotive aus dem Ritus darlegt und den Beweis erbringt, daß es auch in Europa eine Initiation der Mädchen gab.

Im vorliegenden Band sind die meisten Vorträge des Kongresses versammelt, dazu einige Texte, die Arbeitsgemeinschaften zugrunde lagen oder deren Ergebnisse zusammenfassen. Darüber hinaus wurden Beiträge von grundsätzlicher Bedeutung aufgenommen, die das Kongreßthema ergänzend bereichern, so z. B. eine theoretische Zusammenfassung der Entwicklung deutscher Volkstänze, wie sie beim Kongreß von der »Tanz- und Speeldeel Ihna« vorgeführt wurden. Eine wichtige Ergänzung aus dem Bereich des Spiels stellt der neu hinzugekommene Beitrag über Kinderspiele dar.

Es steht uns wohl an, nach den gemeinsamen Wurzeln der drei Genres immer wieder vom Märchen her zu fragen. Von Beginn an wollten wir bei allen Vorträgen und Arbeitsgemeinschaften über Spiel und Tanz die Verbindung mit dem Märchen betont wissen. So haben wir auch bei der Anordnung der Beiträge in diesem Band das Märchen vor Tanz und Spiel gesetzt.

Helga Volkmann eröffnet die Reihe mit ihrem Beitrag, der gezielt auf Motive von Tanz und Spiel *in* den Märchen eingeht und mit einer Vielzahl an Beispielen aufwartet, die den Reichtum an solchen Motiven und ihrer spielerischen Ausformungen belegen. Hier erweisen sich die Märchen als eine Fundgrube – auch für die »Materialsicherung« zur kulturhistorischen Sichtweise auf unser Thema.

Verena Kasts entwicklungspsychologische Deutung schöpft aus der Weisheit eines Märchens, in dem vom bedeutsamsten Spiel – dem Spiel um Liebe und Tod – mit all seinen Hintergründen erzählt wird. Danach folgt ein Doppelbeitrag über Initiationsriten im Märchen, der erste zur Einführung von Margarete Möckel, der zweite, aufgrund von neuem Quellenmaterial weiterführende, von Hans Fink. (Leider hatten wir vor dem Kongreß noch keine Kenntnis von dieser speziellen Arbeit und ihrem Autor.)

Der Vortrag von Fritz Graf über Tanz und Initiation in der griechisch-römischen Antike verweist ebenfalls auf die Realität des Ritus in früheren Epochen unserer europäischen Kulturgeschichte. Gleichzeitig eröffnet er die Reihe der Beiträge über den Tanz. Indianische Tiermythen und der Ursprung des Tanzes sind Thema des Vortrags von Alice Spinnler-Dürr. Viele Indianermärchen aus späterer Zeit sind sehr nahe an den Tiermythen geblieben, die Verbindung zum Ritual in seiner ursprünglichen Bedeutung ist hier immer noch unschwer zu erkennen.

Über ein afrikanisches »Spektakel« – eine Maskerade mit Musik, Gesängen und Tanzspiel, eingebunden in ein alljährlich begangenes Ritual – berichtet Ulla Schild in ihrem Vortrag. Rajyashree Ramesh beschreibt die Entwicklung des indischen Tanzes bis hin zum »Erzähltanz«, wie sie ihn beim Kongreß vorführte. Eike Haenel faßt den deutschen Volkstanz in seiner Entwicklung, Gabriele Wosien deutet auf kosmische Aspekte des sakralen Tanzes. Im Vortrag von Otto Betz wird der Tanz von seinen Anfängen her beleuchtet, seine Bedeutung als Motiv im Märchen hervorgehoben. Wie aber der Teufel im Märchen musiziert und tanzt, ist ein eigenes Kapitel, das Renate Zelger anschließend darlegt. Der gefallene Engel, der zum Teufel wurde, und der im Christentum verteufelte Tanz wurden verstoßen und in tiefere Schichten abgedrängt – aber das Volksmärchen erzählt, wie sie beide immer wieder zum Vorschein kamen.

Das Spiel in seiner musikalischen Ausformung als Instrumentalspiel steht im Mittelpunkt des Beitrags von Nancy Thym über die Rolle des Harfenspiels im Volksmärchen. Uta Schier-Oberdorffer führt die Leser in die Strukturen traditioneller Kinderspiele ein, auch in ihre Bezüge zu Märchen und Ritus. Dabei werden die Älteren unter uns mit Bedauern die Verluste wahrnehmen, die seit ihrer Jugendzeit die Vielfalt solcher

Spiele geschmälert haben. Wachsender Beliebtheit bei den Zuschauern (die dabei ihre Rolle als Konsumenten nicht aufgeben müssen!) wie auch bei den Spielern erfreut sich hingegen das Puppenspiel im weitesten Sinne. Der Maskeneffekt von Puppe, Marionette und Schattenfigur, wie ihn Holger Sandig beschreibt, gibt den Spielern wie eh und je Freiheit bis hin zur Satire. Wer denkt da nicht auch an manches »subversive« Märchen, das traditionelle Erfahrungswerte zäh gegen herrschende Willkür verteidigt in der unverfänglichen Situation der Erzählgemeinschaft!

Immer wieder können wir Berührungspunkte zwischen Spiel, Tanz und Märchen feststellen, auch in der Geschichte ihrer Wertschätzung und gesellschaftlichen Präsenz. Heute sind traditionelle Kinderspiele im Abnehmen, und der überlieferte Volkstanz ist vielerorts zum Touristenspektakel verkommen. Für die Zukunft können wir aber doch hoffnungsvoll sein: Das Märchen zumindest hat die schlimmsten Zeiten der Mißachtung und Ignoranz überstanden, es wird wieder geschätzt und – erzählt! Vordergründig hat diese wiedererwachte Begeisterung vielleicht nostalgische Züge, aber dahinter steht gewiß auch das Bedürfnis, sich auf die Kraft der Überlieferung zu besinnen, sich der Wurzeln zu versichern, die uns immer noch nähren. Die Wiederanbindung an das lebenserhaltende Prinzip wird uns nirgends so leicht gemacht wie bei Märchen, Spiel und Tanz.

Margarete Möckel

Helga Volkmann

TEUFELSPIEL UND ELFENREIGEN
Spiel und Tanz im Märchen

Märchen, in denen um Liebe und Leben getanzt und gespielt wird; Spiele, in denen uralte, todernste Geschichten an- und nachklingen; Tänze, in denen Lebensreisen und -stationen in rhythmische Bewegung umgesetzt werden – Tanz, Spiel und Märchen berühren und durchdringen sich auf vielfältige Weise. Sie sind von ihrem Ursprung her elementare Reaktionen des Menschen auf das Unbegreifliche, sind Metaphern für Urerfahrungen – ausgedrückt mit unterschiedlichen Mitteln: dem bannenden Erzählen von Märchen und Mythen, der deutenden Gebärde des Tanzes, der die Ordnung beschwörenden Regel des Spiels.

Märchen haben eine ehrwürdige Geschichte; Spuren ritueller Handlungen lassen sich in ihren Motiven vielfach nachweisen. Spiel und Tanz hingegen, für deren schriftliche Fixierung es kein verbindliches Zeichensystem gibt, haben sich dem tradierenden Aufschreiben von jeher entzogen, und so ist ihrer Genealogie noch schwieriger nachzugehen. Das Theater-»Spiel« zwar läßt sich in direkter Linie zu den griechischen Dionysoskulten zurückverfolgen. Doch sonst führt nicht ohne weiteres ein Weg von Spätformen wie Skat und Mikado oder Samba und Ballett zurück zu den mythischen Wurzeln, die es aber, im Humus einer von ritualisierten Daseinsformen geprägten Kultur, durchaus gegeben hat. Dabei scheint es zumindest genau so aussichtslos zu sein wie beim Märchen, nach einer Urform zu graben: nach einem Ur-Tanz etwa oder einem Ur-Spiel – die es sicher genau so wenig je gab wie ein Ur-Märchen.

In der Märchenforschung gibt es den Begriff des »Achtergewichts« (achter = ndd. hinten) – zumeist in Verbindung mit der Dreizahl: Die jüngste Tochter ist Vaters Augapfel, und ihr ist das »märchenhafte« Schicksal bestimmt; die dritte Prüfung ist die schwerste usw. In diesen Ausführungen soll das Märchen selbst zum Achtergewicht der drei

Genres gemacht werden bzw. zum Mittelpunkt, auf den die anderen Elemente des Themas bezogen sind. Wer tanzt und spielt mit wem im Märchen, zu welchen Anlässen, an welchen Orten? Das sind scheinbar vordergründige Fragen, die jedoch hintergründige Schlüsse zulassen. Da das Wort »Spiel« sich keineswegs auf die zeitvertreibenden, kräftemessenden Beschäftigungen beschränkt, die wir gemeinhin »Spiele« nennen, vielmehr ein ganzes Spektrum abstrakter, weniger leicht faßbarer Inhalte umfaßt, ergibt sich ein kompliziertes Beziehungsgeflecht zwischen Märchen und Spiel, dem mindestens andeutungsweise nachgegangen werden soll. Zumal am Spiel des Geistes und der Phantasie, also an den Vexierbildern und Spiegelungen einer ins Unwirkliche transzendierten Wirklichkeit, die wir Poesie nennen, hat das Märchen in vielfältiger Weise teil.

Ich lasse zum Einstieg ein Märchen sprechen; es ist der Schluß eines dänischen Dummlingsmärchens: »... dann setzte er sich mit der Prinzessin« [die er als verwünschtes Kätzchen kennengelernt und durch Tötung erlöst hat] »in die Kutsche und fuhr zu ihrem Schloß, und da feierten sie eine große prächtige Hochzeit, die viele Tage dauerte. Ich weiß es besser als jeder andere, denn ich war selbst bei ihrem Fest. Wir haben auf einem gläsernen Fußboden getanzt, aber ich war zu schwer, und der Fußboden zerbrach, brach unter mir entzwei und ich fiel eben dorthin, wo ich jetzt sitze und die Geschichte erzähle«.[1] Hier der Tanz auf gläsernem Boden, woanders das Spiel mit Totenschädeln oder goldenen Kugeln: Kein Zweifel, wir befinden uns in der Anderswelt, und da gehören wir nicht hin. Wir sind zu schwer, wie es das Märchen in seiner Bildersprache ausdrückt – eine etwas ungewöhnliche Form übrigens, uns die Illusion von Teilhabe zu nehmen, uns aus der Welt der selbstverständlichen Wunder hinauszubefördern.

Jedes Märchen ist ein geschlossenes System, das hat es mit anderen Kunst-Werken des Mediums Sprache gemeinsam; erst in der Moderne wurde diese Strukturvorgabe wirklich durchbrochen. Auch jeder Tanz, jedes Spiel ist ein geschlossenes System mit einem immanenten Spannungsfeld. Wir können als Zuschauer draußen bleiben, aber normalerweise spielen und tanzen wir mit: bei den diversen Rollenspielen, die uns das Leben zuteilt, bei all den Tänzen um das goldene Kalb und um andere Objekte der Begehrlichkeit. Und natürlich bei Rommé und Golf, Walzer und Polonaise. Hier werden wir zu Insidern und unterwerfen uns den jeweiligen Regeln, wir leben für eine kurze Spanne in einer anderen Zeit, in einem neu definierten Raum.

Beim Märchen ist das ähnlich und doch etwas anders. Der Erzähler berichtet uns ein Märchen, und auch das ist ein Kosmos für sich mit eigenen strengen Regeln: Nie würde beispielsweise der Held selbst, der Günstling der Zaubermächte, beim Drachenkampf überwunden oder von wilden Tieren gefressen. Aber wir sind, wie wir gerade hörten, zu schwer fürs Mitmachen, für das Mittanzen auf dem Glasboden; allenfalls in sehr subtiler Form kann der Einstieg in Zeit und Raum der Märchenwelt gelingen: Mit unserem Unbewußten nehmen wir über den Weg der Identifikation an den im Märchengeschehen durchgespielten Lebensentwürfen teil. Walter Scherf zeigt in einem bestimmten Märchentypus die »verfremdete Dämonenmaskerade« auf[2], welche die Ablösungs- und Entwicklungsnöte der Kindheit auf der Ebene der Märchendramaturgie wie auch in der Aktion des Kinderspiels verarbeiten hilft. Der Wechsel von Fressen und Gefressen-Werden, das Erleben von Absturz und Vernichtung, die revidierbar sind – das wird vom stillen Teilhaber am Märchengeschehen so wie vom aktiven Teilnehmer am Kinderspiel lustvoll und heilsam ausgekostet.

Spiele also von existentiellem Ernst. Die im Sprachgebrauch übliche Opposition Spiel/Ernst läßt sich überhaupt bei näherer Prüfung nicht durchhalten. Um hohen psychischen Einsatz geht es bei jenen den Dämon evozierenden – und bei allen anderen – Kinderspielen. Jedes »Spiel mit dem Feuer« hat die Tendenz, sich in einen zerstörerischen Waldbrand auszuweiten. Olympiaden und andere sportliche Wettkämpfe haben mit Spiel und Spaß allenfalls in ihren Randerscheinungen etwas zu tun; im Zentrum solcher Veranstaltungen stand und steht ein ernster Zweck, der sich allerdings vom Kult früherer Zeiten zu Ehren der Götter hin zum Dienst am Götzen Mammon verlagert hat.

Umgekehrt wurde das menschliche Leben selbst – abgesehen von gelegentlich aufscheinenden heiteren, belachenswerten Zügen ja eine todernste Angelegenheit – von den Dichtern als Spiel gesehen. Den Rohstoff Leben in seiner fragwürdigen Realität befreiten sie zu allen Zeiten von der Absurdität des Zufälligen und erhoben ihn in die Sphäre des Spiels. Dort, im Bereich der Poesie, waren zweifelnde Fragen und tröstliche Antworten – sofern solche überhaupt gewünscht wurden –

leichter zu finden. Es gab Epochen, in denen die Vorstellung vom Spielcharakter des Daseins in besonderem Maße dem Zeitgeist entsprach. Das Lebensgefühl des Barock findet gleichnishaft Ausdruck im Bild des Welttheaters mit seinen nach göttlichem Plan agierenden Schau-»Spielern«. »Das Spiel der Spiele« – nämlich die Poesie – werde »vom wahren Dichter gespielt«, sagt Novalis und drückt damit den hohen Ernst und die tiefe Bedeutung aus, die dem »Spiel« in der Romantik gegeben wurde.[3] In der Moderne läßt Max Frisch seinen Helden Kürmann in dem Stück »Biographie – ein Spiel« verschiedene Varianten seines möglichen Lebenslaufs durchspielen – »etwa wie beim Schachspiel, wenn wir die entscheidenden Züge einer verlorenen Partie rekonstruieren, neugierig, ob und wo und wie die Partie wohl anders zu führen gewesen wäre«.[4]

Das Leben also ein Spiel, die Kunst ein Spiel, die ganze Schöpfung ein »Zusammenspiel« von Kräften – so ist auch das Märchen a priori ein Spiel. Es hat seinen Ursprung im Mythos, und Spuren und Relikte seiner ehrwürdigen Verwandtschaft sind in jedem Volksmärchen gegenwärtig. Das Märchen geht mit den alten geheiligten Weisheiten allerdings, seitdem sie nicht mehr sakrosankt sind, auf seine eigene spielerische Weise um. Das auf Hühnerbeinen hochgestelzte, rotierende Haus der Baba Jaga[5]; der Abstieg in die Unterwelt ins Reich der Katzen durch einen Blumenkohl[6]; die oft burlesken Details eines Drachenkampfes (z. B. in KHM 60) – das alles hat sich von den mythischen Ursprüngen, von Mustern angemessenen Umgangs mit dem Dämonischen, weit entfernt. So war es nicht immer und ist es nicht überall. In den Märchen traditionsgebundener Gesellschaften ist die Spur zu den mythischen Quellen noch deutlicher. Das magische Band zwischen Mensch und Tier z. B. erscheint in einem Indianermärchen noch als erlebte Wirklichkeit. Ein junger Mann steht von seinem vorgeburtlichen Leben bis zum Tod in sympathetischer Beziehung zu einem Bären und hat damit teil am Wissen des Großen Geistes. Er wird der größte und weiseste Häuptling der Arikara, und »aus Dankbarkeit führte er den Bärentanz ein, den die Arikara noch heute tanzen.«[7] Im europäischen Märchen dagegen wird der einst allmächtige Bär oft zum behäbig aus dem Wald herbeitrottenden Meister Petz, dem freilich – wenn man gut hinhört – in der Gestalt des Tierbräutigams oder auch des Weghelfers in manchen Varianten durchaus noch etwas von Tragik und Tremendum, von der Aura des Ursprungs anhaftet.

Das Märchen hat also, mehr als andere Formen des poetischen Genres, Spielcharakter, und das in zweifacher Weise: Es ist Spiel, auch im universellen Sinn, mit dem Huyzinga in seinem »Homo ludens« das Spiel definiert.[8] Und es zaubert und jongliert auf seine Art mit den Versatzstücken der sogenannten Realität, und es mischt nach durchaus verbindlichen Regeln Ingredienzien aus der Sphäre des Möglichen, aus dem Reich weiß- und schwarzmagischer Geister hinzu. Phantastische Geschichten also, Spielereien der Phantasie? Ach wie gut, daß niemand weiß ... – außer uns natürlich – welch tiefer Ernst dahintersteckt! So konnte eh und je beim Märchenerzählen klammheimlich an den Fundamenten von Machtstrukturen gerüttelt werden. Das haben die Märchen mit dem Puppenspiel gemeinsam; auch der Kasper und seine Gefährten wurden ja nicht für voll genommen, so daß man ihnen allerlei subversive Reden und Sticheleien in den Mund legen konnte.

Ich wende mich jetzt den weltlich-lustbetonten Beschäftigungen des Spielens und Tanzens zu, wie sie als Motive in den Volksmärchen unseres Kulturkreises ihren Niederschlag gefunden haben – wobei die Lust daran, der Genuß und Gewinn bzw. deren moralische Bewertung durchaus von sozialen Umständen und vom Zeitgeist abhängig sind und waren, wie wir sehen werden. Auch die ehrwürdigen Frühformen von Spiel und Tanz sollen von Fall zu Fall kurz beleuchtet werden.

Bleiben wir zunächst beim

Spiel.

Ich habe versucht, eine gewisse Ordnung in die verschiedenen Spielmöglichkeiten zu bringen, und beginne mit den

1. Turnier- und den Versteckspielen

(die im Märchen aufs engste miteinander zu tun haben, wie gezeigt werden soll). Angesichts des Unheils, das Waffen eh und je über die Menschheit gebracht haben, wehrt sich ein Gefühl dagegen, es Spiel zu nennen, wenn Männer mit potentiell todbringenden Instrumenten aufeinander losgehen. Doch die Ursprünge solchen kriegerischen Getümmels im Kult und im Ritus geben diesen agonalen Wettkämpfen eine andere Dimension. Wettspiele zum Brauterwerb sind ein Kardinalthema der Epen vieler Völker (z. B. Nibelungenlied; Artusepik). Die Kampfspiele vor Troja an der Leiche des Patroklos, Wettkämpfe, die Äneas zu Ehren seines toten Vaters inszenierte – sie waren Teil des Begräbnisrituals, begleiteten den Toten auf der größten und schwersten Reise seines Lebens, in die andere Welt.[9] Von fern klingt bei all diesen Zeugnissen edlen Wettstreits der Ur-Kampf der Mächte des Lichts gegen die der Finsternis nach. In diesem Sinne gehörten sie oft – wir machen einen weiten Kultursprung nach Mittelamerika – zum Sonnenkult, wie etwa bei den Maja und ihrem zeremoniellen Ballspiel. Eigens dafür bestimmte, weitläufige Plätze gehörten zu jedem Kultzentrum, und da ging es nicht um Körperertüchtigung und auch nicht um einen Wanderpokal, sondern um Kopf und Leben, um Menschenblut zur Stärkung der Sonnenkraft.

Vor diesem Hintergrund nehmen sich die Turniere im Märchen harmlos aus. Doch die magische Dreizahl, oft die Helferrolle eines Wunderpferdes, die sich steigernde Farb- oder Metallmetaphorik bei den Rüstungen, in denen der Märchenheld seinen großen Auftritt hat kurz vor seiner endgültigen Erlösung aus dem Mimikri des Gärtnerburschen oder sonstigen Niemand – all das weist über eine rein diesseitige Sportveranstaltung weit hinaus. Im Grimmschen »Eisenhans« ist das Kampfspielmotiv im Sinne einer Prüfungs-Maximierung aufgespalten in ein veritables Kriegsgemetzel – es heißt: »Da jagte der Jüngling mit seiner eisernen Schar heran, fuhr wie ein Wetter über die Feinde und schlug alles nieder, was sich ihm widersetzte« – und in den Wurf eines goldenen Apfels seitens der Prinzessin, um den Kriegshelden und den Helden ihres Herzens zu ermitteln.[10] Apfel, golden, Königstochter: Das sind hochkarätig mythische Motive, welche die diesseitige Realität eines Kriegs- und Freieragons weit hinter sich lassen.

Das Pendant zu den »Männer-Märchen«, in denen der Held aktivkämpferisch, also »männlich«, den Schein seiner Erniedrigung auflöst, stellen die »Frauen-Märchen« vom Typus »Aschenputtel« (KHM 21) oder »Allerleirauh« (KHM 65) dar, wo ein Tanzfest der Heldin die Gelegenheit bietet, das Netz von Intrige, Bosheit, Nachstellung zu zerreißen, in dem sie gefangen ist – mit weiblichen Waffen, zumeist mit Hilfe von Kleidern aus dem Reich der toten Mutter (!). Diese Mädchen sind nicht nur überirdisch schön in ihrem »wahren Gewand«, sondern sie können auch himmlisch tanzen. Doch wir sind noch nicht beim Tanz.

All die Verkannten in ihren herrlichen Rüstungen und Roben, ob sie nun um die Wette streiten oder um die Liebe des Königssohns tanzen, sie haben eines gemeinsam: Sie treiben ein Versteckspiel mit ihrer Umgebung – und sie kosten es aus. Warum geben sie ihre wahre Identität nicht gleich beim ersten Fest preis? Es sind die Strukturgesetze des Zaubermärchens, die ihnen, als Figuren in einem magischen, in einem »geheiligten« Spiel, das verbieten. Die Aschenpüster, Küchenhilfen und Grindköpfe eint ein Wesenszug: Sie haben Zeit und die Gelassenheit, auf den besten Augenblick zu warten, und das ist nicht unbedingt der erst-beste, sondern manchmal erst der dritte. Dieses Spiel mit den Möglichkeiten, nennen wir es im Sinn moderner Psychologie mit den Rollen, ist ein Charakteristikum des Märchens; auch in diesem Sinne werden uns exemplarische Lebensentwürfe angeboten: Das Märchengeschehen ist ein Weg von Schein und falschem Zauber hin zum Sein jenseits aller Rollen und aller Verwirrung an der Oberfläche.

Aus der Fülle der Täuschungsmanöver und Trickspiele sei noch ein Beispiel gegeben: Der Besitzstreit der rechten und der falschen Braut um den Prinzen, der sein Gedächtnis verloren hat. Es ist immer ein Spiel in drei Partien. Gelegentlich setzt die rechte Braut anstelle kostbarer Kleider als Köder ein Miniaturspielzeug ein, das ihr von einer magischen Helfergestalt zuteil wurde, um sich eine Nacht am Bett des Liebsten zu erkaufen. Das kann eine »Glucke mit 12 Küchlein ganz aus Gold« sein (KHM 88), also eine Art Spielautomat. In einem spanischen Märchen gleichen Typs wird der Prinz aus seiner Amnesie gerissen, indem ihm die kluge Luisa beim Hochzeitsfest mit der andern jene Geschehnisse als Puppentheater vorspielt, die er verdrängt hat.[11] Eine hübsche, aber eher untypische Variante, die nur erwähnt sei, weil sie so gut in unser Gesamtthema paßt.

Auch die Schliche und Betrügereien, mit denen die eigentlich hoffnungslos unterlegenen Menschlein sich den dämonischen Mächten entgegenstellen, haben Spielcharakter. Dabei sind die Wegbereiter der

Märchengerechtigkeit keineswegs zimperlich in ihren Mitteln: Der Hexe wird die eigene Tochter als Mordopfer untergeschoben (KHM 193); der Trommler und andere »Glückshäuter« lassen sich bei den unlösbaren Aufgaben in der Anderswelt betrügerisch von einem zauberkundigen Mädchen vertreten (z. B. KHM 193). Gretl zwar sei zugestanden, daß sie die Hexe aus Notwehr überrumpelt (KHM 15); die cleveren Überlistungsstrategien des Gestiefelten Katers allerdings sind so offenkundig unmoralisch, daß sie eigentlich nur im Gewande der Kater-Gesinnung erzählbar sind (KHM Anhang 5).

Täuschung, Irreführung – eben »Spiel« also auf der ganzen Linie. Das Wort »Spiel« hat diese Mehrdeutigkeit: Spiel mit dem Leben, Spiel mit dem Tod, Vorspiel, Nachspiel, wo im strengen Sinne nicht gespielt wird. Jedenfalls geht es nach einem universelleren Spielkonzept, gesetzt von einer höheren Instanz, und nach Glückschancen, die schwerer durchschaubar sind als solche bei Brettspielen. Dieser Aspekt sollte für das Märchen nicht ganz ausgespart bleiben.

Kehren wir zurück zu den Regelspielen.

2. Brett-, Karten-, Würfelspiele

– sogenannte Gesellschaftsspiele also. Sie haben sakrale Ursprünge, die allerdings weitgehend im Dunkeln liegen und allenfalls aus spärlichen Quellen zu erschließen sind. Auch wenn zu Ehren und um die Gunst der Götter gespielt wurde – das Element lustvoller Spannung, das jedem Spiel eignet, hatte wohl von jeher die Tendenz, sich zu ent-äußern und zu verselbständigen. An den Rändern jener Kultzeremonien haben Spaß und improvisiertes Spektakel gewiß immer ihre Eigendynamik entwickelt und all die weltlichen Spiele entstehen lassen, die wir kennen.

– Beim Würfelspiel vergnügten und maßen sich die indischen Götter, auch bei den Germanen war es göttliche Beschäftigung.[12] Die Symbolik des Würfel-Werfens, des Lose-Werfens, liegt auf der Hand.

– Historiker des Schachspiels sehen in dem – allerdings nicht rekonstruierbaren – Ur-Schach ein Gleichnis für den Kampf polarer Kräfte nach ehernen Gesetzen, in seinen Figuren Symbole von Kräften und Energien, die nach entspanntem Gleichgewicht streben. Ursprünglich also handelte es sich gewiß nicht nur um kniffliges Figurenschieben mit individuellen Verlierern und Gewinnern.[13]

– Die Anfänge des Kartenspiels bleiben im Dunkeln. Möglicherweise war es, wie auch die Würfel- und Brettspiele, eingebunden in das Orakeldeuten. Wahrsagen mittels Spielkarten, Patiencen-Legen und Tarotkarten-Befragen, das sind auch heute noch bekannte, wenn auch als etwas dubios eingeschätzte Praktiken, dem Schicksal Antworten und Ratschläge an Kreuzwegen des Lebens zu entlocken. Hinter den Zahlen und Farben, den Blattzeichen und Figuren auf den Spielkarten – also z. B. Eichel oder Schelle, König, Dame, Joker – stehen komplizierte Symbolbezüge, längst säkularisiert und kaum mehr zu entschlüsseln.

Eine spezielle Verknüpfung von Spiel und Märchen ergibt sich aus dem Charakter der Spielkarten als »Printmedien«. Spielkarten dienten oft als Bedeutungsträger für Inhalte, die außerhalb ihrer Funktion im Rahmen eines bestimmten Kartenspiels lagen; sie erzählten Geschichten, auch Märchen und Sagen.[14]

Das Spielen mit Figuren, Würfeln, Karten hatte in historischer Zeit seinen sakralen Charakter längst verloren, es haftete ihm bereits der Hautgout des Gewinnspiels an. Das Würfeln der Soldaten um Christi Rock hatte es vollends in Verruf gebracht. Zumal das Karten- und das Würfelspiel waren zu Indizien liederlichen Lebens geworden. In Grimmelshausens »Der abenteuerliche Simplicissimus«, jenem deutschen Sittengemälde aus dem 17. Jahrhundert, wird das Spielen – wie auch das Tanzen – mit je einem eigenen Kapitel in drastischen Bildern als Höllenwerk gebrandmarkt.[15] Diese Wertung spiegelt sich in den Märchen des europäischen Kulturkreises wider und – unter dem Einfluß des Islam – auch in den orientalischen; der Koran verbietet das Spielen, außer dem Schach. Die beiden ältesten von drei Brüdern, die mit irgendeinem Auftrag in die Welt ziehen, bleiben im nächsten Wirtshaus hängen und verspielen und verprassen dort ihr Reisegeld oder gleich ihr ganzes Erbe. Und es gibt noch Schlimmeres. Im Märchen ist der Spielpartner zumeist nicht ein Mensch, sondern ein Unirdischer, und da ist der Einsatz höher.

Ein Mensch – immer ein Mann, das Glücks- und Gewinnspiel mit seinen Anforderungen an Wagemut und Risikobereitschaft wird als ein männliches Laster angesehen – ein Mann also gerät freiwillig, oft aus schierer Unbedarftheit, an einen Dämon und setzt damit ein märchenhaftes, oft schwankhaftes Geschehen in Gang. Es sind Mächte der Finsternis, mit denen hier ein Spielchen zu wagen ist – das Spielen ist eben längst »verteufelt«; aber in dieser Verknüpfung mit der Sphäre des Dämonischen mag aus den fernen Zeiten, da nicht allein zu Ehre und Glück des Menschen gewürfelt und gewettet wurde, doch ein Echo nachklingen. Oft ist es der Teufel selbst, mit dem einer sich eingelassen hat. Das Volksmärchen hält für die Armen, die Mühseligen und Beladenen, sein vorwiegendes Publikum, die tröstliche Botschaft bereit, daß mit Mut und List selbst der Satan zu besiegen ist. Kein Märchenheld zieht beim Spiel mit dem Teufel den kürzeren – im Gegensatz zur Sage. Oft liefern sie wahre Bravourstücke an Cleverness und Gaunerei. In einem russischen Märchen der Sammlung Afanasjev spielt ein Soldat mit dem Teufel Karten, und zwar geschieht das im Zuge seiner Aktion zur Erlösung der Zarentochter, die dem »unreinen Geist«, eben dem Teufel, verfallen ist und ihn allnächtlich besucht. Gespielt wird um »Knipse«, also Hiebe. »Auf einmal hatte der Soldat lauter Trümpfe in der Hand und gewann zehn Knipse gegen den Unreinen«, heißt es da. Er bedroht ihn, und dann weiter: »Der Teufel bekam es mit der Angst zu tun und flehte den Soldaten an, er möge ihn nicht zu hart schlagen.« Durch eine weitere List des Soldaten erwischt es den Teufel dann aber extra hart, und der rannte dann fort »so schnell, daß seine Fersen gegen den Hintern trommelten«.[16] So einfach also ist es, mit den bösen Mächten fertig zu werden – im Märchen!

In dem »Märchen von einem der auszog das Fürchten zu lernen« (KHM 4) wird gekegelt und Karten gespielt, auch hier kommen die Spielpartner offensichtlich aus der Anderswelt: die große schwarze Katze, das Gespenst aus dem Schornstein mit seinem grausigen Spielmaterial. Der Protagonist, jener junge Fürchte-gern, bei ihm reicht es nicht so recht zum wirklichen Märchenhelden, vielleicht weil er nur schlau ist und nicht klug und es auch nicht wird. Zwar bekommt auch er am Ende seine Königstochter, aber doch allzu unverdient. Ein Tor, so scheint uns, wer sich angesichts des Einbruchs des Dämonischen nicht fürchtet und dafür erst einen Eimer Gründlinge braucht.

All diese Männer geraten eher zufällig und über den Kontakt mit Vertretern der Anderswelt ans Spielen. In einem spanischen Märchen ist es umgekehrt. Ein Königssohn ist von der Spielleidenschaft ergriffen, verspielt alles und zuletzt noch seine Krone – »da mußte er in die Welt hinausziehen und um Almosen bitten«. Wir kennen diese Ausgangssituation, den Außerirdischen ist damit Tür und Tor geöffnet. Hier verspricht ein zwielichtiger Herr Geld in Fülle, knüpft aber daran natürlich Bedingungen, die den Anstoß geben für das Märchengeschehen.[17]

Von den Würfel-, Karten-, Kegelspielen ist der Weg nicht weit zu den

3. Wetten und Wettspielen

Auch bei diesem Motiv im Märchen ist das schwankhafte Sich-Messen mit dem Teufel vorherrschend, und natürlich läuft die ganze Wetterei immer auf ein Übertölpeln des auf die Maße eines kurzsichtigen Gauners verkürzten Höllenfürsten hinaus. All die Geschichten, in denen Männer sich gegenseitig um ihr Gut und Leben wetten, gehören ebenfalls hierher – »märchenhaft« sind daran allenfalls die phantastischen Einfälle, mit denen man sich gegenseitig zu übertrumpfen sucht.[18]

Doch auch im Zaubermärchen wird gelegentlich gewettet. In dem sardischen Märchen »Der Blaue Drache« geht es nicht – wie sonst bei der Begegnung von Mensch und Großreptil in Märchen, Mythos, Sage – um einen Drachenkampf, sondern ausnahmsweise um eine Drachenerlösung. Eine Hexe hält sich ein Exemplar mit blauem Panzer als Art Wachhund, und dieser schlägt gewaltigen Lärm, als er Nino, seinen künftigen Retter, sich dem Schlosse nähern hört. Die Hexe, »die zugleich eine Hure und eine Menschenfresserin ist«, sagt bei sich: »Erst ins Bett, dann auf den Tisch!« ... »Herrin«, sagt Nino, »ich möchte mit Euch raten und wetten.« »Und was willst du haben, wenn du gewinnst?« »Den blauen Drachen!« sagt er. »Der ist aber teuer, und du mußt dreimal raten und drei Aufgaben lösen.« Pikanterweise ist der schmucke Nino eigentlich eine Nina in Männerkleidern, so oder so sind die Rätsel und die Aufgaben für sie kein Problem, denn sie hat ein Zauberpferd zur Seite.[19]

Es fällt auf, daß diese transvestitische Nina die erste Frau von Format ist, die hier erwähnt wird. Tatsächlich ist das Spielen und Wetten eine Domäne der Männer. Und doch ist die Königin der Wetten, Rätsel, Wortgefechte eine Frau. Eine Variante des Turandot-Stoffes fehlt in kaum einer Märchensammlung Europas und des Orients. Literarische Bearbeitungen von Carlo Gozzi über Schiller bis zu Brecht und Hildesheimer zeugen vom Faszinosum der Rätselprinzessin. Ob die Prinzessin selbst Rätsel aufgibt oder welche löst, ob sie mit den Köpfen ihrer Freier einen Turm bauen läßt oder damit ihre Schloßmauern bewehrt: Strukturimmanent ist das Motiv des starken bzw. sich stark gebenden Mädchens, das mit ihren Bewerbern ein grausames Spiel mit völlig ungleich gewichtetem Risiko treibt. Die Rätsel der Prinzessin kreisen – gleich denen der Sphinx für Ödipus – zumeist um universelle, ja kosmische Dinge; oder sie hat den intuitiven »Durchblick« – im Bild des Zauberbuches oder -spiegels –, dem nichts zwischen Himmel, Erde und Meeresgrund verborgen bleibt (z. B. »Das Meerhäschen« KHM 191). Die Rätselprinzessin hat bei aller Verfeinerung ihres Ambientes, trotz der romantisierenden Züge, die ihr in modernen Versionen des Stoffes angedichtet wurden, etwas Archaisches: die starke, auch weise, die Männer verschlingende Zauberfrau. Ihre Spielmittel – und ebenso die für unser Verständnis oft befremdlichen all der anderen Spieler, die vorher erwähnt wurden – weisen über sich hinaus, bzw. zurück, in den Bereich lebendiger Riten. Der russische Ethnologe Vladimir Propp sowie auch Johan Huizinga geben Zeugnisse von rituellen Rätseln um heilige Weisheiten, von sogenannten »Halsrätseln«, bei denen es um Leib und Leben ging, von Kettenfragen und Wortgefechten im Rahmen religiöser Zeremonien.[20]

Schließlich seien noch Kinderspiele erwähnt, die keinen festen Regeln folgen:

4. Spielwerk,

wie in der Grimmschen Sammlung bezeichnet wird, womit jemand – ein Kind oder ein Mädchen, ein Junge an der Schwelle des Erwachsenseins – ganz absichtslos und scheinbar ohne Hintersinn hantiert. Und dann rollt oder fällt die goldenen Kugel – und um eine solche handelt es sich zumeist – geradewegs ins Dämonenland und setzt die Märchenhandlung in Gang (z. B. »Der Froschkönig« KHM 1 und »Der Eisenhans« KHM 136).

Auch eine Puppe ist im Märchen kein bloßes »Spielwerk«, lebloses Produkt aus Stoff und Werg, mit dem es sich folgenlos umgehen läßt. Sie ist von wunderbarem Odem beseelt und handelt als allkundiger Helfergeist im Sinne der toten Mutter.[21]

Ich fasse zusammen: Wetten und Raten, Würfeln, Kegeln und kämpferisches Sich-Messen – sie erscheinen im Märchen im Gewand zeitgebundener Spielformen. Gleichzeitig aber sind sie – geht man den symbolisch verschlüsselten Bildern nach – als letztes Echo heiliger Handlungen und Wiederholungen kosmischen Geschehens zu verstehen.

Damit ist die Brücke geschlagen zum

Tanz

mit seinen geheiligten Ursprüngen insbesondere in den Übergangs- und Fruchtbarkeitsriten früher Kulturen, worauf hier nicht näher eingegangen werden kann.[22] Einige Gedanken mögen die Ur-Verwandtschaft von Tanz und Märchen noch einmal verdeutlichen; auch die Tanzmotive im Märchen möchte ich in eine gewisse Ordnung zu bringen versuchen.

Der Tanz sei die vergänglichste, flüchtigste aller Künste und dem Fluß von Bildern wesensverwandt – hat eine Tanztheoretikerin geschrieben.[23] Auch im Märchen zieht der epische Fluß der Bilder an uns vorüber, oder durch uns hindurch, wenn man will. Tänze sind Urwege, ihre Figuren sind Stationen des Unterwegsseins. Der Dreierrhythmus, das Loslassen und Wiederfinden, die »goldene Brücke«, der Weg durchs Dunkle zum Licht, das sind in Bewegung umgesetzte Metaphern für die Lebensreise, Bilder, in denen auch das Märchen zu uns spricht. Die in traditionsgebundenen Kulturen weitverbreiteten Labyrinthtänze hatten (und haben in abgelegenen Ethnien noch heute) diesen symbolischen Handlungs-Charakter: der Weg in die Ausweglosigkeit, in den Tod wird geprobt – und die Umkehr zurück ins Leben, so wie ihn auch die Sonne nach dem Verständnis der sogenannten Primitiven täglich geht.[24]

Zu welchem Anlaß wird im Märchen getanzt?

1. Tanzen in der sozialen Wirklichkeit

Das Tanzen kann im Märchen, wie im wirklichen Leben, Ausdruck harmloser Freude sein, etwa bei den geretteten sieben Geißlein oder den hilfreichen Wichtelmännern nach getaner Arbeit. Es ist Bestandteil von Festen und Ausdruck höfischer Lebensart, Mittel zur Ehestiftung, Teil bürgerlicher Mädchenerziehung. Aber zumeist steckt doch mehr dahinter.

2. Tanz der Dämonen

Auch das Tanzen war zu der Zeit, als die meisten europäischen Märchen aufgeschrieben wurden, bereits ins Zwielicht geraten. So verwundert es nicht, daß die Teufel, wenn sie nicht gerade unter den Kesseln mit den Sünderseelen das Feuer schüren oder würfeln und karteln, eben tanzen: miteinander, mit Hexen oder vorzugsweise mit einer jungen schönen Prinzessin, die obendrein auch noch freiwillig bzw. unter eigenem inneren Zwang allnächtlich zu »allerlei Teufelsspielen« kommt, zu denen auch das Tanzen gehört. Und natürlich verstehen sich auf die Teufelsspiele und -tänze nicht nur Satan persönlich, sondern auch andere Dunkelgestalten, wie der Berggeist, das schwarze Männlein usw. Eine entschärfte Variante dieses Typs findet sich in dem bekannten Grimmschen Märchen »Die zertanzten Schuhe«(KHM 133). Die Reise der Mädchen ins Reich der Schatten hat allerdings hier fast den Charakter einer heiter-bukolischen Landpartie, verglichen mit den selbstzerstörerischen Ausflügen und traumatischen Abstürzen in die »Unter-Welt«, auch die des eigenen Innern, wie sie jenen Mädchen in den meisten anderen Varianten widerfahren.

Auch innerhalb der irdischen Welt schaffen Dämonen sich ihren eigenen magischen Tanzraum. Rumpelstilzchen etwa, von dem es heißt »um das Feuer sprang ein gar lächerliches Männlein, hüpfte auf einem Bein und schrie: Ach wie gut ...« (KHM 55). Nehmen wir an, das Hüpfen geschah rhythmisch, dann können wir es Tanzen nennen (Ausdruckstanz). Der Vergleich mit seinem Pendant im französischen Märchen von Ricdin-Ricdon macht es deutlicher: »Da erblickte er [der Prinz] in einem bläulichen Schein mehrere Personen von abscheulichem Äußeren und in wunderlicher Kleidung. In ihrer Mitte war ein Mann mit dunkler, runzliger Haut, der mit wilder Miene und finsteren Blicken dennoch sehr vergnügt zu sein schien. Er sprang und tanzte mit schier unübertrefflicher Gelenkigkeit ...«[25]

3. Tanz von Feen und anderen Geistern

Bei den überwiegend weißmagisch tätigen weiblichen Geistern, den Feen, Elfen, Neraiden, gehört das Tanzen zumeist mit zum Verführungsritual. Es scheint überhaupt, gerade bei den Elfen, ihre Lieblingsbeschäftigung – das Tanzen und das Verführen unbescholtener Männer. Ich zitiere aus einem französischen Märchen: Die Feen baten die drei Jünglinge, »einige jener Tänze mit ihnen zu tanzen, wie sie im Feenreich getanzt werden. Die Jünglinge, verlockt von der großen Schönheit der Feen, gaben der Bitte gern und willig nach. Darauf nahm sich jede Fee ihren Jüngling, und dann tanzten sie die ganze Nacht – und das in einer Weise, daß sie beim Tanzen hüpften und sprangen, sich etwas zuriefen und Antwort gaben, stehen blieben und sich verliebt anschauten, sich ausruhten und sich versteckten, ja sogar ein gewisses Spiel miteinander spielten, dessen die Feen genau so wenig müde werden wie sterbliche Frauen ...«[26]

Auch das Motiv der domestizierten Zauberfrau kann mit dem Tanzthema verbunden sein, und zwar in der Form eines Tabus. Die an der Seite eines Menschenmannes lebende Schwanenjungfrau, Elfe, Neraide darf nicht zum Tanzen animiert werden, zumal nicht in ihrem Ur-Gewand, das sie ja für die Zeit ihres prekären Erdendaseins abgelegt hat. In einem griechischen Märchen steckt der Zauber der Tanzkunst einer Neraide in einem Tuch[27] – Schwundstufe des Schwanengefieders oder auch der Tierhaut, die wir in diesem Märchentypus kennen.

4. Tanzzwang

Zwischen Mensch und Tanz fungiert immer das Medium Musik, im Märchen oft die magische Weise einer Zauberflöte als eine der Gaben übernatürlicher Helfer – es kann auch eine Geige oder eine Gusli sein.[28] In einem jugoslawischen Märchen bekommt der junge Zarewitsch von einem Einsiedler eine Flöte gegen die Traurigkeit mit den Worten: »Dieses kleine Instrument wird dich immer aufheitern, und wenn dein Herz hüpft, tanzt auch alles Lebendige um dich herum, soweit man das Spielen hört.«[29] Das Tanzen aller Wesen nach der magischen Musik, im Rhythmus des Weltalls, diese archaische Vorstellung ist hier in ein poetisches Bild gefaßt. Doch in anderen Varianten klingt das weniger sympathisch, und sowieso scheint das Zwanghafte nicht recht mit dem Urbild des Tanzes vereinbar. Schafe und Ziegen z. B. tanzen täglich bis zur Erschöpfung, bleiben allerdings dabei trotzdem schön fett. Teufel tanzen unter Tanzzwang, wenn der Märchenheld seine Flöte bläst; und selbst den Elfen wird es manchmal zu viel, wenn die Zaubermusik gar kein Ende hat. All diese oft grotesken Tanz-Marathons spiegeln das Gefühl der Menschen für das labile Gleichgewicht der Kräfte im Tanz: Inbegriff des Maßes, der Harmonie von Körper und Seele, aber doch mit der gefährlichen Tendenz zur Entgrenzung, zu ausschweifender Sinnlichkeit.

Ich schließe mit einem Abschiedsmotiv aus einem ungarischen Märchen. Da hat ein junger Mann sich eine Schwanenjungfrau zur Ehe erlistet. Sie verrät ihrem Mann das kombinierte Tanz- und Kleidtabu (von dem die Rede war), aber es kommt, wie es kommen muß: Sie tanzt auf einem Fest, umringt von Tänzern, der Mann läßt sich provozieren und holt schließlich das Kleid, das er ihr eingangs beim Bade weggenommen hatte: »Die junge Frau zog es an – es wurde gerade ein flotter Tschardasch gespielt –, und sein bester Freund führte sie zum Tanz. Und sie tanzte so großartig, daß alle Leute stehen blieben und ihr zusahen ... Da ließ sie plötzlich ihren Tänzer los, schüttelte sich, wurde sogleich in einen Vogel verwandelt und flog durch das offenstehende Fenster hinaus. Ihr Mann lief ihr nach und rief: »Bleib doch, so bleib doch, mein liebes Weib!«[30]

Dies ist ein Märchen und keine Sage, ein trauriger oder gar tragischer Ausgang ist also nicht zu erwarten. Und so wissen wir: Es wird schwierig sein, übermenschliche Prüfungen warten auf den Mann, aber sie werden sich wiedersehen, wiederfinden zu dauerhaftem Eheglück und -vergnügen. Das Märchen bleibt uns die epischen Details ihrer ferneren Erdenwege, wie immer, schuldig; das Tanzen aber mit seinen Gefahren für geordnete Lebensführung werden sie wohl künftig gemieden haben.

Anmerkungen

1 Das weiße Kätzchen. In: Dänische Volksmärchen. Hrsg. Bengt Holbek. Berlin o. J.
2 Walter Scherf: Die Herausforderung des Dämons. München u. a. 1987. S. 149 u. a.
3 Zit. nach Irmgard Kowatzki: Der Begriff des Spiels als ästhetisches Phänomen von Schiller bis Benn. Bern 1973. S. 67 ff.
4 Max Frisch: Biographie. Ein Spiel. Anmerkungen. Frankfurt 1967.
5 Z. B. Das Märchen von dem jungen Recken und dem Wasser des Lebens. In: A. N. Afanasjew: Russische Volksmärchen. München 1985.
6 Das Märchen von der Katze. In: Italienische Märchen. Hrsg. Felix Karlinger. Reinbek 1992.
7 Wie der Bärentanz entstand. In: Märchen der Nordamerikanischen Indianer. Hrsg. Gustav A. Konitzky. Reinbek 1992.
8 Johan Huizinga: Homo ludens. Versuch einer Bestimmung des Spielelementes der Kultur. Basel u. a. o. J. S. 29, 42, 45 u. a.
9 Zur Verbindung von Spielen am Grab Verstorbener zum Seelenkult vgl.: Wladimir Propp: Die historischen Wurzeln des Zaubermärchens. München 1987. S. 408.
10 Der eiserne Hans. In: Friedmund von Arnim: Hundert neue Mährchen im Gebirge gesammelt. Köln 1986.
11 Der Zauberer Palermo. In: Spanische Märchen. Hrsg. u. übertr. Harri Meier und Felix Karlinger. München 1961.

12 Vgl. Nigel Pennick: Spiele der Götter – Ursprünge der Weissagung. Olten und Freiburg 1992. S. 58 ff., sowie Johan Huizinga, a. a. O. S. 93.

13 Vgl. hierzu ausführlich: M. Georg Nehmeier: Urschach und Brettschach. Bd. 1. Ansbach 1929, sowie allgemein zu Ursprung und Symbolik der Brettspiele: Nigel Pennick, a. a. O. S. 244 ff.

14 Vgl. hierzu ausführlich: Detlef Hoffmann: Die Welt der Spielkarten. Eine Kulturgeschichte. Leipzig/München 1972. Hoffmann spricht von »künstlerischen Eskapaden der Gebrauchsgraphik«, von denen man sich in einer Zeit der normierten Spielkartensortimente keinen Begriff mehr machen könne.

15 H. J. Chr. v. Grimmelshausen: Der abenteuerliche Simplicissimus. Erstausgabe 1669. München 1963. 1. Buch, 17. Kapitel (Tanz); 20. Kapitel (Spiel). Das Würfelspiel wird als Inbegriff töricht-eitlen Treibens gesehen, »... weil das Spielen des leidigen Teufels eigene Invention ist ...«. S. 160.

16 Ein Soldat erlöst eine Zarentochter. In: A. N. Afanasjew, a. a. O.

17 Die Schönheit der Welt. In: Spanische Märchen, a. a. O.

18 Z. B. Die Wetten des Flötenspielers. In: Inselmärchen des Mittelmeers. Hrsg. Felix Karlinger. Düsseldorf 1962. Dort macht sich einer der Wettpartner sogar die Sonne zur Verbündeten, die ausnahmsweise »in Akrotiri aufgeht«, so daß er die Wette gegen einen Juden gewinnt.

19 Der blaue Drache. In: Italienische Märchen. Hrsg. Felix Karlinger. Reinbek 1992.

20 Wladimir Propp, a. a. O. S. 408 ff., sowie Johan Huizinga, a. a. O. S. 172 ff.

21 Die wunderschöne Wassilissa. In: A. N. Afanasjew, a. a. O. S. 118 ff. Für magische Verbindung von Mensch und Puppe gibt es zahlreiche Zeugnisse im Volksglauben, z. B. der Indianer (»Kashina-Dolls«), der Mongolen etc.

22 Vgl. Wladimir Propp, a. a. O. S. 26 ff.

23 H. J. Heinrichs: Die Idee fortwährender Entfaltung. In: Akzente 2/93.

24 Vgl. hierzu ausführlich: Jan deVries: Untersuchungen über das Hüpfspiel. Kinderspiel – Kulttanz. FF Communications Nr. 173. Helsinki 1957.

25 Ricdin-Ricdon. In: Märchen aus Frankreich. Hrsg. Ulf Diederichs. Reinbek 1992.

26 Von drei Jünglingen, die drei Feen begegneten. In: Nicolaus de Troyes: Le grand Parangon des Nouvelles Nouvelles. Bruxelles/Paris 1866. Übers. v. Helga Volkmann.

27 Die Neraide. In: Griechische Volksmärchen. Hrsg. Georgios Aridas. Frankfurt 1985.

28 Zu magischer Musik und magischem Tanz vgl. ausführlich: Gisela Just: Magische Musik im Märchen. Artes pupulares Bd. 20. Frankfurt u. a. 1991. Insbes. S. 11 ff., ausgehend von Der Jude im Dorn KHM 110, und S. 128 ff., ausgehend von Die Geschenke des kleinen Volkes KHM 182.

29 Zwölf Krumen. In: Märchen der Völker Jugoslawiens. Leipzig 1990.

30 Der Jüngling mit den Schilfohren. In: Ungarische Volksmärchen. Hrsg. Gjula Ortutay. Budapest 1980.

Verena Kast

DIE VERWÜNSCHTE PRINZESSIN
Vom Spiel um Liebe und Tod

Zusammenfassung des Märchens[1]

Ein Vater hatte einen Sohn, Peter. Diesem gefiel es nicht mehr zu Hause, deshalb forderte er sein Erbteil und ging damit in die Welt. Der Bursche hatte ein mitleidiges Herz und fühlte, was recht und was unrecht war. Auf seinem Weg kam er an einem Toten vorbei, der nicht begraben wurde, weil er zu arm war. Peter brachte sein ganzes Geld ein, ließ damit den Toten beerdigen und setzte seinen Weg fort. Als er eine kurze Strecke weitergegangen war, kam ein Mann hinter ihm her, fing ein Gespräch an und sagte, er wolle mit ihm wandern. Peter freute sich, daß er einen so wackeren Reisegefährten gefunden hatte – und sie wanderten lange miteinander. Nach einigen Wochen kamen sie in eine Stadt, drin waren alle Häuser schwarz verhängt und auf dem Schloß wehte eine schwarze Fahne.

Die Prinzessin sei, so sagte man Peter, von einem Berggeist verzaubert; sie sei tagsüber still und in sich gekehrt, bisweilen aber so böse, daß sie alles zerschlüge und umbrächte, was ihr ins Gehege käme. Wer es wage, sie zu erlösen, sei des Todes, falls er ihr Rätsel nicht lösen könne. Jetzt sei seit mehr als einem Jahr keiner mehr gekommen, der sie erlösen wolle, und doch sei sie ein so schönes und gutes Mädchen gewesen, und sei es noch.

Peter wollte sie erlösen: »Sterbe ich, so sterbe ich für eine gute Sache; gelingt's, so könnte ihr und mir kein größeres Glück widerfahren.« Sein Kamerad wollte ihm beistehen und sagte ihm: »Damit du glaubst, daß ich es vermag, so will ich dir sagen, daß ich nicht ein Mensch bin, sondern der Geist von dem, den du im Dorfe hast beerdigen lassen. Ich weiß Mittel genug.« Er schickte Peter zum König. Der fragte ihn traurig, ob er wisse, daß es sein Leben koste, wenn er das Rätsel nicht errate. »Das tut nichts«, meinte Peter. Dann solle er anderntags kommen und das Rätsel lösen.

Peter und sein Kamerad schauten sich während des Tages die Stadt an, aßen, tranken und erkundigten sich, welches denn das Schlafzimmer der Prinzessin sei. Als es 10 schlug, holte der Kamerad ein paar große Fittiche aus dem Felleisen und eine recht schlanke, eiserne Rute. Peter mußte sich ausziehen, der Kamerad bestrich seine Schultern mit Salbe und setzte ihm die Fittiche an. »Wenn die Prinzessin zu ihrem Kammerfenster herauskommt, haue sie mit der Rute immerzu. Flieg hinter ihr her, flieg, wohin sie fliegt, geh hinein, wo sie hineingeht, verkrieche dich und höre zu, was der Berggeist sagt. Sie wird ihm alles sagen und ihn fragen, welches Rätsel sie dir aufgeben soll. Rückwärts mußt du der Prinzessin ebenfalls folgen, bis sie wieder durch ihr Fenster geflogen ist.«

Peter flog zum Fenster der Prinzessin, er sah, wie auch sie Flügel anhatte und im Zimmer hin und her rannte, als wäre sie nicht klug. Als sie herausflog, folgte er ihr und fing an, sie ganz erbärmlich zu prügeln, auch wenn ihm dabei sein Herz blutete. Endlich kamen sie an einen großen Berg, der tat sich auf, beide flogen hinein. Peter versteckte sich hinter einem Altar. Die Prinzessin lief auf den Berggeist zu, der nahm sie in die Arme; er war ein alter Mann mit schneeweißem Bart, Augen, die wie Feuerkohlen glühten, sein ganzes Wesen war so grimmig und gefährlich, daß Peter Angst bekam und es ihn reute, daß er sich auf die Sache eingelassen hatte. Da sagte der Berggeist: »Bist lange nicht dagewesen, hast lange keinen umgebracht, hast dich lange nicht können am Blute deiner Erlöser freuen. Ist also wieder ein Vogel ins Garn gegangen?« Die Prinzessin sagte ihm, es sei diesmal nur ein gewöhnlicher Mensch, draußen aber sei ein furchtbares Hagelwetter, und sie beklagte sich darüber, wie zerrissen und zerschlagen sie sei von den Hagelstücken. »Tut nichts«, sagte der Berggeist, »desto mehr mußt du deinen Menschen peinigen, desto mehr Freude mußt du an seinem Blute haben, desto mehr mußt du davon trinken, desto eher wirst du für mich rein und mein eigen.« Die Prinzessin soll an Vaters weißes Roß denken, wenn sie dem Burschen das Rätsel stellt, indem sie fragt, woran sie denke. Sie bat, hinausgelassen zu werden, damit sie um Mitternacht zu Hause sei. Peter folgte ihr, das Schlagen ging wieder los, bis hin zum Kammerfenster.

Am Morgen ging Peter ins Schloß. Dort saß die Prinzessin auf dem Sofa und sah recht betrübt aus, aber sie war ein allerliebstes Mädchen. Ihre Augen waren so sanft und gut, sie war fein und zierlich gebaut, man traute ihr nicht zu, daß sie schon jemanden umgebracht hatte. Noch einmal machte sie ihn darauf aufmerksam, daß es ihn das Leben koste, wenn er das Rätsel nicht errate, und sie sagte ihm auch, er dauere sie – er ließ sich aber nicht von seinem Vorhaben abbringen und sagte ihr auf ihre Frage, sie dächte an ihres Vaters weißes Roß. Die Prinzessin wurde leichenblaß und wünschte ihm, das Glück möge ihm weiter beistehen.

Am nächsten Abend folgte Peter der Prinzessin wieder, diesmal ausgerüstet mit zwei Ruten. Der Raum des Berggeistes war erleuchtet durch den Mond in der Mitte, und auf dem Altar lag ein stachliger Fisch. Dieses Mal sollte die Prinzessin an das Schlachtschwert ihres Vaters denken. Als Peter am anderen Morgen das Rätsel wiederum erriet, sank sie zurück auf das Sofa. Das Schlachtschwert lag derweil griffbereit auf dem Tisch. In der dritten Nacht mußte Peter zwei Ruten mitnehmen und ein Schwert, um dem Berggeist den Kopf abzuhauen. Wie der Kamerad Peter vorausgesagt hatte, war diesmal der Saal des Berggeistes taghell, die Sonne stand an der Dekke, auf dem Altar war der stachlige Fisch und stand ein feuriges Rad. Hinter dem Altar war es dunkel, da versteckte sich Peter. Die Prinzessin warf sich dem Berggeist »wie in Verzweiflung« an den Hals: »Wieder erraten!«, sagte sie. »So denk diesmal an mein Haupt, daran kann kein Sterblicher denken. Jetzt geh und bade dich in dem Blut des Schändlichen.« Er begleitete sie hinaus, aber bevor er zurückwollte, schlug ihm Peter sein Haupt ab. Die Prinzessin fragte anderntags mit zitternder Stimme, als ob ihr Tod oder Leben davon abhinge: »Woran denke ich?« Ohne zu antworten, knüpfte Peter das Taschentuch auf und setzte das Haupt des Berggeistes auf ihren Tisch. Die Prinzessin stürzte sich ihm mit dem Ausruf: »Mein Erlöser!« ohnmächtig in die Arme. Nun sollte die Hochzeit stattfinden. Peter traf sich noch einmal mit seinem Reisegefährten. Dieser riet ihm, wenn er mit seiner Frau ins Bett gehe, eine Wanne mit Wasser bereit zu stellen. Wenn sie fortgehen wolle, dann solle er sie ins Wasser tauchen, darauf werde sie als Rabe auftauchen, den solle er wieder untertauchen, dann werde sie als Taube auftauchen, auch die solle er wieder untertauchen, und dann werde sie in ihrer »vorigen Engelsschönheit und Frömmigkeit« daraus aufsteigen; drei Mal solle er sie küssen und dann glücklich sein mit ihr. Seine Schuld habe er jetzt wohl zurückbezahlt, er gehe jetzt aus der Welt. Peter war traurig über den Abschied von seinem Gefährten. Er tat alles, wie dieser es ihn geheißen hatte, und er wurde glücklich mit seiner Frau und später auch ein guter König.

Sind Rätselprinzessinnen besonders weise, oder besonders mutwillig und brutal, oder beides miteinander? Was steckt hinter diesen Prinzessinnen, die scheinbar so leichtfertig und brutal mit dem Leben der Freier spielen, die sich ihnen verbinden wollen? Sie fordern die Prinzen heraus, das Leben zu verspielen, das Leben als der höchste Einsatz, den Menschen leisten können, der Einsatz an der Grenze menschlicher Möglichkeiten. Nichts also von heiterem Spiel hier, sondern von einem Spiel mit letztem Einsatz, von einem bedingungslosen Sich-Wagen: Spiel nur noch in dem Sinn von ganz sich Hingeben. Das Leben wird den Gesetzen des Spiels unterworfen: Entweder man gewinnt, oder man verliert. Es gibt nichts Halbes. Es geht bei diesem Spiel darum, für das Gelingen des eigenen Lebens den besten Mitspieler zu finden, unausgesprochen bleibt die Hoffnung, daß damit das Leben für beide gelingen möge. Und nur der Beste ist gut genug. Warum?

Das Märchen »Die verwünschte Prinzessin« gliedert sich in zwei Teile: Der erste Teil handelt von der Auslösung eines Toten, der zweite Teil von der Befreiung einer Prinzessin aus der Besessenheit durch einen Berggeist, von der Befreiung einer Rätselprinzessin, was aber nur mit Hilfe dieses Toten möglich ist. Am Schluß des Märchens haben wir Peter mit seiner nunmehr wieder friedlichen Prinzessin – und wir wissen, daß Peter später König werden wird. Sowohl der Totengeist wie auch der Berggeist sind verschwunden. Der zweite Teil des Märchens ist ohne den ersten nicht denkbar. So werden wir also auf diese »Geistgestalten«, auch wenn sie am Schluß der Erzählung herausfallen, sich also gewissermaßen im Laufe des Geschehens aufgearbeitet haben, ein besonderes Augenmerk zu richten haben. Sieht man die Bewegung an, die in diesem Märchen ist, fällt auf, daß es eine lange Ablösungs- – und damit auch eine Erlösungsgeschichte ist: es geht um die Ablösung von Bindungen, die lebensbehindernd geworden sind.

So wird der große Bogen in diesem Märchen der sein, daß Ablösung von Vätern und Vater-Geistfiguren, die hinter den Vätern stehen, stattfindet. Dadurch wird Peter selbständig, er erlebt dabei mehr sein eigenes Selbst und weniger das, was der Vater in ihm sehen wollte, und er gewinnt zudem eine Frau oder die Verbindung zu einer weiblichen Seite in sich, die nicht mehr zwischen Depression und Wutausbrüchen pendelt. Von der Prinzessin her betrachtet, bedeutet die Ablösung, daß sie sich aus den Fängen eines sie dominierenden Vaterkomplexes, der ihr bedeutende psychische Schwierigkeiten verursacht, lösen kann.

Wenden wir uns den Einzelheiten zu: Peter gefällt es nicht mehr zu Hause, er geht weg, samt seinem ganzen Erbteil. Peter verläßt seinen Vater, löst sich also ab, weil es ihm nicht mehr gefällt. Dieses »Nicht-mehr-Gefallen« ist ein Ausgangspunkt für etwas Neues, das entwickelt werden muß, außer man zieht es vor, »zuhause« zu bleiben und sich zu beklagen. Weil in der Ausgangssituation keine Frauen da sind, kann man annehmen, daß es auch darum geht, daß er eine Frau findet. Eigentümlich ist, wie wohlanständig Peter geschildert wird. Immer wieder, auch im Fortgang des Märchens, wird auf seine menschlichen Qualitäten hingewiesen. Kurz nach seinem Aufbruch, auf dem Weg in das eigene, selbst verantwortete Leben, findet er einen unbeerdigten Toten. Der arme Tote ist einer, der in der Weltordnung, wie sie herrscht, nicht zu Geld kam, also nicht beachtet und nicht bedacht wurde. Der arme Tote könnte eine Schattenseite verkörpern, eine Seite, die im herrschenden System nicht gelebt wird, die aber doch dazu gehören würde. Was könnte es sein, das da so sehr verdrängt wurde? Aus unserem Märchen wissen wir nur, daß dieser Tote so arm war, daß er nicht begraben werden konnte. In Parallelversionen haben wir etwas mehr Information: Einmal ist er ein Sünder, der so sehr Sünder ist, daß ihn die Kirche nicht begraben will; ein andermal ist er jemand, der Schulden hat. Im norwegischen Märchen »Der Kamerad« ist er ein Weinhändler, der den Wein gepanscht hat. Diese Gestalten haben alle menschliche Untugenden, die man allerdings schwer für so gravierend halten kann, daß man ihretwegen nicht begraben werden sollte. Eine Gesellschaft, die solche drastischen Sanktionen sich ausdenkt, muß sich schon für sehr wohlanständig halten und in der Folge sehr Angst vor diesen verdrängten Schattenseiten haben. Alle diese nicht begrabenen Toten haben zu Lebzeiten etwas getan, was man nicht tut. Und immerhin brauchen die Helden jeweils das ganze Geld, das sie vom Vater haben, um diesen Toten auszulösen. Alle Werte, die sie noch von ihrer alten Einstellung her haben, müssen sie opfern, damit der Tote beerdigt werden kann, damit dieses Problem »befriedet« wird. Das heißt also, man hat diese Schattenseiten des alten Systems akzeptiert und dafür auch viel hergegeben, nämlich zumindest das alte Bild, das man von sich hatte, hier das Bild von sich als »Vaters gutem Sohn«. Das zeigt sich auch darin, daß in der Folge der Held und der Begleiter ihren Weg gemeinsam gehen, daß sie vertraut werden miteinander und die nachfolgenden Probleme gemeinsam lösen. Der ausgelöste Tote wird in das System des Sohnes wirklich integriert, das Verdrängte, das gering Geachtete bekommt seinen Platz im Leben und bewirkt Veränderung. Es muß allerdings ein langer gemeinsamer Weg zurückgelegt werden, um mit diesem anderen Geist vertraut zu werden, und nur mit diesem anderen Geist zusammen, in diesem anderen Geist, gelingt es, die Prinzessin zu erlösen. Es zeigt sich sehr deutlich der Doppelaspekt des Begleiters: einerseits das Verachtete in diesem Toten, andererseits, nachdem er einmal angenommen ist, nachdem einmal etwas investiert ist für diesen verachteten Persönlichkeitsaspekt, wird er zu einem Helfer für ein gelingendes Leben. Wird der Schatten, wird das Verdrängte akzeptiert, dann kann das Leben wieder lebendig werden. Dieser Helfer, als Personifikation des zuvor verdrängten Schattens, zeigt aber auch Verbindung zu großen Tiefen, denn er kann mehr, als ein Mensch könnte. In Parallelversionen wird er deshalb wohl auch als Engel Gottes dargestellt (Finnische Version). Wesentlich erscheint mir in diesem Zusammenhang, daß er eine transpersonale Dimension hat.

Nun kommen die beiden in eine schwarz verhängte Stadt, in eine Trauerstadt; man trauert offenbar um die Prinzessin, gibt also öffentlich bekannt, daß eine problematische Situation vorherrscht. Man vernimmt, daß »die liebe, gute Prinzessin« von einem Berggeist verzaubert ist. Wie diese Verzauberung aussieht, ist recht anschaulich geschildert: Tagsüber ist sie still in sich gekehrt, bisweilen aber so böse, daß sie alles zerschlägt, was ihr in den Weg kommt. Wer sie erlösen will und das Rätsel nicht lösen kann, das sie stellt, wird umgebracht[2] – offenbar von ihr, eigenhändig. Dabei sagt das Märchen, die Prinzessin sei ein so schönes und gutes Mädchen gewesen, und ist es ja noch, ihre Augen sind so sanft und gut, sie ist so zierlich und fein – und doch hat sie schon neun Männer getötet. Jetzt kommt der zehnte dran – und ein Jahr ist vergangen, seit der letzte da war. Bei dieser Schilderung bekommt man den Eindruck, das Mädchen sei zu lieb, zu fein, zu sanft gewesen. Zwar ist dieser Zustand zwischendurch behoben, aber keineswegs zufriedenstellend. Das Märchen sagt, sie sei verzaubert – es scheint, daß das Wesen des Berggeistes durch sie hindurch spricht –, und wenn wir den Zustand der Prinzessin einmal diagnostizieren, dann leidet sie abwechselnd an Depressionen – als Bild: die schwarz verhangene Stadt – und an sinnloser Raserei, einem sehr aggressiven Gebaren. Sie selbst scheint dabei keine Entscheidungsmöglichkeit zu haben. Sie ist Gefangene der Situation. Man hat es bei ihr offenbar mit einer sehr feinen, sehr beeindruckbaren, etwas depressiven Frau zu tun, die plötzlich in Raserei ausbrechen kann und die auch nicht davor zurückscheut, in dieser Raserei sehr verletzend zu sein. Nicht nur verletzend: tötend. Diese Raserei muß unendlich destruktiv sein. Zu vergleichen ist das etwa mit den psychischen Situationen, in denen jemand plötzlich von sehr destruktiven Launen überfallen wird und in kürzester Zeit alles an menschlicher Beziehung zerstören kann, was in langer Zeit aufgebaut worden ist – am meisten dabei aber sich selber.

Von diesen Zuständen soll die Prinzessin erlöst werden. Sie initiiert diese Erlösung selber, indem sie Rätsel stellt, Rätsel stellen muß. Rätsel stellt anderen Menschen, wer sich selbst ein Rätsel ist, wer das Leben als Rätsel versteht und dahinter kommen möchte, oder wer einfach oder darüber hinaus Freude an einem geschliffenen Geist hat. Es können nicht alle Rätselprinzessinnen über einen Leisten geschlagen werden. Die Rätselprinzessin in unserem Märchen hat Ähnlichkeit mit Menschen, die anderen ein Rätsel stellen, weil sie letztlich nicht wissen, wer sie selbst sind. Daß sie aber die Rätsel mit einer solchen Beharrlichkeit stellen, heißt, daß jetzt die Zeit gekommen ist, wo sie es unbedingt wissen müssen. Dabei hoffen sie, daß ihnen jemand sagen kann, wer sie sind und was mit ihnen los ist. Dieses Wissenmüssen ist so existentiell, daß Menschen, die ihnen das Rätsel nicht lösen können, sterben müssen, das heißt, sie sind nicht zu gebrauchen zur Lösung dieses absolut vordringlichen existentiellen Problems. Wer aber helfen kann, das Rätsel zu lösen, der kann dann auch geliebt werden. Nicht zu wissen, wer man selbst ist, in dem Ausmaß, daß man Rätsel stellen muß, heißt, keine eigene Identität zu haben, kein eigenes Selbst zu haben, etwa nicht zu wissen, was man selbst fühlt, denkt, tun möchte. In so einer Situation paßt man sich an, ist so, wie die anderen wollen, daß man ist, und bei der Prinzessin kann man davon ausgehen, daß Vater und Berggeist, der überhöhte Vater, der Vatergeist, anstelle ihres originären weiblichen Selbst stehen.[3] Wer nicht zumindest in Ansätzen das eigene Selbst verwirklicht – das ganze Leben hindurch versuchen wir ja, wenn wir es tun, immer mehr wir selbst zu werden – reagiert depressiv bei Verlusten, und leidet im Zusammenhang damit oft auch an Aggressionsdurchbrüchen. Denn die Aggression, die es bräuchte, um das eigene Selbst zu stützen und im Leben zum Zuge kommen zu lassen, wird verdrängt und bricht dann durch. Hat man kein eigenes Selbst – ist man zu sehr selbst-los – dann leidet man unter einem schlechten Selbstwertgefühl. Dieses schlechte Gefühl kann dadurch kompensiert werden, daß man seine Zugehörigkeit zu einer grandiosen, geheimnisvollen Welt überhöht, eine Größenidee pflegt. Tochter eines Berggeistes zu sein, ist nicht einfach nichts! Diese Kompensationsmöglichkeit scheint nun aber nicht mehr zufriedenstellend zu sein, die Prinzessin – oder die anderen Menschen – leiden darunter. Man steht nun aber zu diesem Problem in aller Öffentlichkeit und sucht eine Lösung. Die Ablösung von dieser Berggeistwelt muß stattfinden, und der Geist des Toten weiß, wie das zu geschehen hat. Interessant ist, wie Peter seinem Geist vertraut, immerhin in einer so wenig menschenvertrauten Situation wie der des Fliegens. Das dürfte mit eine Folge seiner ursprünglichen vertrauensvollen Vaterbindung sein, die er auf den Geist überträgt.

Der Berggeist wohnt im großen Berg offenbar untertags, ein Symbol dafür, wie abgesondert, abgespalten, verdrängt, im Dunkel, dieser Bereich ist. Der Raum des Berggeistes mutet wie eine Kirche im Berg an, wobei der Altar, die Sterne, der Mond und die Sonne sich den Raum teilen: Der Kosmos geht eine Verbindung mit einem Kirchengebäude ein. Es ist durchaus möglich, daß dieser Berggeist einen mütterlichen Raum (die Höhle im Berg, der bergende Raum), der auch die Natur und den Kosmos mitumfaßt, »übernommen« hat, be-herrscht, daß der Mutterraum der Prinzessin, vor allem auch der Aspekt, der mit der Natur und mit dem Kosmos zusammenhängt, durch den patriarchalen Geist, dem sie in ihrer Vatergebundenheit besonders nah ist, verfremdet worden ist; eine Dimension einer Naturreligion ist zu einer von einem väterlichen Geist verwalteten Religion geworden.

Dieser Berggeist sieht so furchterregend aus, daß Peter Angst vor ihm bekommt. Wenn man einmal sieht, welche Dämonie hinter diesem zerstörerischen Wesen der Prinzessin steht – sei das nun die weibliche Seite von Peter oder sei es eine Frau, die von einem solchen Berggeistkomplex besessen ist –, dann würde man am liebsten fortlaufen. Die Prinzessin aber läuft diesem Berggeist in die Arme. Für sie scheint die Zugehörigkeit zum Berggeist, diese fast kosmische Größenidee, die durchaus ein Gefühl von Macht auslösen kann und ihr dennoch keine Grundgeborgenheit bietet, eine gewisse Großartigkeit zu haben. Nicht nur von der Behausung her können wir auf das Wesen dieses Berggeistes schließen, sondern auch aus dem, was er sagt. »Bist lange nicht dagewesen, hast lange keinen umgebracht, hast dich lange nicht können am Blute deiner Erlöser freuen. Ist also wieder ein Vogel ins Garn gegangen.« Daraus spricht die triumphierende, genüßliche Freude am Töten – und besonders am Töten derer, die erlösen wollen. Der Berggeist fühlt sich stark und allen überlegen, die da erlösen wollen. Und wie sich die Prinzessin über das Hagelwetter beklagt, über die Qualen, die sie hat ausstehen müssen, sagt er nur: »Tut nichts, desto mehr mußt du deinen Menschen peinigen, desto mehr Freude mußt du an seinem Blute haben, desto mehr mußt du davon trinken, desto eher wirst du für mich rein und mein eigen.« Je mehr du leidest, desto mehr mußt du die anderen leiden machen – das ist die Psychologie, die er vertritt, und die in seiner Nachfolge auch die der Prinzessin ist. Aber nicht nur das: Sie soll auch noch Freude daran haben. Wir haben hier die Quintessenz einer sado-masochistischen Verhaltensweise vor uns. Und sadomasochistisch verhalten sich Menschen dann, wenn sie in ihrem Selbstwert verunsichert sind oder ihre Identität, im Moment oder überhaupt, nicht spüren können.

Ich brauche den Ausdruck »sado-masochistisch« für Quälen und Gequält-Werden, das durchaus mit einem gewissen Lusterleben, nicht aber unbedingt einem sexuellen Lusterleben verbunden, und nicht ausschließlich auf die Sexualsphäre bezogen ist. Der Berggeist sagt aber noch bedeutend mehr: »Um so mehr wirst du mein eigen – und für mich rein.« Also nicht nur wird sie sich freuen, sie wird auch dadurch, daß sie in diesem Verhaltenszirkel bleiben muß, solange sie diesem Berggeist verfallen ist, ihm immer mehr verfallen, und dieses Verfallensein ist verbunden mit der Idee einer absoluten Reinheit. Diese destruktive Grandiosität würde in der Folge immer mehr ihr ganzes Wesen bestimmen und sie dadurch beziehungsunfähig im Namen eines Ideals der Reinheit und der Großartigkeit machen. Denn immerhin sucht sie offenbar den Berggeist nur auf, wenn einer in Beziehung zu ihr treten will. Wesentlich nun ist für die Lösung dieser Problematik, daß Peter bei dieser Szene zwischen Berggeist und Prinzessin dabei ist und hinhört. Diese Größenidee hat aufgehört, so ganz privat, einmalig und einzigartig zu sein. Das bedeutet, daß das Verfallensein an diesen Geist durchaus noch besteht, daß aber schon etwas in der Prinzessin selbst, oder ein Mensch in ihrer Umgebung, dem sie wichtig ist, um diese Verfallenheit weiß, möglicherweise ohne etwas zu sagen – und so ist die Verfallenheit nicht mehr total, die Möglichkeit, sich davon langsam zu distanzieren, sich auch anders im Leben verhalten zu können, ist gegeben.

Und nun das Rätsel: Sie soll an ihres Vaters weißes Roß denken. Diese lapidare Frage, »woran denke ich?«, sagt mehr aus, als es auf den ersten Blick erscheint, insbesondere, wenn wir einmal die anderen Gegenstände, die die Gedanken der Prinzessin besetzen, mit einbeziehen: Vaters weißes Roß, Vaters Schlachtschwert, und dann der Kopf des Berggeistes, der sie zwischenhinein einmal »meine Tochter« nennt. Wenn eine Prinzessin im heiratsfähigen Alter an Vaters weißes Roß und an Vaters Schlachtschwert denkt, dann denkt sie doch oft an Dinge ihres Vaters und des Vatergeistes. Es stellt sich also auch hier eine enge Vaterbindung, möglicherweise eine Identifikation mit dem Vater und auch mit dem Vatergeist heraus. Dazu paßt, daß in diesem Märchen auch am Königshof nichts von einer Königin zu hören ist; falls es sie gibt, spielt sie keine Rolle. Alles in allem: Die Sache erscheint einem ungeheuer androzentrisch und von den Vätern beherrscht – eine Situation, in der kraftvolle Frauen offenbar nur noch zu Rätselprinzessinnen werden können.

Warum taucht aber gerade Vaters weißes Roß auf? Weiße Pferde sind in der Mythologie die »Sonnenpferde«, es sind die Pferde der Lichtgötter – und verkörpern deren Energie, während die dunklen Pferde die Pferde der Unterweltsgöttinnen sind. Pferde an sich symbolisieren Triebkraft, und zwar aufbrechende, dynamische Triebkraft. In diesem Denken an Vaters weißes Roß liegt mehr als nur Ausdruck der Gebundenheit an ihn, dieses Denken an das weiße Roß ist auch ein Symbol des »Aufbruchs«, und es zeigt, daß durchaus auch positive Aspekte in dieser Vaterbindung stecken, eine große Libido, die die Frau brauchen könnte, um sich weiter zu entwickeln.

Peter soll das Rätsel lösen: Die Prinzessin verhält sich dabei weinerlich sentimental, was auf den ersten Blick gar nicht zu ihrer Brutalität paßt, was aber in dem Märchen – und nicht nur in dem Märchen – durchaus zueinander gehört. So fragt sie auch noch in freundlichem Ton, ob er wisse, daß es ihn das Leben koste ... Ich denke da an Menschen, die mit unendlich vielen Präambeln versichern, daß sie einen niemals verletzen möchten, und die dann etwas sehr Brutales sehr gekonnt ansetzen. Man steht dann da, versichert, daß man es nicht als Verletzung empfinden sollte, mit dem Gefühl, dennoch sehr verletzt worden zu sein und mit dem Wunsch, zurückschlagen zu dürfen, wären nur die Hände durch die vielen Präambeln nicht schon gebunden. Dazu paßt die Leichenblässe der Prinzessin, als Peter das Rätsel errät.

Nun erfolgt der zweite Ausflug zum Berggeist – die zweite Reise dahin, um zu sehen, woran die Prinzessin denkt, was denn ihr schreckliches Geheimnis ist. Sie wird dabei noch mehr geprügelt – Peter muß jetzt noch aggressiver sein. Es steht nichts mehr davon da, daß sie ihn dauerte. Dieses Geprügelt-Werden ist auch Ausdruck dafür, wie sehr sie auf ihrem Weg zum Berggeist auch leiden muß. Der Weg zum Berggeist muß ihr »verhagelt« werden, so daß es richtig schwer wird, gerade diesen Weg zu gehen. Das Schlagen erinnert auch an Austreibungsszenen, wie sie sich sogar im Neuen Testament niederschlagen, wo die bösen Geister sich darüber beklagen, daß sie von Christus »gequält« würden.

Im Alltag könnte es bedeuten, daß ein Mensch, der eine Beziehung zu einer solchen Rätselprinzessin aufnimmt (es gibt im Alltag übrigens auch Rätselprinzen) und dem es auch gelingt, das Leiden zu sehen, das mit diesem Rätselprinzessinnendasein verbunden ist, immer dann aggressiv reagieren muß, wenn er oder sie den grandiosen, destruktiven Sog im anderen Menschen spürt. Dann müssen sie auch aggressiv reagieren; aber »mitbegleitend«, nicht verachtend, sondern teilnehmend, mitfühlend, aber doch unerbittlich. Dadurch nimmt man einerseits dem anderen Aggression ab, er oder sie ist nicht allein böse, andererseits wird durch eine solche Reaktion im anderen auch ein Gefühl für die »Ausflüge in die Berggeistwelt« entwickelt, für das grandios Destruktive daran. Die Folge wäre dann, daß die Prinzessin oder Peter sich diese Freude an ihrer großartigen Einzigartigkeit und der hier damit verbundenen Freude am Quälen immer weniger erlauben. Sie gehen aggressiv gegen ihre Destruktivität vor.

Das zweite Mal ist es bereits heller im Raum: der Mond steht da. Am Abend vorher waren es nur ein paar Sterne. Die ganze komplexe Situation hellt sich auf; man sieht jetzt besser. Auf dem Altar liegt ein großer stachliger Fisch. Diese Gegenstände helfen uns alle, den Berggeist näher zu identifizieren: Er erscheint als Macht, die mit dem Kosmos zusammenhängt, – damit wird er »universal« – mit der Sonne, dem

Mond und den Sternen. Hinzu kommt noch dieser »Stachelfisch«, der die Verknüpfung zum Bereich des Wassers herstellt – und darüber hinaus darauf hinweist, daß der Inhalt, der da aus dem Unbewußten gehoben wird, ein stachliger ist.

Der Berggeist sitzt auf dem hohen Thron. Das muß er wohl, denn wenn es eine geheime Macht gibt, die ihm und der Prinzessin zuwider läuft, dann muß er sich erhöhen, um seine Omnipotenzsituation zu unterstreichen.

Es könnte sein, daß der Zustand der Prinzessin, obwohl eigentlich die Erlösung im Gang ist, sich noch ins Destruktive steigert. Das zeigt sich auch in dem Umstand, daß sie beim zweiten Besuch Peters keine lange Einleitung macht, sondern sehr direkt auf ihr Ziel zusteuert, aufs Köpfen. Dabei hat sie das Schlachtschwert, an das sie denken soll, bereits auf dem Tisch liegen. Da bekommt man deutlich den Eindruck einer Besessenheit: Sie kann nicht mehr warten. Das Schlachtschwert ist das Schwert, mit dem der Vater sich seine Siege holt, seine Feinde umbringt. Wenn sie ihre Erlöser mit dem Schlachtschwert ihres Vaters tötet, dann tötet sie nicht mit eigenen Mitteln, sie zeigt auch damit ihre Identifikation mit dem Vater. Sie hat ganz deutlich eine vom Vater abgeleitete Identität. Peter verunmöglicht ihr diese identifikatorische Tat aber, indem er ihren Gedanken wiederum errät. Sie sinkt zurück aufs Sofa – und stammelt: »Erraten! Morgen komm wieder. Die Götter mögen Dir noch einmal beistehen, dann wird alles gut.« Durch das ganze Märchen hindurch bleibt diese Doppeldeutigkeit erhalten, denn die Prinzessin hat ein ambivalentes Gefühl dieser Erlösung gegenüber. Sie ist einerseits besessen, und diese Besessenheit gibt ihr auch das Gefühl der Einzigartigkeit und damit verbunden ein Bewußtsein von Macht, und ein grandioses Selbstgefühl; sie weiß ja nichts um eine mögliche Identität außerhalb dieser Besessenheit, und doch gibt es auch in ihr einen Drang zur Entwicklung von anderen Seiten, einen Drang, aus dieser Grandiosität herauszukommen. Vielleicht sehnt sie sich danach, statt der Grandiosität, die sie in der Destruktivität erlebt, ein Gefühl der Geborgenheit und der Teilhabe in der Liebe zu einem Menschen zu erleben, dem sie dadurch, daß sie ein eigenes Selbst hat und in ihrem eigenen Selbst vom Partner auch respektiert wird, auch ein wirkliches Du sein kann.

Auf der dritten Reise zum Berggeist hat Peter das Schwert bei sich. Mit ihm soll er dem Berggeist den Kopf abhauen. Bis jetzt hat immer die Prinzessin den unglücklichen Freiern den Kopf abgehauen, jetzt übernimmt Peter auch diese Handlung – allerdings am richtigen Ort. Das läßt uns auch daran denken, daß die Prinzessin zwar das Richtige tat – köpfen, aggressiv die Destruktivität opfern –, aber sie köpfte die Falschen. Wie aber hat sich der Raum des Berggeistes, der Raum dieses grandiosen Komplexes, dieses Mal verändert?

Die Sonne steht an der Decke – es ist hell geworden. Auf dem Altar liegen der stachelige Fisch und ein feuriges Rad. Nun ist die ganze Sache »sonnenklar«. Das Feuerrad auf dem Altar setzt noch eine weitere Bedeutung: Feuerräder brauchte man zur Sonnwendzeit und dann an Ostern. Wenn es Frühling wurde, hat man früher solche Räder hergestellt und sie die Abhänge hinunterrollen lassen. Das sollte der Sonne Kraft geben für ihre nun wieder aufsteigende Bahn. Später wurde dieser germanische Brauch zu einem christlichen Osterbrauch, weil ja die neuerstandene Sonne und der auferstandene Christus ähnliche existentielle Erfahrungen symbolisieren. In dem Feuerrad haben wir noch einmal den Hinweis auf Frühling, Hinweis darauf, daß das Leben wieder neu aufbrechen kann und seinen Gang nehmen wird, daß der Winter, der psychische Winter, das Eingeschlossensein in diesem grandiosen Berg, vorüber ist. Es könnte allerdings mit auch noch ein Hinweis auf die Emotionen darin enthalten sein: Ein feuriges Rad, ein feuriges Pferd bedeuten, daß diese feurigen, leidenschaftlichen, lebendigen Emotionen wieder zum Zuge kommen.

Die Prinzessin wirft sich »wie in Verzweiflung«, sagt das Märchen, dem Berggeist um den Hals. »Wie in ...«, also vielleicht in Verzweiflung? Vielleicht aber auch nicht. Beides in einem, wie wir schon so oft gesehen haben. Und nun soll die Prinzessin an des Berggeistes Haupt denken. »Daran aber«, sagt der Berggeist, »kann kein Sterblicher denken, am wenigsten ein Mensch«. Der Berggeist legt seine letzte Macht in das, was ihn von einem Menschen so sehr unterscheidet, daß die Menschen nicht einmal daran denken können – außer der Prinzessin –, und spätestens hier wird deutlich, wie außergewöhnlich die Rätselprinzessin durch die Beziehung zu diesem Berggeist wird – eine Unsterbliche, oder überhaupt kein menschliches Wesen für den Berggeist? Der Kopf ist der Sitz der Gedanken des Berggeistes – und daß kein Mensch daran denken kann, stimmt nicht mehr, denn Peter kennt seine Gedanken nun auch, wenn auch nur durch die Hilfe seines Geist-Kameraden. Der Berggeist besitzt seinen Kopf eigentlich nicht mehr allein, schon bevor er ihm abgeschlagen wird. Und als die Prinzessin diesmal nach dem Rätsel fragt, zittert ihre Stimme, »als wenn ihr Tod oder Leben davon abhinge«. Das ist auch richtig, denn errät Peter das Rätsel, dann ist sie dem Leben wiedergegeben; errät er es nicht, würde sie endgültig dem Berggeist verfallen.

Nachdem sie wieder zu sich gekommen ist, wird sie Peter zur Frau gegeben. Dieses »Zu-sich-kommen« bedeutet, daß sie möglicherweise wirklich zu sich selbst kommt, nachdem sie durch Peters Handeln zunächst »ohnmächtig« geworden war, ohne Macht ist. Sie, die vermutlich vorher ihre Umwelt tyrannisiert hat mit Stillsein und mit Ausbrüchen, die Menschen ohne Zögern ihre Daseinsberechtigung abgesprochen hatte, weil sie selbst am Grunde ihres Wesens diese nicht für sich in Anspruch nehmen konnte, ist ohne jede Macht. Das zeigt aber auch, daß die Macht des Berggeistes, die Macht des sie beherrschenden Komplexes, gebrochen ist. Peter will sofort zu seinem Kameraden schicken. Dieser gibt ihm den letzten Rat und geht aus seinem Leben. Sobald der Berggeist eliminiert ist, braucht auch der Geist dieses Toten nicht mehr da zu sein. Denn eigentlich hat dieser Geist den Berggeist außer Kraft gesetzt. Dadurch, daß der Schatten der Vaterwelt von Peter als einem Modell für menschliches Verhalten akzeptiert worden ist, gelang es, diesen überhöhten, idealisierten väterlichen Überbau, der alles Mütterliche usurpiert hatte, der lebens- und entwicklungsfeindlich wirkte und die Frau in größte Identitätsnöte stürzte, zu beseitigen.

Jetzt erst ist die Schattenproblematik, von der am Anfang die Rede war, auch wirklich gelöst.

Was aber ist der letzte Rat des Totengeistes an Peter? Neben das Bett soll er eine Wanne mit Wasser stellen, und wenn die Prinzessin nachts fort will, solle er sie niedertauchen; den Raben, der daraus hervorgehe, wiederum ins Wasser tauchen; die Taube auch – und erst dann sei die richtige Prinzessin wieder da. Das Taufmotiv bedeutet Erneuerung: Das Alte wird ersäuft, ein gewandelter Mensch soll daraus hervorgehen. Die Prinzessin will also noch immer fliehen. Das aber soll verhindert werden. Offenbar muß diese Prinzessin doch noch durch verschiedene

Wandlungsformen hindurchgehen. Das ist an sich auch logisch, denn abgelöst zu sein von einem dominierenden Komplex heißt noch nicht, die eigene Identität gefunden zu haben, es ist aber eine Vorbedingung dazu. Über diese Taufszene möchte ich mich hier im Einzelnen nicht mehr auslassen[4]. Man kann sie – kurz gesagt – dahingehend verstehen, daß weder die schwarze Geistform, noch die weiße Geistform zu akzeptieren ist. Die Engelsschönheit und Frömmigkeit, in der die Prinzessin dann wieder erstehen soll, mutet zwar auch wieder zu süßlich an – aber Engelsschönheit und Frömmigkeit müßten sie nicht davon abhalten, mit ihren Aggressionen zurechtzukommen. Dennoch wünschte man sich, daß das Märchen weiterginge, die Prinzessin noch bodenständiger würde, ihre eigene Identität fände, und diese nicht etwa in Zukunft von ihrem Mann verschrieben bekäme, denn sonst würde möglicherweise das Rätselprinzessinnendasein nie ein Ende finden.

Ich habe die Rätselprinzessin als Modell einer Frau gesehen, die in einer von Männern dominierten Welt lebt, in der einerseits der alltägliche Schatten des Mannes brutal verdrängt, andererseits der männliche Geist in hohem Masse idealisiert wird, selbst dort, wo er sich in der Dominanz über den weiblichen Bereich eine Macht anmaßt, die ihm nicht gehört, und auch dort, wo er destruktiv ist. Aufgrund ihrer eigenen Vatergebundenheit und einer zu wenig ausgeprägten Mutterbeziehung ist sie dieser Vaterwelt sehr ausgesetzt, und sie entwickelt daher eine vom Vater und vom Väterlichen abgeleitete Identität. Sie hat es schwer, sie selbst zu sein. In der Partnerschaft kann sie sich nur einem Mann verbinden, der ihr helfen kann, das Rätsel um ihre Identität zu erraten. Das kann nun wiederum nur ein Mann, dem es »zuhause«, im herrschenden System, nicht mehr gefällt, und der bereit ist, zu integrieren, was in diesem System weggedrängt, schlecht behandelt wird. Peter, der selber von dieser Vaterwelt so sehr geprägt ist, hat ein Liebesgefühl für die verwünschte Prinzessin, er »erkennt sie« in ihrer Schönheit und in ihrem Leiden, er, oder besser, er in seinem neuen Geist, weiß, was letztlich not tut. Indem sie ihm die Rätsel stellt, mit ihm das Spiel auf Leben und Tod spielt, und er sich herausfordern läßt, damit aber auch beweist, daß er den bedingungslosen Einsatz für die Liebe bringen kann und will, sich zudem auch in ihrer Welt auskennt und gewillt ist, ihr auch in ihre Welt zu folgen, erweist er sich ihr und auch ihrem Anspruch an Beziehung gewachsen. Denn ihr Anspruch an Beziehung ist immerhin geprägt von einer beeindruckenden Berggeistwelt, die keineswegs nur destruktiv ist, sondern die destruktiv geworden ist, weil die Prinzessin dieser Welt hörig war.

Es gibt andere Rätselprinzessinnen in den Märchen, die auch nur den Mann heiraten wollen, der ein Rätsel für sie erfindet, das sie nicht erraten können. Kann sie das Rätsel lösen, wird der potentielle Freier auch getötet. Diese Märchen sind in sich etwas lustvoller als das der verwünschten Prinzessin, die Rätselprinzessinnen selber sind kreativer, aktiver, selbstbewußter, sie sind weniger beeinträchtigt durch eine durchaus auch vorhandene Vaterbindung. Möglicherweise sind in ihren Systemen die Mütter weniger entwertet. Muß bei der verwünschten Prinzessin Peter eigentlich herausfinden, was denn ihre Gedanken besetzt, und was letztlich der Grund dafür ist, daß sie so problematisch ist, geht es in den anderen Märchen, zum Beispiel in der »Turandot«[5] darum, daß sich ein Mann als ganz außergewöhnlich geistvoll und klug erweist. Einen anderen, ihr unterlegenen, will sie nicht haben. Auch diese Rätselprinzessinnen sind Vaterstöchter, sie sind klug, witzig, geistreich, und sie sind – wohl gerade deshalb – nicht gewillt, sich einem Mann zu verbinden, der ihnen geistig nicht gewachsen ist. Sie wollen mit einem Mann auch lustvoll geistig spielen können. Sie wählen richtig, indem sie ihre Prägung durch die Vaterwelt ernst nehmen. Sie wollen einen Mann haben, der sie in ihrer Lust an der geistigen Auseinandersetzung herausfordern kann, der ihnen gewachsen ist. Damit aber ist die Grundlage für den gegenseitigen Respekt, und das ist die Grundlage für eine befriedigende Beziehung zwischen Frau und Mann, geschaffen. Da die zu lösenden Rätsel meistens mit ganz großen Lebenszusammenhängen zu tun haben, zeigt, wer solche Rätsel erfinden kann, daß er auch an die großen Fragen des Menschseins zu denken vermag.

Die Rätselprinzessinnen sind nicht nur brutal, indem sie den Druck der inneren brutalen Kräfte an die Außenwelt weitergeben, sie sind auch weise, weil sie ihr Gewordensein ernst nehmen und von ihren potentiellen Partnern nicht weniger fordern, als sie wirklich brauchen: Für sie gibt es keine Halbheiten, sondern den Einsatz des ganzen Lebens, ein Spiel um Liebe und Tod.

Anmerkungen

1 Deutsche Märchen seit Grimm, MdW S. 144 ff.
2 Außer Märchenparallelen gibt es dazu eine Parallele in den Apokryphen des AT im Buch Tobias (Sara hat bereits sieben Männer umgebracht, als Tobias um sie freit. Tobias S. 7, 11).
3 Kast Verena (1991) Loslassen und sich selber finden. Herder Spektrum, Freiburg, S. 71 ff.
4 Vergleiche zur Interpretation dieses Märchens auch: Kast Verena: Die verwünschte Prinzessin. Zum Problem des Sado-Masochismus. In: Jacoby, Kast, Riedel (1978) Das Böse im Märchen. Bonz, Fellbach.
5 Turandot. In: Tausendundein Tag. Leipzig 1925, Bd. 1.

Margarete Möckel

SPURENSUCHE

Die alten Zeiten, wo das Wünschen noch geholfen hat, waren von magischen Handlungen und Riten geprägt. Im Rhythmus der Jahreszeiten wurden die immer gleichen Rituale begangen, um das irdische Leben zu erneuern in Übereinstimmung mit dem Lauf der Gestirne. Diese Verbindung war ein Hauptanliegen der Menschen: in den kosmischen Ordnungen sahen sie die Vorbilder und Strukturen für die Ordnungen des menschlichen Lebens, die in rituellen Tänzen sichtbar gemacht und mitvollzogen, gleichzeitig aber auch im Mythos bewahrt wurden. Das religiöse Bedürfnis der Menschen zielte also darauf, die Übereinstimmung mit der kosmischen Ordnung herzustellen durch rituelle Handlungen des Mit- oder Nachvollzugs erkennbarer Bewegungsabläufe. Dadurch wurden nicht nur die kosmischen Strukturen »unterstützt«, sondern gleichzeitig auch die irdischen Strukturen verstärkt und erneuert.

Besonders die jahreszeitlichen Übergänge haben die Menschen in dieser Weise rituell begangen, und noch heute gibt es genügend Zeugnisse dafür: Feuer und Feuersprünge, brennende sonnenförmige Räder und Tänze haben sich als Sonnwendbräuche erhalten, ebenso das Perchtenlaufen, das Klöpfeln, das Verbrennen des Winters in Gestalt einer Strohpuppe.

Entsprechend den alljährlichen wiederkehrenden Riten, die von der gesamten Gemeinschaft begangen wurden, gab es einmalige, bedeutsame Riten bei Übergängen im Leben des Einzelnen, besonders an der Schwelle vom Kindsein zum Erwachsenenleben (Schamanen-Einweihungen sind hier nicht berücksichtigt). Die Initiation (lat. initium = Eintritt) ist in fast allen Erdteilen bezeugt als eine Zeit einschneidender Prüfungen, einer unvergeßlich tief einwirkenden und sich auf das ganze weitere Leben auswirkenden Reifeprüfung für junge

Menschen. Die Hauptmerkmale der Initiation sind religiöse wie soziale Rituale:

Vertreibung aus dem Elternhaus
Isolierung in einem besonderen Haus, oft im Wald
Ablegen der bisherigen Namen und Kleider (des alten Lebens)
Einkleidung in ein rituelles Übergangskleid
Demütigung durch erniedrigende Arbeiten
»Venichtung« durch Verletzung (z. B. Beschneidung oder
 Blendung oder Stich unter die Haut mit einem spitzen Gegenstand)
 oder durch Feuer
 oder durch rituelles Verschlungenwerden durch ein Ungeheuer mit großen Zähnen und Rachen (Tür des Initiationshauses)
Zeitweiliger Aufenthalt in einem Sarg (tomb)

»Wiedergeburt« aus dem Leib des Ungeheuers (womb)
Erwerb oder Verleihung eines neuen Namens
Sexuelle Unterweisung
Unterweisung in den alltäglichen Pflichten als Erwachsene
Unterweisung in rituellen Tänzen
Unterweisung in den geheimen Stammesriten und -mythen
Aufnahme in den Kreis der Erwachsenen
Aufnahme in das esoterische Kultleben (Geheimbünde).

Schon allein die Aufzählung dieser Rituale erinnert uns an Märchenmotive und -situationen:

Vertreibung: Allerleirauh; Das Erdkühlein; Tischleindeckdich; Hänsel und Gretel; Frau Holle; Die schöne Wassilissa; Die drei Männlein im Walde; Brüderchen und Schwesterchen; Der Eisenhans; Die Gänsehirtin am Brunnen.

Isolierung: Das Waldhaus der sechs oder zwölf Brüder; die sieben Rabenbrüder im Glasberg; das Räuberhaus im Wald; das Hexenhaus; das Waldhaus von Brüderchen und Schwesterchen; Blaubarts Haus im Wald; Aufenthalt beim Eisenhans im Wald; Rapunzels Turm im Wald; der Turm von Jungfrau Maleen; das Haus in der Einöde bei der Alten (Die Gänsehirtin am Brunnen).

Ablegen des bisherigen Lebens: Die bösen Schwestern ziehen Aschenputtel die schönen Kleider aus; die Königstochter muß mit der Magd Kleider und Pferd tauschen (Falada); die junge Königin ihre Kleider der falschen Braut geben; die Gänsehirtin ihre seidenen Kleider ablegen.

Einkleidung in ein rituelles Übergangskleid: alle Aschenkittel; die Bärenhaut des Bärenhäuters; das Federkleid der Schwanen- oder Rabenbrüder und Fitchers Vogel; der Mantel aus allerlei Rauchwerk; im norwegischen Märchen Karis Holzrock; im griechischen Märchen »Der Eiserne« ein langes Gewand, aus Eisen geschmiedet; die Hirtenkleidung und die Haut auf dem Gesicht der Gänsehirtin; Königssöhne werden in eine Tierhaut »verwünscht«.

Demütigung durch erniedrigende Arbeiten: Aschenputtel muß Linsen und Erbsen aus der Asche lesen, Goldmarie alle schwere Arbeit im Hause tun; die Stieftochter Erdbeeren im Schnee suchen (Die drei Männlein im Walde); Gänsemagd und Gänsehirtin müssen Gänse hüten, Allerleirauh und Goldener niedrige Arbeiten in der Küche verrichten, Wassilissa ebenfalls bei der Baba Jaga – vielleicht gehört auch die Königstochter im Drosselbart ursprünglich dazu?

rituelle Vernichtung durch Verletzung: Snewittchen wird der Kamm in die Kopfhaut gedrückt etc., Dornröschen sticht sich an der Spindel, ebenso Goldmarie; im Märchen von den drei Orangen sticht die Böse der Schönen eine Nadel in den Kopf. Das junggeglühte Männlein wird im Feuer vernichtet (und verjüngt), der Lehrling im russischen Volksmärchen »Och« dreimal verbrannt (und mit Lebenswasser wiederbelebt, wodurch er immer flinker und schöner wird); im russischen Märchen vom Feuervogel und

Wassilissa Zarewna muß der Schütze in siedendem Wasser baden.

rituelle Blendung: Die beiden Wanderer

ritueller Schlaf: neben Snewittchen und Dornröschen alle Versteinerten

rituelles Verschlungenwerden: Wassilissa die Wunderschöne kommt zum Tor der Baba Jaga, das Schloß am Hoftor ist ein Mund mit scharfen Zähnen; Goldmarie fürchtet sich vor den großen Zähnen der Frau Holle, Rotkäppchen vor dem großen Maul des Wolfes; Sturmheld Iwan Kuhsohn wird von drei Drachen immer tiefer in den Erdboden geschlagen; untreue Brüder stoßen den Jüngsten in einen Brunnen (Der goldene Vogel). tomb: Snewittchen liegt wie tot in einem gläsernen Sarg; Königstöchter werden unter der Erde oder in finsteren Höhlen oder in einer Flammenburg gefangen gehalten – oft zusätzlich von einem Drachen bewacht – oder in einem verpichten Faß ins Meer geworfen. Wer in den Brunnen springt oder geworfen wird, ist wie in einem Sarg gefangen, kann ohne Hilfe nicht zurück. Auch »Der Eisenofen« ist wie ein Sarg.

Eine wichtige Rolle bei den Initiationsriten spielte das Unsichtbarkeitsgebot für die Initianden.

Während der Zeit der Isolation durfte die Stammesgesellschaft die Initianden nicht wahrnehmen, die in dieser Übergangszeit »weder Fisch noch Fleisch« waren. Es existierten Reinigungsverbote für ein paar Wochen oder Monate, manchmal für eine noch längere Zeit. Ein ungewaschener Mensch wurde weniger beachtet als einer mit strahlender Haut. Fast alle Jugendlichen durchleben eine Phase, in der sie sich nicht so gern waschen, sich lieber ein bißchen verstecken. Diese Tendenz wurde vielleicht für die Initiation ausgenützt.

In Griechenland weihte man 9–12jährige Mädchen der Artemis, der großen Bärin; sie streiften als »kleine Bärinnen«, nämlich in ein Bärenfell gekleidet, im Gefolge der Göttin durch die Wälder, bis sie den Schritt vom Mädchen zur Frau in der Einweihung erfuhren. Abgesehen von der Vermutung, daß die »kleinen Bärinnen der Artemis« sich während ihres Aufenthalts in den Wäldern wohl kaum regelmäßig wuschen, müssen wir auch den Bärenhäuter bedenken, der sich sieben Jahre nicht reinigen durfte. Aber der Schmutz reichte in vielen Fällen nicht aus, um die Initianden unkenntlich, d. h. für die Gesellschaft unsichtbar zu machen. Dies war aber das erklärte Ziel, es gehörte ins Isolationsritual, und deshalb mußten die Initianden sich mit Ruß schwarz machen oder – an Totenmasken gemahnend – mit Gips oder weißer Farbe eine Maske anlegen, die signalisierte: »Ich bin nicht sichtbar, also bin ich nicht.«

Manche Märchen bewahren die Erinnerung an solche Bräuche, die gewiß nicht nur als Teil der Prüfung, sondern auch zum Schutz der jungen Menschen eingeführt wurden, damit sie ungestört den Übergang vom Kindsein zum Erwachsenenleben bewältigen konnten. Wir denken an Allerleirauh, die sich Gesicht und Hände mit Ruß schwärzt, um »unsichtbar« zu werden. Der hohle Baum ist das Symbol für ihre Isolation, das kleine Gelaß unter der Treppe, die unten und oben verbindet, verweist auf ihre Situation zwischen Küchenmagd und künftiger Herrscherin. Das Hin und Her entspricht genau dem Zustand einer Initiandin, die ihre kindliche Identität aufgegeben hat (»Ich bin ein armes Kind, von Vater und Mutter verlassen«), in der Zwischenphase unerkannt oder unsichtbar erniedrigende Dienste verrichtet und im Tanz nach und nach ihre neue Identität als erwachsene Frau erlangt.

Da in einer späteren Zeit dieses Initiationsritual nicht mehr vollzogen und nicht mehr verstanden wurde, mußte eine andere Motivation für Allerleirauhs Handlungsweise gefunden werden. Der drohende Inzest in der uns bekannten Fassung betont die Schutzbedürftigkeit und begründet die Flucht des Mädchens für ein späteres Bewußtsein zur Genüge, begründet auch den Wunsch nach den Kleidern von Sonne, Mond und Sternen sowie nach dem Pelz aus tausenderlei Rauchwerk: deren Beschaffung erscheint nunmehr als eine schier unlösbare Aufgabe für den Vater. Dadurch, daß die schimmernden Kleider für die Zukunft der Initiandin in einer Nußschale Platz haben, können sie in die Isolation mitgenommen werden, d. h., Allerleirauh trägt unsichtbar ihre königliche Herkunft bei sich, aber knospenhaft in der harten Samenhülle auch ihre Hinkunft, ihre zukünftigen Möglichkeiten. Denn symbolisch gesehen drücken diese Kleider die Entwicklung der jungen Frau in Stufen aus – vom goldenen Sonnenkleid, das für das Ich – Bewußtsein steht, über das mondsilberne Kleid der weiblichen Bewußtseinsstufe bis zum individuell ausgeprägten Sternenkleid.

Der Pelzmantel dagegen behält seine ursprüngliche Funktion für die Übergangsphase: er soll das Mädchen verbergen, es unkenntlich machen, schützen.

Zu der bedrohlichen Haltung des Vaters möchte ich noch bemerken, daß wir nicht wissen, mit welchen rituellen Drohungen, mit welchen Handlungen gar die Knaben und Mädchen aus dem Ort der Kindheit vertrieben wurden. Der Schwarze Mann, der noch vor 50 Jahren in den Reigenspielen als angstmachender Dämon auftrat, hat womöglich eine solche Funktion innegehabt.

Die rituelle Wiedergeburt wird im Märchen durch die Erlösung ausgedrückt. Alle Tierbräutigamsmärchen gehören hierher, auch die sieben Raben und die zwölf Schwäne; Rotkäppchen und die sieben Geißlein aus dem Wolfsbauch. Snewittchen und Dornröschen werden aus dem rituellen Schlaf (der ursprünglich rituellen Tod bedeutete) geweckt. Die Gänsemagd kann nur aus dem eisernen Ofen »wiedergeboren« werden, der ein Sinnbild für das Grab ist.

Der Königssohn im Eisenofen, unsichtbar und fast unerreichbar, hat es doppelt schwer: Der richtige Zeitpunkt und vor allem die richtige Person für das Erlösungswerk sind in diesem Märchen besonders wichtig. Vielleicht liegt dem Motiv des Täuschungsversuchs, das ja in vielen Märchen auftaucht, ursprünglich ein Ritual zugrunde, wobei der Initiand fähig sein mußte, die erlösende Person zu erkennen (Die Bienenkönigin; das sorbische Märchen vom Krabat).

Spielerisch geht das Märchen in späterer Zeit mit ehedem furchterregenden Riten um, die früher tabu waren. In vielen Märchen überwinden Held oder Heldin ihre Angst vor initiatorischen Eingriffen. Aus der Erinnerung gespeist, steigen noch die bedrohlichen Bilder und Szenarien von Initiationsriten im Märchen auf; sie werden aber nun, im Gegensatz zur althergebrachten Schicksalsergebenheit, als Herausforderung, als Aufgabe angenommen und bewältigt.

Diese »Umwertung des Ritus« (Propp) erschafft eine neue Bewußtseinslage (und vice-versa), sie schafft in vielen Zaubermärchen überhaupt erst die Figur der Märchenheldin, des Märchenhelden. Denken wir nur an »Hänsel und Gretel», wo die Heldin ihr eigenes und das Schicksal ihres Bruders beherzt in die Hand nimmt, anstatt zitternd die peinigenden Riten der Initiation über sich ergehen zu lassen! So gesehen, sind manche Märchen Geschichten einer Befreiung vom Ritus. Dazu bedarf es freilich der Dämonisierung ehemals allmächtiger Lehrer, um die Auflehnung gegen sie moralisch zu rechtfertigen. Möglicherweise dürfen wir sogar den Ursprung der sprichwörtlichen »Moral des Märchens« in diesem Vorgang sehen. Von nun an sind die Akteure selbst verantwortlich für ihre Entscheidungen und für ihre Handlungen, werden dafür belohnt oder bestraft.

Sicherlich ist eine solche »Umwertung« das Ergebnis eines Jahrhunderte währenden Entwicklungsprozesses. Wir können uns vorstellen, daß das Dogma der Initiation an verschiedenen Stellen langsam aufgeweicht wurde, ein Vorgang, wie wir ihn heutigentags im Schwinden der Akzeptanz kirchlicher Dogmen beobachten können. Ohne das Märchen geradezu für die Aufklärung zu reklamieren, wie es Ernst Bloch in einem frühen Aufsatz getan hat, sollten wir doch das emanzipatorische Element in der Entwicklung der Märchenhelden wahrnehmen. Ihr Heroismus ist nicht vorstellbar ohne Widerstand gegen das Althergebrachte. Sie werden nicht mehr initiiert, sondern gelangen durch eigene Initiative ans Ziel.

Oft genug handeln sie freilich in gleicher Weise wie rituell Eingeweihte, aber nicht mehr erzwungen durch zugefügte, erlittene Pein, sondern teils aus eigenem Entschluß, teils mit fremder Hilfe. Dazu gehören allerdings zwei weitere Wesensmerkmale, die viele Märchenhelden auszeichnet: eigene Hilfsbereitschaft und Gutherzigkeit. Hilfsbereitschaft sensibilisiert die Wahrnehmung; Gutherzigkeit beachtet und vernimmt unscheinbare Mahner und Helfer, hinhören ist wichtiger als selber reden. Märchenhelden halten keine Monologe, sondern sind zum Dialog mit allen begegnenden Gestalten bereit. Das ist ihre eigentliche Stärke, die zu vernünftiger Einsicht führt und, daraus folgend, zur Akzeptanz naturgegebener Abläufe – bis hin zum notwendigen Kampf.

Wenn Märchen erzählt werden, nimmt die Zuhörerin, der Zuhörer dieselbe Haltung ein, die den Märchenhelden auszeichnet: beide horchen, beide vernehmen die scheinbar unbedeutenden leisen Ratschläge für den Schicksalsweg. (Denken wir daran, daß Vernunft von *vernehmen* kommt!) Märchenhelden handeln konsequent nach solchen Weisungen. Die Zuhörer werden ermutigt, ebenso konsequent zu handeln, wenn die Vernunft es rät. Unabhängig vom Alter der Zuhörenden liegt auch heute noch ein großer Reiz in der Identifikation mit den Heldinnen und Helden des Märchens, die sich auf den Weg begeben, um ihrem Schicksal aktiv zu begegnen.

Die Märchen bewahren viele Requisiten unverändert auf, die den Ritus als eine ihrer Wurzeln belegen und uns eine Vorstellung von rituellen Abläufen bei der Initiation wie auch von der Qual der Initianden geben. Auf diesem Hintergrund können wir erst ermessen und würdigen, wie groß der Entwicklungsschritt gewesen ist, der die »Geburt des Märchenhelden« ermöglichte. Bis heute spüren wir darin den Beginn eines neuen Selbstbewußtseins.

Literaturhinweise

Propp, Vladimir, Die historischen Wurzeln des Zaubermärchens, Hanser 1987.
Lurker, Manfred, Wörterbuch der Symbolik, Kröner 1988.
Van Gennep, Arnold, Übergangsriten (Les rites de passage 1909), deutsch im Campus-Verlag 1986.
Bloch, Ernst, Gesamtausgabe, Bd. 9: Lit. Aufsätze, Frankfurt 1965, S. 199.

Hans Fink

DIE VERBLASSTE GRUNDSCHRIFT DER RITEN IM ZAUBERMÄRCHEN

Hintergründe der Märchenhandlung

Meine Ausführungen folgen den Ideen des russischen Folkloristen Vladimir Jakovlevic Propp. Um die Mitte des 20. Jahrhunderts hat Propp Voraussetzungen für die sachliche Interpretation der Zaubermärchen geschaffen. Seine Abhandlung *Die historischen Wurzeln des Zaubermärchens* (Leningrad 1946)[1] erschloß für die weiteren Forschungen eine reale Basis. Von diesem Werk war schon beim Symposion der Europäischen Märchengesellschaft in Hanau-Wilhelmsbad 1989 die Rede; ein Referent, Dr. Heino Gehrts, hat es den Teilnehmern vorgestellt.[2] In Deutschland blieb es so gut wie unbekannt.

Warum Propps Abhandlung nicht in den ersten Jahren nach ihrer Veröffentlichung nach Deutschland gelangt ist, liegt auf der Hand. Damals befanden sich die deutsch-russischen Beziehungen auf einem Tiefstand. Es fällt schon schwerer zu erklären, warum die deutsche Übersetzung 41 Jahre gebraucht hat, wenn man die breitgefächerte Beschäftigung der Deutschen mit der Folklore in Betracht zieht, zumal Propp durch seine *Morphologie des Märchens* (Leningrad 1928)[3] bereits international bekannt war. Der zweite Grund für die Verspätung dürfte ein breitgefächerter Widerstand gegen ein Buch gewesen sein, das liebgewordene Vorstellungen über den Haufen wirft. Die renommierte Fachzeitschrift *Fabula* widmete der Übersetzung gerade zwei Seiten.[4]

Was lesen wir in dem Buch? Der Verfasser präsentiert als das zentrale Thema der Zaubermärchen die Initiation oder Jugendweihe, die bei den Naturvölkern noch in historischen Zeiten, noch in der nahen Vergangenheit beobachtet worden ist. Mit dem Brauch war der Glaube an eine Reise ins Totenreich eng verknüpft – die Initiation erreichte ihren Höhepunkt im sogenannten »zeitweiligen Tod«. Den Jugendlichen machte man weis, daß sie sterben werden, aber nach einer Weile als Erwachsene zu neuem Leben erwachen; in der Zwischenzeit wandere ihre Seele ins Jenseits zum Tier-Ahnen, um von ihm Zauberkraft zu erbitten. Von den Momenten der Initiation und von den Abschnitten jener Reise leitet Propp zahlreiche Motive ab. Anschließend zeigt er, wie sich nach dem Auflassen des Brauchs aus den auf Erinnerung fußenden Erzählungen das Genre Zaubermärchen herausbildete.

Jahrtausendelang waren die geheimnisvollen Riten mit Mutproben, Tod und Wiedergeburt zwecks Aufnahme in die Gemeinschaft der Erwachsenen das wichtigste Ereignis im Leben des Menschen, neben dem auch die Hochzeit verblaßte. Die entwickeltste Form der Initiation, die Buschschule, konnte bei den Hackbau treibenden Völkern mehrere Jahre dauern. In der Buschschule eigneten sich die Jugendlichen alles an, was ein Erwachsener wissen und können mußte, um für sich wie auch für seine Angehörigen zu sorgen.

Propp zufolge begann man über den Vorgang der Initiation zu erzählen, nachdem der Brauch aus dem sozialen Leben verschwunden war, nachdem das Verbot, über ihn zu sprechen, seine Kraft verloren hatte. Das ist irgendwann nach dem Aufstieg des Ackerbaus zur vorherrschenden Wirtschaftsform geschehen. Bei der mündlichen Weitergabe über Dutzende von Generationen hat sich die ursprüngliche Darstellung nach und nach verändert. Ein Hauptgrund dafür ist die Umwertung des Ritus.

Mit der Initiation waren Grausamkeiten von der Blendung bis zur Beschneidung verbunden, die man ehemals für notwendig erachtete, deshalb galten die Leiter der Buschschule, Zauberer und Hexe, ursprünglich als Wohltäter. Doch als das Märchenpublikum die Notwendigkeit der Grausamkeiten nicht mehr einsah, wandte sich seine Meinung gegen deren Urheber – gegen den Zauberer und gegen die Hexe. In der Folge tut der Märchenheld dem Märchenzauberer an, was der reale Zauberer dem Zögling der Buschschule angetan hat. Der Zögling wurde geblendet – im Märchen blendet der Held den Zauberer. Der Zögling wurde symbolisch geröstet, verbrannt oder gekocht – im Märchen schieben Hänsel und Gretel die Hexe in den Backofen. Die Mädchen wurden während ihres Aufenthalts im Busch vom Zauberer rituell in

Frauen verwandelt – im Märchen tötet der Held den Drachen, der die Zarentochter geraubt.

Besonders ausführlich ist Propp auf die Entwicklung des Verschlinger-Motivs eingegangen. Eines Tages wurde den Zöglingen der Buschschule die Mythe von der Begegnung des Stammesgründers mit dem Tier-Ahnen mitgeteilt. In der Mythe verschlingt der Tier-Ahne den Stammesgründer, um ihm Zauberkraft zu verleihen; er läßt ihn eine Weile im Magen sitzen und speit ihn nachher aus. Sobald die Sinne der Zöglinge durch Prügel, Hunger, Ekelgefühle nebst Drogen getrübt waren, täuschte man ihnen eine Begegnung mit dem nämlichen Tier-Ahnen vor: sie mußten der Reihe nach in eine Attrappe von der Form des betreffenden Tieres kriechen. Das außergewöhnliche Erlebnis hat eine breite Spur in der Folklore hinterlassen, nur kann der Laie die Spur nicht erkennen, denn bei zahlreichen Erzählsträngen hat sich die Begegnung mit dem Tier-Ahnen zum Kampf mit dem Drachen gewandelt – aus dem freundlichen Spender ist ein Feind geworden, der vom Helden getötet wird.

Die Entwicklung verläuft wie folgt: A) Der Tier-Ahne verschlingt den Helden in wohlwollender Absicht – zwecks Verleihung von magischer Kraft – und speit ihn aus; b) und c) der Drache verschlingt den Helden eher zufällig, später in feindlicher Absicht, und der Held tötet den Drachen von innen; d) ein zweiter Held tötet den Drachen von außen; e) der Drache verschlingt ein Substitut des Helden und krepiert daran oder wird von außen getötet; f) es wird nichts mehr verschlungen, und der Held tötet den Drachen von außen.

An dieser Stelle ist der Hinweis fällig, daß es zwei Kategorien von Drachen gibt. Die eine Kategorie entspricht dem Zauberer. Sie umfaßt ihrerseits zwei Formen, denn mal ist der Zauberer mit Vogelkostüm gemeint, so in den Geschichten vom Schwiegersohn des reichen Mannes, der dem Drachen drei Federn ausreißen soll (AT 930 + 461)[5], mal der Zauberer mit Schlangenkostüm, erkenntlich an der russischen oder bulgarischen Bezeichnung s m e j (nach s m e j a – »Schlange«). Die andere Kategorie entspricht der bei der Initiation verwendeten Attrappe für den Tier-Ahnen, der gleichfalls Vogel oder Schlange sein kann. Im Rumänischen wird noch ein Unterschied gemacht: Dort heißt der Zauberer mit Schlangenkostüm z m e u (nach slawisch s m e j), während der schlangenförmige Tier-Ahne balaur genannt wird. Beim Übersetzen mit Drache geht der Unterschied verloren. Außerdem sind bei manchen Erzählsträngen Zauberer und Tier-Ahne zu einer Gestalt verschmolzen. Propp selbst hat den Unterschied zwischen den zwei Kategorien von Drachen nicht erfaßt.

Das Wort Drache bedeutete im Griechischen ursprünglich »der scharf Blickende«. Vielleicht ist es von den Urgriechen als Bezeichnung für den Schamanen der ansässigen Bevölkerung eingeführt worden.

Gestützt auf das Proppsche Schema der Wandlung des wohlwollenden Tier-Ahnen zum lebensbedrohenden Drachen habe ich eine Parallele in der Entwicklung des Vergoldungsmotivs entdeckt. Hinter dem Vergoldungsmotiv versteckt sich das Bemalen der Zöglinge mit symbolischen Zeichen wie Sonne, Mond und Stern; anscheinend wurde auch das Haar gefärbt. Das Motiv kommt vor bei AT 314: *Goldener*, bei AT 480: *Das gute und das schlechte Mädchen* und bei AT 502: *Der wilde Mann.* Dem Ritus entspricht die Vergoldung als Geschenk, wie wir es manchmal im Falle des guten Mädchens erleben. In den Varianten, die von der Umwertung des Ritus betroffen worden sind, eignet sich der Held die Vergoldung an, indem er den Hausherrn, alias den Zauberer, betrügt. Texte mit zweideutiger Situation belegen den Übergang, der dem zufälligen Verschlingen des Helden vergleichbar ist. Im Grimmschen Märchen *Der Eisenhans* (AT 502)[6] werden Finger und Haar des Helden vergoldet, weil er unachtsam ist; der wilde Mann weist ihn dafür aus dem Haus, steht ihm aber weiter hilfreich bei. Der Held eines spanischen Märchens aus Mexiko, *Das siebenfarbene Pferdchen* (AT 314)[7], betritt heimlich die verbotene Kammer, in der das Gold fließt; zur Strafe packt ihn der Riese an den Beinen und läßt ihn mit dem Kopf nach unten ins Gold hängen, so daß sich sein Haar vergoldet. Im armenischen Märchen *Sonnenjungfrau und Drachenprinz* (AT 433 + 480 + 425 E)[8] wird das gute Mädchen von der alten Frau zur Belohnung an den Beinen gepackt und mit dem Kopf ins gelbe Wasser getaucht.

Im Hinblick auf Entstehung und Verbreitung der Zaubermärchen hat Propp sich von der mythologischen Schule ebenso abgegrenzt wie von der sogenannten Finnischen Schule, von der Migrationstheorie ebenso wie von der Theorie über die Einheit der menschlichen Psyche.[9] Der einzige Weg, um die weltweite Ähnlichkeit für Folklorestoffe zu ergründen, ist für Propp ein historisches Studium der Folklore in ihrem Zusammenhang mit der Produktion des materiellen Lebens.[10]

Wenn Propp recht hat, dann müssen wir weit verbreitete Meinungen als Vorurteile abtun. Dann sind die Zaubermärchen keine Erfindungen und sind sie nicht im Mittelalter entstanden, ebensowenig wurden sie aus dem Orient, etwa aus Indien, nach Europa gebracht. Dann darf man sie auch nicht als abgesunkenes Kulturgut betrachten. Wenn Propp recht hat, müssen zahlreiche Bücher vom Tisch, die anderes behaupten oder stillschweigend anderes voraussetzen. Gibt es irgendwo einen handfesten Beweis für die Richtigkeit von Propps Ausführungen? Jawohl, es gibt einen. In Siebenbürgen, d. h. im zentralen Teil Rumäniens, der von den Karpaten umschlossen ist, hat bis ins 20. Jahrhundert eine heidnische Schule für Mädchen existiert, die einerseits große Ähnlichkeit mit der Initiation bei den Naturvölkern aufweist, andererseits dem entspricht, was in den Zaubermärchen überliefert wurde. Zweifellos handelt es sich um einen Ausläufer der alteuropäischen Buschschule. Über diese traditionelle Einrichtung liegt eine 20 Seiten starke wissenschaftliche Arbeit von Monica Bratulescu aus dem Jahre 1978 vor, der Titel lautet *Ceata feminina,* in freier Übersetzung »Die Schar der Mädchen«.[11] Monica Bratulescu stützte sich auf ältere Aufzeichnungen; sie zitiert wiederholt Aussagen von Frauen, die ehemals am Unterricht teilnahmen. Das sensationelle Dokument ermutigt uns, mit Zuversicht die von Propp gewiesene Richtung einzuhalten, um die Zaubermärchen im Lichte der Buschschule zu enträtseln.

Den russischen Gelehrten hätten Nachrichten über jene Einrichtung in Rumänien gewiß beflügelt, doch wußte er von ihr ebensowenig wie von der Jugendweihe für Mädchen in anderen Teilen der Welt. 1928 veröffentlichte Alfred Winterstein in der psychoanalytischen Zeitschrift *Imago* einen Aufsatz über die Pubertätsriten der Mädchen und ihre Spuren im Märchen.[12] Angesichts der Menge von ethnographischen Informationen in diesem Aufsatz geben wir uns Rechenschaft, wie einseitig Propps Dokumentation war, dessen Abhandlung 18 Jahre später erschienen ist.

Winterstein bringt Beispiele für den weitverbreiteten Brauch, die Mädchen zu Beginn der Pubertät abzusondern, und zitiert anschließend Märchen, welche offenkundig diesen Brauch widerspiegeln. Er vermerkt, daß die Vorschriften bei Mädchen hoher Herkunft – bei Königs- oder Häuptlingstöchtern – besonders streng befolgt wurden.[13] Propps Abhandlung beginnt, von der Einführung abgesehen, mit demselben Motiv, nur ist bei ihm nicht von Königs- und Häuptlingstöchtern, sondern von Königen und Königskindern die Rede. Der König mußte in einem Turmzimmer leben, damit seine Füße nicht die Erde berühren, oder in einer unterirdischen Kammer, in die kein Sonnenstrahl drang. Man schützte ihn auf solche Weise, weil man glaubte, daß von seiner Gesundheit das Wohl des Volkes abhängt.[14] Hätte sich in Europa eine materielle Spur von diesem Brauch gefunden, der ursprünglich ein Teil der allgemeinen Initiation war, könnten wir damit nicht weit springen. Im Vergleich dazu ist die Bestätigung für die alteuropäische Buschschule ein Glücksfall, weil die Buschschule zahlreiche Ausblicke auf das soziale Leben eröffnet. Die Zaubermärchen enthalten u. a. Informationen über mythische Vorstellungen und magische Praktiken, über Totem-Gestalten und die Namen der Gentes; wir finden Hinweise auf die Macht des Zauberers, auf die Existenz von Bünden, auf alte moralische Normen wie auch auf die ehemalige Gleichberechtigung der Frau.

Ein Beweis aus Siebenbürgen – die rumänische Mädchen-Spinnstube

Wie in anderen Teilen Europas war die Spinnstube in Siebenbürgen als Ort der geselligen Unterhaltung bekannt, sowohl bei der rumänischen Bevölkerung als auch bei den Ungarn bzw. Seklern und bei den Siebenbürger Sachsen, doch jene von Monica Bratulescu beschriebene heidnische Schule, die denselben Namen hatte, und zwar sezatoare, genauer sezatoarea fetelor, d. h. »Mädchen-Spinnstube«, gab es nur bei den Rumänen. Zu Beginn des 20. Jahrhunderts existierte sie noch in mehreren ländlichen Gebieten, und es ist bezeugt, daß sie früher eine weitverbreitete Einrichtung war.

Zugelassen wurden Mädchen im Pubertätsalter, also etwa vom dreizehnten Lebensjahr an bis zur Heirat. Ihre Zusammenkünfte fanden von September bis Ostern in einem Haus statt, in dem keine Männer lebten. In der Leiterin erkennt Monica Bratulescu die ehemalige Zauberin, allerdings vermeidet sie dieses Wort, sie umschreibt es. Leiterin konnte nur eine in den Bräuchen bewanderte Frau mit großer Autorität sein. Sie hatte das Amt oft mehrere Jahre lang inne. Zuweilen war sie mit der Hausfrau identisch. Die Schülerinnen vergalten ihre Mühe mit Dienstleistungen.

In dem Aufsatz *Ceata feminina* werden drei Bräuche vorgestellt: außer der Mädchen-Spinnstube auch das Umsingen der Mädchen zu Weihnachten und die Lioara, ein zu Ostern und Pfingsten üblicher Ritus, bei dem Mädchen und Burschen im Friedhof auf den Gräbern tanzten. Das Repertoire der drei Bräuche hängt teils durch Texte zusammen, die hier wie dort gesungen bzw. gesprochen wurden, teils durch das Thema einer Kategorie von Texten, die in zahlreichen Varianten kursierten. Deren Inhalt erläutert die Forscherin anhand der zwei verwandten Volksballaden *Drei Mädchen beim Blumenpflücken* und *Iovan Iorgovan.* Ich fasse ihre Ausführungen zusammen. Ein Mädchen wird in der Wildnis sich selbst überlassen; dort tritt eine ungeheure Schlange auf; es ist die Rede von Betäubungsmitteln und einem tiefen, ohnmachtsähnlichen Schlaf; wir hören von einer Hütte, von Schreck und Leid, vom Abschneiden des kleinen Fingers. In diesen Details, auch in der Wildheit mancher Tänze, erkennt die Forscherin Nachklänge ehemaliger Initiationsriten. Wie sie vermerkt, deuteten mehrere Momente im Auftreten der Schar eine heimliche Beziehung zwischen Pubertät und Tod an, was die nämliche Auslegung bekräftigt. Das Mahl der Schar hieß pomana sezatorii, d. h. »Leichenschmaus der <Mädchen-> Spinnstube«; es gab ein Umsingen »für die Toten«; bei den Zusammenkünften wurden mimisch Bestattungen dargestellt, gelegentlich der Lioara tanzte man auf dem Friedhof; während der Totenwache fanden auch Spiele mit betont erotischem Charakter statt. In manchen Ortschaften webten die Mädchen vor dem Totensonntag ein »Erfolgshemd« für die Toten, damit diese sich nicht in Gespenster verwandeln.

Bei genauerer Betrachtung stellen wir fest, daß die Mädchen-Spinnstube mehr war als nur ein Rahmen für die Initiation. Die Mitglieder führten gemeinsam Handlungen durch, die den Begriff des Unterrichts überschreiten. In diesem komplexen Brauch kommen die Wesenszüge des steinzeitlichen Frauenbundes prägnant zum Ausdruck:

A) Der Charakter einer Schule ist durch mehrere Elemente gegeben.

a) Die Mädchen übten sich im Spinnen und Weben.

Laut Monica Bratulescu hat man kein Gewicht auf Produktivität gelegt, die mitgebrachten Arbeitsmittel dienten eher als Requisiten für Zaubereien und Spiele. Aus einer Monographie über die Rumänen der Westkarpaten geht aber hervor, daß man der Fertigkeit im Spinnen trotzdem besondere Aufmerksamkeit widmete, es fand sogar eine Art Prüfung statt: Sobald der gesamte Hanf versponnen war, wurde gelegentlich des abschließenden Festmahls das von jedem Mädchen gesponnene Garn mit seinem Namen in einer Ecke ausgestellt, und die bei der Unterhaltung anwesenden Frauen besichtigten es der Reihe nach.[15]

b) Die Leiterin vermittelte Kenntnisse zur Verwendung bestimmter Pflanzen bei der Ausübung von Liebeszauber und Abwehrzauber wie auch bei der Behandlung von Krankheiten.

Damit belegt die Mädchen-Spinnstube die Rolle der Frauen als Träger geheimen Wissens über die Pflanzenwelt.

c) Anhand überlieferter Texte und Spiele wurden die Teilnehmerinnen auf das Eheleben vorbereitet.

Bei den Naturvölkern war die sexuelle Aufklärung ein Hauptpunkt der Initiation. Den Zaubermärchen zufolge hatte sie im alten Europa auch einen praktischen Teil, und zwar sowohl bei den Knaben als auch bei den Mädchen. Analog dazu gab man sich in der Mädchen-Spinnstube mit der Theorie nicht zufrieden.

d) Die Mädchen veranstalteten Zusammenkünfte mit den Burschen zum Zweck des gegenseitigen Kennenlernens und der Unterhaltung. Die Spinnstuben-Gemeinschaft spielte eine wichtige Rolle bei der Bildung der Paare, sie regelte die Liebesbeziehungen im Einklang mit den traditionellen Normen und institutionalisierte das voreheliche Verhältnis. Vorehelicher Geschlechtsverkehr war unter der strengen Bedingung der späteren Heirat erlaubt. Laut Monica Bratulescu ist es der vermittelnden Tätigkeit der Mädchen-Spinnstuben zu verdanken, daß ledige Personen in den rumänischen Dörfern äußerst selten waren.

e) Die Teilnehmerinnen eigneten sich das erforderliche Wissen über die herkömmliche Rolle der Frauen bei Begräbnissen an.

B) Die Schar setzte Zauberkräfte ein, um Liebesverhältnisse zu regeln und Krankheiten zu bannen, aber auch zu anderen Zwecken, wie das »Erfolgshemd« für die Toten veranschaulicht. Um die Heirat eines Mitglieds zu beschleunigen, sangen die Mädchen im Kreis um bestimmte Bäume, die vorher genährt und geschüttelt wurden.

C) Die Schar trat als Tribüne der Frauen in Erscheinung; sie gewährte ihren Mitgliedern moralische und rechtliche Unterstützung. Wenn beispielsweise ein Bursche seine Partnerin sitzen lassen wollte, mobilisierten die Mädchen durch Beziehungen die Öffentlichkeit, d. h. sie setzten den Burschen unter Druck, bis er sich die Sache überlegte und heiratete – andernfalls bewirkten sie, daß man ihn hart bestrafte.

D) Die Spinnstube hatte die Funktion eines Klubs. Bei den Zusammenkünften wurden Neuigkeiten weitergegeben und Ankündigungen gemacht, man scherzte, man klatschte usw. Diese Funktion der Unterhaltung gewann im Prozeß der Verweltlichung des Brauchs, in der Phase seines Niedergangs, immer mehr an Gewicht.

Obwohl von der Kirche bekämpft, hat sich die Mädchen-Spinnstube behauptet, weil sie innerhalb des Dorfes wesentliche Aufgaben wahrnahm. In der weiteren Umgebung von Kronstadt, Hunedoara und Bistritz erhielt sie sich in der oben gekennzeichneten Form bis in die dreißiger Jahre, in hybriden Formen sogar bis in die fünfziger Jahre. Zu ihrem Verschwinden trugen mehrere Faktoren bei: die Textilindustrie, weil sie das Spinnen und Weben in der Hauswirtschaft überflüssig machte; die Schichtarbeit; der Unterricht in staatlichen Schulen; das Kulturheim; zuletzt das Fernsehen.

Propps Grenzen

Beim Argumentieren erweist sich Vladimir Propp gleich Darwin als Millionär der Fakten. Seine kritischen Bemerkungen zu anderen Autoren sind immer sachlich, die eigenen Feststellungen immer sehr vorsichtig formuliert. Trotzdem enthält die Abhandlung über die historischen Wurzeln des Zaubermärchens auch Irrtümer. Der wichtigste Grund ist die aus heutiger Sicht lückenhafte ethnographische Dokumentation, der zweitwichtigste – die trotz allem zu geringe Zahl der analysierten Märchen. Wer den von Propp gewiesenen Weg beschreiten möchte, muß daraus lernen.

Weil die Gewährsleute, auf die er sich beruft – Frobenius, Boas, Schurtz, Webster, Loeb, Van Gennep, Nevermann u. a.[16] – hauptsächlich über Männerbund, Männerhaus und die Initiation für Knaben berichteten, konnte Propp die Zaubermärchen nur in dem Maße interpretieren, in dem sie die Initiation für Knaben widerspiegeln. Er machte einen Bogen um Aufzeichnungen, welche die Initiation für Mädchen widerspiegeln, solche Texte werden sehr selten erwähnt.[17] Er nennt sie Frauenmärchen[18] und wirft sie mit den Texten zusammen, die vom Dienen junger Frauen im Männerhaus handeln wie die Märchen von Finist[19]. Offenbar standen ihm keine zuverlässigen Informationen über Frauenbünde und Frauenhäuser zur Verfügung.[20] Deshalb war für ihn die Hexe zum Unterschied vom Zauberer keine historische, sondern eine prähistorische Erscheinung.[21] Für ihn hat der Frauenbund als Thema nicht existiert. Nun sind in den Jahrzehnten seit der Veröffentlichung der Proppschen Abhandlung neue Forschungsberichte bekanntgeworden, die es erlauben, auch die von ihm ausgeklammerten Texte sachlich zu interpretieren. Noch in unserem Jahrhundert gab es in Afrika laut Julius E. Lips Hunderte von Frauengeheimbünden.[22] Für unsere Zwecke dürfte die Mädchenweihe bei den Hackbauern besonders aufschlußreich sein.

Auf die Möglichkeit der gleichzeitigen Schulung für Knaben und Mädchen ist Propp nicht gekommen, obwohl unsere Zaubermärchen die Gleichzeitigkeit veranschaulichen.

Wegen der einseitigen Dokumentation ist Propps Bild von der Initiation im alten Europa schief geraten. Er leitet beispielsweise den Kampf mit dem Drachen, wenn ein männlicher Held bedroht wird, von einem Moment der Initiation ab – von der vorgetäuschten Begegnung mit dem Tier-Ahnen. Dagegen führt er den Fall, daß der Drache ein Mädchen fordert, auf den in agrarischen Ländern verbreiteten Brauch zurück, in der Hoffnung auf reiche Ernte dem Flußgott im Frühjahr ein

Mädchen zu opfern.[23] Damit widerspricht er sich selbst, denn in einem anderen Kapitel wird der Drache neben Koschtschej[24] gestellt und die Entführung der Zarentochter mit der totemistischen Defloration in Verbindung gebracht.[25] Wenn man einmal begriffen hat, daß es zwei Kategorien von Drachen gibt, vereinfacht sich das Problem. Der eine Drache, der Mädchen raubt und mit ihnen lebt, entspricht dem Zauberer; der andere Drache, der Mädchen fordert, um sie zu verschlingen, entspricht dem Tier-Ahnen.

Übrigens wird im serbokroatischen Märchen *Stahlpascha* (AT 552 + 304 + 468)[26] der männliche Held von einem aus dem Wasser kriechenden Untier angegriffen. Genauso ergeht es dem jungen Siegfried – der Drache Fafner haust in einem Sumpf. Auch Fafner ist ein balaur.

Als Studienmaterial hat Propp insbesondere russische Märchen verwendet, er hat aber auch Überlieferungen aus anderen Teilen der Welt herangezogen, sooft es zum Verständnis eines Motivs notwendig schien. Er postulierte, daß kein einziges Sujet des Zaubermärchens sich ohne das andere und kein einziges Motiv des Zaubermärchens sich ohne seinen Bezug zum Ganzen untersuchen lasse.[27] Diesen Forderungen genügt die Menge der von ihm verwendeten Texte keineswegs, einer kritischen Prüfung hält sie nicht stand. Hätte Propp mehr Überlieferungen aus dem übrigen Europa berücksichtigt, dann hätte er wohl mehrere Behauptungen vermieden, die sicher falsch sind.

Ich eröffne die Ausführungen zu diesem Punkt mit der funktionalen Identität der Zauberer-Gestalten, weil sie für das Verständnis der Zaubermärchen wesentlich ist. Schon vor Propp haben mehrere Forscher auf Entsprechungen zwischen gewissen Märchengestalten aufmerksam gemacht – Antti Aarne im *Verzeichnis der Märchentypen* (1910)[28]; Johannes Bolte in den *Anmerkungen zu den Kinder- und Hausmärchen der Brüder Grimm* (ab 1913)[29]; Paul Kretschmer in der Einleitung zu den *Neugriechischen Märchen* (1917)[30]. Propp stellte Entsprechungen fest zwischen Hexe und Polyphem[31], zwischen Kupferstirn, Silen und Hexe[32], zwischen Kupferstirn und Feuervogel[33], zwischen dem Drachen und Koschtschej sowie dem Drachen und dem Vogel[34]. Doch systematisch hat Propp sich mit dem Phänomen nicht beschäftigt. Tatsächlich wird die Alternanz der Erscheinungsformen des Märchenzauberers erst evident, wenn man dreihundert und mehr Texte in Betracht zieht, die sich innerhalb der Märchentypen des Aarne-Thompson-Katalogs vergleichen lassen. Dann geben sich die Zauberer-Gestalten des Märchens als Elemente aus dem Erscheinungsbild des Stammeszauberers zu erkennen, die sich in der mündlichen Überlieferung verselbständigten. So ist es bei AT 301: *Die Prinzessinnen in der Unterwelt;* AT 302: *Das Herz des Unholdes im Ei;* AT 303: *Die zwei Brüder;* AT 310: *Die Jungfrau im Turm;* AT 311: *Von der Schwester gerettet;* AT 313: *Der dem Teufel versprochene Königssohn;* AT 314: *Goldener;* AT 325: *Der Zauberer und sein Schüler;* AT 327 A: *Hänsel und Gretel;* AT 327 B: *Der Däumling und der Menschenfresser;* AT 328: *Der Knabe stiehlt die Schätze des Unholds;* AT 361: *Der Bärenhäuter;* AT 408: *Die drei Orangen;* AT 413: *Heirat durch Kleiderdiebstahl;* AT 461: *Drei Haare vom Barte des Teufels;* AT 468: *Die Prinzessin auf dem himmelhohen Baum;* AT 475: *Der Höllenheizer;* AT 480: *Das gute und das schlechte Mädchen;* AT 502: *Der wilde Mann;* AT 545: *Der gestiefelte Kater;* AT 1030–1059: *Partnerschaft zwischen Mensch und Menschenfresser;* AT 1060–1114: *Wettstreit zwischen Mensch und Menschenfresser.*

Offensichtlich war der Stammeszauberer ein bejahrter Mann, der behauptete, gefeit zu sein gegen den Tod, und der in verschiedenen Masken hervortrat. Seine auffälligen Eigenschaften und seine Masken leben im Erzählgut fort. Bei Lichte besehen, erweist sich jede Erscheinungsform des Märchenzauberers als personifiziertes Merkmal des Stammeszauberers, als eine Art Surrogat. Die Erscheinungsform Zauberer steht für die magische Kraft, über die der Stammeszauberer angeblich verfügte; die Erscheinungsform alter Mann steht für sein respektables Alter. Auch der Menschenfresser entspricht einem besonderen Merkmal, nämlich der Funktion, rituelle kannibalische Mahlzeiten zu veranstalten. Der unsterbliche Koschtschej steht für die angebliche Unsterblichkeit. Andere Erscheinungsformen verdeutlichen die vom Stammeszauberer getragenen Masken: der Riese, der Wassermann, der Drache (d. h. Vogel oder Schlange), der Bär, der Wolf und der Hundsköpfige, schließlich der rindgestaltige Dew oder Div der vorderasiatischen Märchen.

Neben den häufigen und regelmäßig wiederkehrenden Bezeichnungen für den Zauberer kommen auch andere, zuweilen ziemlich exotische vor: Oll Rinkrank (*Oll Rinkrank,* deutsch, AT 311)[35]; Schiefrad

(*Von der Truhe ohne Schlüssel und dem bösen Schiefrad,* finnisch, AT 537 + 313 A)[36]; Nebel ohne Tod (*Nebel ohne Tod,* deutsch aus Siebenbürgen, AT 468)[37]; Feuerkönig (*Der Königssohn und die Vila,* serbisch, AT 552 + 468)[38]; Pilzkönig (*Der Pilzkönig,* estnisch, AT 502 + 300)[39]. Im Prinzip sind alle Zauberer-Gestalten Menschenfresser, diese Eigenschaft wird oft ausdrücklich vermerkt. Aus dem komplexen Erscheinungsbild des Stammeszauberers ist fallweise sie allein übriggeblieben.

Den männlichen Zauberer-Gestalten lassen sich ebenso viele weibliche zuordnen. Dem Zauberer oder Hexenmeister entspricht die Zauberin oder Hexe; dem alten Mann – die alte Frau; dem Menschenfresser – die Menschenfresserin; dem Riesen – die Riesin; dem Drachen – die Drachin bzw. Drakäna; dem Wassermann – die Wasserfrau, die Wasserlisse, die Nixe, die Nereide; dem wilden Mann – die wilde Frau usw. Es gibt männliche und weibliche Riesen mit nur einem Auge, und es gibt auch einen Hundsköpfigen, der weiblich ist.

In der Liste mit Erscheinungsformen des weiblichen Zauberers hat auch die Feenkönigin ihren Platz. Die Feenkönigin ist die Hexe in ihrer Eigenschaft als Leiterin des Frauenbundes.

Bei der Begegnung mit dem Helden verhält sich die Hexe genauso wie der Zauberer. In etlichen Varianten treten sie sogar nebeneinander auf, handeln gemeinsam, noch mehr: sind ehelich verbunden. Fakten aus der Ethnographie sprechen für die Vermutung, daß die Dinge sich in der Wirklichkeit auch so verhielten. Es gibt Beispiele für ein eheliches Verhältnis zwischen der Person, welche für die Initiation der Knaben, und der Person, welche für die Initiation der Mädchen zuständig ist. So war bei den Kpelle in Liberia die Leiterin des Frauenbundes häufig die Hauptfrau des Oberhäuptlings.[40] Bei den Bambara am Oberlauf des Niger in Mali wurden die Knaben vom Schmied beschnitten, die Mädchen von dessen Frau.[41] Bei den südlichen Shoshoni in Kalifornien bekamen die Mädchen nach der Initiation durch die Frau des Häuptlings ihre erste Gesichtsbemalung.[42]

Gestützt auf die besprochene Liste kann ich folgendes behaupten: Die Vorstellung vom Tischchendeckdich und von den anderen Wünscheldingen bei AT 563: *Der Tisch, der Esel und der Stock* hängt mit schon verblaßten Erinnerungen an die Buschschule zusammen. In dem von Bolte und Polivka gesammelten Material erscheinen nämlich als Spender u. a.: eine Hexe, ein Zwerg, eine Alte, ein Zauberer, Feen, ein Zaubervogel, eine Schlange, der Vogelkönig, ein Greis, eine Waldfrau, ein altes Männchen und ein Waldmännchen[43]; ich füge noch einen Menschenfresser aus der italienischen Fassung *Die drei Zaubergaben* hinzu[44]. Die Spender stimmen mit Erscheinungsformen des Märchenzauberers überein.

Propp hielt nicht viel von Nixen, weil in der ganzen Afanasjewschen Sammlung[45], die er zugrunde legte, nur eine einzige vorkommt.[46] Was immer daran schuld sein mag – im internationalen Material sind die Wasserfrauen häufig.

Laut Propp wurden die Kinder nur vom Vater, Onkel oder Bruder in den Wald gebracht, auch die Mädchen.[47] Das internationale Material zeigt etwas anderes. Fallweise führt die Mutter, fallweise führen ältere Schwestern ein Mädchen in die Nähe der Initiationsstätte, so ist es auch in der rumänischen Ballade *Drei Mädchen beim Blumenpflücken,* die Monica Bratulescu analysierte. Beispiele sind folgende Märchen:

– Von der Mutter geführt: *Schöneblume, Fienetchen, Leiseöhrchen* (deutsch aus Westfalen, AT 327 A + 510 A)[48]; eine von Wilhelm Wisser aufgezeichnete holsteinische Variante von AT 327 B[49]; *Der Drache Och und die drei Mädchen* (griechisch, AT 311)[50]; *Die drei Zichoriensammlerinnen* (italienisch, AT 311 + 302)[51];

– von den Schwestern geführt: *Die drei Prinzessinnen* (deutsch aus Hessen, AT 709)[52]; *Myrsina* (griechisch, AT 709)[53]; *Fatima* (albanisch, AT 709)[54]; *Von der schönen Anna* (sizilianisch, AT 709)[55].

Propp hat ethnographische Informationen zum Dienen junger Frauen im Männerhaus gefunden und erläutert mit ihnen die Märchentypen AT 425 A: *Amor und Psyche;* AT 425 C: *Die Schöne und das Tier;* AT 709: *Schneewittchen;* AT 313: *Der dem Teufel versprochene Königssohn.*[56] Der ethnographischen Literatur zufolge lebten jene Frauen in Gruppenehe oder in Einzelehe mit den Burschen zusammen, die nach Absolvierung der Riten nicht gleich ins Dorf zurückgekehrt waren. Zuweilen wurden sie geraubt, doch die Dauer ihres Aufenthalts im Männerhaus und die zustehende Entlohnung konnten auch sachlich vereinbart werden. Zu Propps Darstellung sind mehrere Bemerkungen fällig.

Unsere Zaubermärchen lassen erkennen, daß die Frauen auch mit den Zöglingen der Buschschule Umgang hatten, die als sogenannter Tierbräutigam in Erscheinung treten, besonders deutlich bei AT 425 A: *Amor und Psyche* wie auch bei AT 432: *Der Prinz als Vogel.* Die Tiermaske war ein zeitweiliges Attribut des Zöglings, denn im Märchen wird die Tierhaut an jedem Abend abgelegt und nach einer gewissen Zeit verbrannt, die Erzähler sprechen von Verzauberung und Erlösung. Das Verhältnis beginnt, bevor die Tierhaut verbrannt wird – diese Besonderheit nimmt Propp nicht zur Kenntnis[57], obwohl er einerseits die Tiermaske, das Schwärzen mit Ruß und das Beschmieren mit weißem Ton in eine Reihe stellt[58], andererseits die schwarze bzw. weiße Farbe ausdrücklich als Moment der Initiation definiert, als ein Symbol für den Aufenthalt im Reiche des Todes[59], und an anderer Stelle mitteilt, daß die Menschen sich das Totenreich einst als Reich der Tiere, das Sterben als Verwandlung in ein Tier vorstellten[60].

Propp glaubt ferner, daß man die Frauen genauso wie die Knaben dem Initiationsritus des »zeitweiligen Todes« unterwarf, damit sie nichts von den Geheimnissen des Männerhauses ausplaudern.[61] In Wirklichkeit hatten die Frauen vorher an der für sie spezifischen Initiation teilgenommen, das geht hervor aus AT 451: *Das Mädchen, das seine Brüder sucht* und aus AT 709: *Schneewittchen.* Bei näherer Betrachtung stellen wir in den Varianten zwei Wanderungen der Heldin fest – zur Initiationsstätte und zum Männerhaus –, nur sind sie zu einer einzigen Reise verschmolzen. Bei AT 425 C: *Die Schöne und das Tier* und bei AT 432: *Der Prinz als Vogel* wird die Vereinbarung über den Aufenthalt im Männerhaus mit dem Vater der Heldin getroffen, doch gibt es daneben Texte mit der Mutter als Vertragspartner, z. B. *Marisch bei den Fischen* (ein Zipser Märchen aus Rumänien, AT 425)[62] und *Filek-Zelebi* (griechisch, AT 311 + 425 A)[63]. Beide Male handelt es sich um Witwen.

Schließlich sei der für Propp undenkbare Vorgang vermerkt, daß junge Männer im Frauenhaus dienten. Das wird bezeugt durch Varianten von AT 402: *Die Katze als Braut,* z. B. *Der arme Müllerbursch und das Kätzchen* (deutsch)[64]; *Die Prinzessin, die in einen Wurm verwandelt war* (litauisch)[65]; *Die verzauberte Kröte* (schwedisch)[66]. Das wird ferner durch Texte bezeugt, die gewissermaßen das Amor-und-Psyche-Motiv mit vertauschten Rollen enthalten – hier ist es ein junger Mann, der nicht weiß, mit wem er die Nächte verbringt, weil er kein Licht machen darf. Gewöhnlich geht die Handlung über in die von AT 468: *Die Prinzessin auf dem himmelhohen Baum.* Es kommt zur Trennung, weil der Held das Verbot übertritt; er findet die Verlobte nach langer Suche in der Gewalt eines Zauberers, der sein Herz versteckt hat. Bei Aarne und Thompson suchen wir diesen Typus vergebens. Beispiele sind: *De drei schwatten Prinzessinnen* (deutsch)[67]; *Die schwarz Dom* (deutsch aus Lothringen)[68]; *Der Fischersohn und die Verwunschene* (deutsch aus Ungarn)[69]; *Das schwarze Schiff* (dänisch)[70]; *Der Sohn des Fischers* (dänisch)[71]; *Die Geschichte von dem Kaufmannssohne Peppino* (sizilianisch)[72]; *Das Schloß mit den Falltüren* (spanisch)[73]; *Das Mädchen mit dem Goldkamm* (spanisch aus Kuba)[74]; *Der Prinz mit den glänzenden Waffen* (spanisch aus Chile)[75].

Die genannten Märchen belegen, daß die sexuelle Aufklärung der Mädchen im alten Europa auch einen praktischen Teil einschloß, ferner, daß beim praktischen Teil eigens angeworbene junge Männer mitwirkten. Die Analogie zu AT 425 A ist verblüffend. Damit informieren uns die europäischen Zaubermärchen über ein sonst anscheinend unbekanntes Phänomen. Abgesehen davon können wir die Aufklärung der Knaben mit Hilfe von jungen Frauen und die Aufklärung der Mädchen mit Hilfe von jungen Männern als Beweis für die Kooperation zwischen Männerbund und Frauenbund werten.

Um Propp kein Unrecht zu tun, erkläre ich ausdrücklich, daß meine Kommentare sich auf die Abhandlung über die Wurzeln des Zaubermärchens beziehen, die 1946 veröffentlicht wurde. Ich weiß nicht, inwieweit er darin geäußerte Meinungen später korrigiert oder widerrufen hat. Vladimir Propp ist 1970 gestorben.

Aussagen zur Initiation der Mädchen

Mangels spezifischer Unterlagen hat Propp sich auf die Initiation der Knaben beschränkt. Die Abhandlung darüber, wie man im alten Europa mit den Mädchen verfuhr, ist noch zu schreiben. Bei den Vorbereitungen dazu könnten diverse in das Erzählgut eingestreute Mitteilungen von Nutzen sein.

Wie Propp zeigt, wurde in einer Phase der Initiation der Körper des Zöglings für das Leben als Erwachsener »geöffnet«.[76] Man »öffnete« seinen Mund und seine Augen, analog dazu wurde er beschnitten. Um den Mund und die Augen zu »öffnen«, wurde der Zögling vorher zu zeitweiliger Stummheit gezwungen und vorübergehend geblendet. Laut Frobenius hat man dem Neophyten ätzende Salbe ins Auge gerieben.[77] Propp zitiert auch zwei Märchen, die auf ein Blenden der Mädchen schließen lassen, ohne weiter auf diesen Punkt einzugehen.[78] Wir können ihn ergänzen. Ein Teil der verfügbaren Informationen ist in Varianten von AT 710: *Marienkind* enthalten.

In der finnischen Variante *Bekennst du?* soll die Schmiedstochter für das Betreten der verbotenen Kammer bestraft werden, die Hexe fragt: »Willst du taub, stumm oder blind sein?«[79] In diesem Fall ist mit der verbotenen Kammer der Raum für die entsprechenden Operationen gemeint. In Wirklichkeit hat die Hexe gewiß nicht gefragt, und vom Wählen war keine Rede, im Gegenteil – vermutlich mußte das Mädchen sämtliche Eingriffe erdulden. In der österreichischen Variante *Bei der schwarzen Frau* wird die Heldin zur Strafe tatsächlich der Reihe nach zur Taubheit, Stummheit und Blindheit verhext.[80]

In einer noch von den Brüdern Grimm aufgezeichneten deutschen Fassung von AT 710 erhält das Mädchen einen Schlag auf den Mund, aus dem Mund quillt Blut, und das Mädchen bleibt stumm.[81] Doch in der Dokumentation von Bolte und Polivka wird an anderer Stelle ein Text erwähnt, in dem sich eine viel genauere Darstellung des Vorgangs erhalten hat. In einer serbokroatischen Variante von KHM 46: *Fitchers Vogel* (bzw. AT 311: *Von der Schwester gerettet*) stößt der Zauberer den Schwestern der Heldin eine Nadel unter die Zunge, um sie zu betäuben.[82] Dasselbe hat der Zauberer der Iruntarinia in Australien mit dem Neophyten während des »zeitweiligen Todes« gemacht: er bohrte ihm eine Lanze durch die Zunge.[83] In dem von Propp zitierten Fall ging es um die Initiation eines Gehilfen.

Während der Zauberer bei den Iruntarinia praktisch nur die Zunge durchbohrte, stieß er angeblich eine unsichtbare Lanze durch den ganzen Kopf: einmal durch Nacken und Zunge, einmal durch beide Ohren. In unseren Zaubermärchen geschieht etwas Ähnliches. Bei AT 408: *Die drei Orangen* wird die Heldin zum Vogel verzaubert, indem ihre Widersacherin ihr eine Nadel in den Kopf stößt; sie wird entzaubert, indem man die Nadel aus dem Vogelkopf zieht. Genauso in einer französischen Fassung von AT 311, *Die sprechende Hand*[84], was die Mitteilung von Bolte und Polivka bestätigt. In der Überlieferung haben sich zwei Momente – Stummheit und Vogelkostüm – zu einem Motiv verbunden.

Die Zöglinge befanden sich während des »zeitweiligen Todes« in einer leichenhaften Starre, sicherlich die Wirkung von Drogen. Im Märchen heißt es häufig, die Helden seien in Steine verzaubert – sie gelten als gestorben. Aber hie und da fällt eine sonderbare Bemerkung, aus der hervorgeht, daß der Körper nicht völlig tot ist. Im sardischen Märchen *Deusmi* (AT 311) zeigt der Unhold der jüngsten Schwester einen Berg von Mädchenleichen, die unverwest in der verbotenen Kammer liegen.[85] In der italienischen *Dornröschen*-Variante *Die schöne Schlafende und ihre Kinder* (AT 410) wird vermerkt, daß die Wangen des Mädchens nicht erkalten, obwohl es hier, anders als bei Grimm, nach dem Spindelstich tot zu Boden sinkt.[86] In der rumänischen *Schneewittchen*-Variante *Der Zauberspiegel* (AT 709) sieht das vergiftete Mädchen so aus, als ob es schlafe; die Räuber, bei denen es lebte, ziehen die Bahre mit der unzerstörbaren Leiche zwischen zwei Bäumen in die Höhe.[87]

Um die vermeintlichen Toten zu neuem Leben zu erwecken, muß man sie mit einer Salbe bestreichen, so bei AT 303: *Die zwei Brüder* und bei AT 311: *Von der Schwester gerettet.* Im tschechischen Märchen *Die zwei Brüder, die Förster waren* (AT 303) wird die Salbe unter die Nase geschmiert[88]; im polnischen Märchen *Vom Fischer und seinen drei Söhnen*

(AT 303) wird ein Gras unter die Nase gehalten[89]; beides läßt uns an die Wirkung von Riechsalz denken.

Die verzauberte Jungfrau, die vom Helden in drei Qualnächten erlöst werden kann (AT 400), hat entweder Tiergestalt oder sie ist ganz schwarz. Allmählich nimmt sie wieder menschliche Gestalt an bzw. wird sie weiß: zu einem Viertel, dann halb, dann ganz. Was könnte das bedeuten? Vielleicht liegt die Erklärung in einem Brauch der Jaunde im nördlichen Kamerun.[90] Dort wurden die <männlichen> Neulinge des Sso-Kultes zum Zeichen des Todes mit weißer Tonerde bestrichen. Sie schliefen in der Buschhütte und durften einen Monat lang überhaupt nicht von Frauen gesehen werden. Aber nach drei Monaten Aufenthalt in der Buschhütte zählten die Neulinge nur noch halb zu den Toten, was dadurch zum Ausdruck gebracht wurde, daß man bloß ihre Hände und Füße weiß tünchte. Anscheinend wurde im alten Europa analog verfahren. Im Grimmschen Märchen vom Königssohn, der sich vor nichts fürchtet, ist die Jungfrau nach der zweiten Qualnacht schon weiß bis zu den Fingerspitzen ...[91]

In einer norwegischen Variante von AT 400, *Die drei Prinzessinnen im Weißland*, stecken die Mädchen bis zum Hals in der Erde, nach der ersten Qualnacht nur mehr bis zum Gürtel, nach der zweiten nur noch bis zu den Waden.[92] Ähnlich in der französischen Variante *Hauptmann Tulpe und die Prinzessin von Bordeaux.*[93] In der italienischen Variante *Die Königin von den Drei goldenen Bergen* steht die Titelgestalt bis zum Hals im Wasser, nach der ersten Qualnacht bloß bis zur Hüfte, nach der zweiten bloß bis zum Knie.[94] Auch im slowakischen Märchen *Fürchtenichts*[95] und im ladinischen Märchen *Der Schuster*[96] steht die verwunschene Prinzessin im Wasser. Hier handelt es sich offenbar um etwas anderes als bei der schwarzen Bemalung, aber um was? Alfred Winterstein erwähnt in dem Aufsatz *Die Pubertätsriten der Mädchen und ihre Spuren im Märchen* den in Australien üblichen Brauch, pubertierende Mädchen mehr oder weniger tief in der Erde zu vergraben.[97] Wenn unter den Eingeborenen des Pennefather-Flusses auf der Halbinsel Kap York in Queensland ein Mädchen zum ersten Mal menstruierte, wurde es von der Mutter zu irgendeinem abgelegenen Platz geführt, wo die Mutter im Schatten eines Baumes im Sandboden ein kreisrundes Loch grub. In dieses Loch kauerte sich das Mädchen mit gekreuzten Beinen, und es wurde bis zum Gürtel mit Sand bedeckt. Dort verblieb es den ganzen Tag. Nach der zweiten und dritten Menstruation wurde das Mädchen in gleicher Weise vergraben. Vielleicht bietet dieser Brauch die Erklärung für das Motiv in den fünf zitierten Varianten. Daß eine davon aus dem kalten Norwegen stammt, darf uns nicht beirren – sie kann trotzdem eine vormals in den Mittelmeerländern verbreitete Tradition wiedergeben. Auf jeden Fall sollten uns solche Parallelen zum genaueren Betrachten der Texte anregen.

Es scheint, daß die Aufnahme der Zöglinge in die Gemeinschaft der Erwachsenen auch im alten Europa durch eine rituelle kannibalische Mahlzeit bekräftigt worden ist. Der Märchenzauberer wird häufig als Menschenfresser vorgestellt. Bei AT 327: *Die Kinder und der Menschenfresser* steht diese Eigenschaft im Vordergrund, allerdings soll hier der Held selbst gefressen werden, was falsch ist. Bei AT 311: *Von der Schwester gerettet* (und auch anderswo) bietet der Zauberer dem Helden Menschenfleisch an. In einem Text hat sich die Begründung dafür erhalten – eine wahre Sensation. Im serbokroatischen Märchen *Stahlpascha* (AT 552 + 304 + 468) begegnet der Held menschenfressenden Riesen, die bei ihrem Mahl sitzen.[98] Sie fordern ihn zum Mithalten auf – die Riesen wollen seine Bereitschaft zum Zeichen nehmen, daß er zu ihnen gehört. Im Märchen sind die Dinge leicht verändert, denn die Bereitschaft stand nicht zur Diskussion.

Ein Forum der Aufnahme war die Feenversammlung, von der man in Rumänien erzählte (soborul zînelor). In dem Märchen *Die Feenkönigin* (AT 470* + 900) von Pop Reteganul soll der Held, der als schutzsuchendes Mädchen verkleidet ist, von einer solchen Versammlung zur Fee geweiht werden.[99] In dem Märchen *Die Fee vom Blumenland* (AT 413 + 400 + 468) von Antemireanu nimmt die Verlobte des Helden eines Tages an einer Feenversammlung teil, von der sie die Erlaubnis erhalten möchte, sich mit einem Irdischen zu vermählen.[100] Die Feen entsprechen den Mitgliedern und Zöglingen des Frauenbundes.

Der Absolvent der Buschschule nahm seine Braut aus den Händen des Zauberers oder der Hexe entgegen. Bei AT 313: *Der dem Teufel versprochene Königssohn* und bei AT 413: *Heirat durch Kleiderdiebstahl* wird diese Tatsache noch sehr deutlich wiedergegeben. Bei anderen Typen, auf die sich die Umwertung des Ritus stärker auswirkte, muß der Held mit dem Mädchenräuber kämpfen, so auch bei AT 301: *Die Prin-*

zessinnen in der Unterwelt. Die serbokroatische Variante *Marko Kuhsohn* bildet insoweit eine Ausnahme, als der Held den Quälgeist Ellenbart besiegt, der hier auch die Funktion des Zauberers innehat, und anschließend mit dessen Einwilligung für sich und seine Gefährten je eine Braut wählen darf.[101] Einzig und allein in dieser Variante, zumindest kenne ich keine weitere, begegnet der Held in der »Unterwelt« der Reihe nach tanzenden alten Weibern, tanzenden Frauen und tanzenden Mädchen. Bei den Naturvölkern wurde oft getanzt – sowohl aus fröhlichem wie aus traurigem Anlaß. Um die Aussage des Märchens verständlich zu machen, zitiere ich noch einmal den Aufsatz von Winterstein, der an einer Stelle, sie bezieht sich auf die Atchuabo im ehemaligen Portugiesisch-Ostafrika, d. h. Moçambique, die Rolle des Tanzes erläutert.[102]

Bei den Atchuabo mußte ein Mädchen, um in die Altersklasse der »Großen« aufzurücken, für Empfängnis wie Geburt bereit und fähig gemacht werden. Die Mittel, durch welche diese Kraft erworben wird, sind: Betanzung, Belehrung und Beschneidung. Sexuelle Aufklärung und Beschneidung sind bloß Nebenmittel: sie dienen der Überleitung dieser Kraft auf die Mädchen. Das Hauptmittel aber ist der Tanz, die Betanzung durch die *namungu*, die Zeremonienaufseherin, viele alte Frauen, vor allem die Mutter des Mädchens. Mit dem Tanz sind alle Teile der Zeremonien ausgefüllt. Der Tanz wird ausgeführt, um die Kraft in die Mädchen überzuleiten. Er wird jedoch auch ausgeführt, um diese Kraft zu schaffen, sie bereitzustellen, sie zu ertanzen. (...)

Anmerkungen

1 Propp, Vladimir: Die historischen Wurzeln des Zaubermärchens. München, Wien 1987.
2 Gehrts, Heino: Das Zaubermärchen und die prähistorische Thematik. Siuts – Saintyves – Propp. In: Wie alt sind unsere Märchen? Im Auftrag der Europäischen Märchengesellschaft herausgegeben von Charlotte Oberfeld. Regensburg 1990. S. 27–36.
3 Propp, Vladimir: Morphologie des Märchens. München, Wien 1972.

4 Besprechung von Andreas Hartmann. In: Fabula. Zeitschrift für Erzählforschung. Begründet von Kurt Ranke. Herausgegeben von Rolf Wilhelm Brednich und Hans-Jörg Uther, Göttingen. Bd. 30. Berlin und New York 1989. S. 160–162.
5 AT für Aath (s. Seite 2).
6 KHM 136.
7 Calutul cu sapte culori. In: Sandru Olteanu, Tudora: Yara, zîna apelor. Povesti si legende din America latina. Vol. I. Bucuresti 1980.
8 Surmelian, Leon: Armenische Märchen und Volkserzählungen. Frankfurt am Main und Leipzig 1991.
9 Propp, Vladimir, wie Anm. 1. S. 12–13 bzw. 462.
10 Propp, Vladimir, wie Anm. 1. S. 462.
11 Bratulescu, Monica: Ceata feminina – incercare de reconstituire a unei institutii traditionale românesti. In: Revista de etnografie si folclor. Tom 23. Nr. 1. Bucuresti 1978. S. 37–60.
12 Winterstein, Alfred: Die Pubertätsriten der Mädchen und ihre Spuren im Märchen. In: Imago. Zeitschrift für Anwendung der Psychoanalyse auf die Natur- und Geisteswissenschaften. Bd. XIV. Leipzig, Wien, Zürich 1928. S. 199–274.
13 Winterstein, Alfred, wie Anm. 12. S. 223.
14 Propp, Vladimir, wie Anm. 1. S. 39–45.
15 Francu, Teofil, und Candrea, George: Românii din Muntii Apuseni (Motii). Bucuresti 1888. S. 139.
16 Propp, Vladimir, wie Anm. 1. S. 138.
17 Propp, Vladimir, wie Anm. 1. S. 85, 93, 99, 100, 101, 104, 116.
18 Propp, Vladimir, wie Anm. 1. S. 70, 93.
19 Propp, Vladimir, wie Anm. 1. S. 56. Das russische Märchen von Finist, dem hellen Falken, entspricht AT 432: Der Prinz als Vogel.
20 Propp, Vladimir, wie Anm. 1. S. 152, 418.
21 Propp, Vladimir, wie Anm. 1. S. 134.
22 Lips, Julius E.: Vom Ursprung der Dinge. Eine Kulturgeschichte des Menschen. 4. Auflage. Leipzig 1961. S. 347.
23 Propp, Vladimir, wie Anm. 1. S. 326–332.
24 Koschtschej bzw. Koschtschej, der Unsterbliche – Erscheinungsform des Märchenzauberers in ostslawischen Märchen.
25 Propp, Vladimir, wie Anm. 1. S. 419.
26 Krauß, Friedrich S.: Sagen und Märchen der Südslaven. Bd. I. Leipzig 1883.
27 Propp, Vladimir, wie Anm. 1. S. 15.
28 Aarne, Antti: Verzeichnis der Märchentypen mit Hülfe von Fachgenossen ausgearbeitet (FF Communications No. 3). Helsinki 1910.
29 BP (s. Seite 2).
30 Kretschmer, P.: Neugriechische Märchen. (MdW.) Jena 1917.
31 Propp, Vladimir, wie Anm. 1. S. 109.
32 Propp, Vladimir, wie Anm. 1. S. 197.
33 Propp, Vladimir, wie Anm. 1. S. 199.
34 Propp, Vladimir, wie Anm. 1. S. 274.
35 KHM 196.
36 Goldberg, Heinz: Märchen aus Finnland. Berlin (-Ost) 1953.
37 Haltrich, Josef: Sächsische Volksmärchen aus Siebenbürgen. Herausgegeben von Hanni Markel. Bukarest 1971.

38 Krauß, Friedrich S., wie Anm. 26.
39 Shelesnowa, Irina: Estnische Märchen. Tallin 1984.
40 Westermann, Diedrich: Die Kpelle. Ein Negerstamm in Liberia. Göttingen, Leipzig 1921. S. 254–255.
41 Finkernagel, Emil: Familienleben und Jugenderziehung in Westafrika. Frankfurt am Main, Bern, New York, Nancy 1984. S. 76, 78.
42 Läng, Hans: Kulturgeschichte der Indianer Nordamerikas. Freiburg im Breisgau 1981. S. 349.
43 BP, wie Anm. 29. Erster Band. Nr. 36. S. 349–361.
44 Karlinger, Felix: Italienische Volksmärchen. (MdW.) Düsseldorf, Köln 1973.
45 Berühmte russische Sammlung, herausgegeben 1855–1863 von Alexander N. Afanasjew. Unter dem Titel: Russische Volksmärchen ist 1985 in München eine zweibändige Auswahl erschienen.
46 Propp, Vladimir, wie Anm. 1. S. 65.
47 Propp, Vladimir, wie Anm. 1. S. 99–101.
48 Schulte Kemminghausen, Karl: Westfälische Märchen und Sagen aus dem Nachlaß der Brüder Grimm. 2. Auflage. Münster Westf. 1963.
49 Ranke, Kurt: Schleswig-holsteinische Volksmärchen (ATh 300–402). Kiel 1955. ATh 327 B, Nr. 4.
50 Miliopulos, Paraskevos I.: Mazedonische Märchen. Hamburg 1951.
51 Calvino, Italo: Die Braut, die von Luft lebte, und andere italienische Märchen. München, Wien 1993.
52 Oberfeld, Charlotte: Volksmärchen aus Hessen. Marburg 1962.
53 Megas, Georgios A.: Griechische Volksmärchen. (MdW.) Düsseldorf, Köln 1982.
54 Uhlisch, Gerda: Die Schöne der Erde. Albanische Märchen und Sagen. Leipzig 1985.
55 Gonzenbach, Laura: Sicilianische Märchen. Leipzig 1870.
56 Propp, Vladimir, wie Anm. 1. S. 148–164.
57 Propp, Vladimir, wie Anm. 1. S. 160.
58 Propp, Vladimir, wie Anm. 1. S. 160, 165.
59 Propp, Vladimir, wie Anm. 1. S. 157, 160, 165.
60 Propp, Vladimir, wie Anm. 1. S. 91.
61 Propp, Vladimir, wie Anm. 1. S. 155.
62 Stephani, Claus: Zipser Mära und Kasska. Marburg 1989.
63 Hahn, J. G. von: Griechische und albanesische Märchen. Leipzig 1864. Zweiter Teil. S. 67–70.
64 KHM 1o6.
65 Range, Jochen D.: Litauische Volksmärchen. (MdW.) Düsseldorf, Köln 1981.
66 Hube, Hans-Jürgen: Du alter Riesenhupf! Schwedische Märchen. Leipzig 1983.
67 KHM 137.
68 Merkelbach-Pinck, Angelika: Lothringer Märchen. (MdW.) Köln 1984.
69 Henßen, Gottfried: Ungardeutsche Volksüberlieferungen. Marburg 1959.
70 Barüske, Heinz: Skandinavische Märchen. Dänemark, Schweden, Norwegen, Lappland, Färöer, Island. Frankfurt am Main 1979.
71 Bodker, Laurits: Dänische Volksmärchen. (MdW.) Düsseldorf, Köln 1964.
72 Gonzenbach, Laura, wie Anm. 55.
73 A csapoajtós kastély. In: Boglár, Lajos: A három narancs palotája. Spanyol népmesék. Budapest 1963.

74 Fata cu pieptenele de aur. In: Sandru Olteanu, Tudora: Legenda copacului manaca. Povesti si legende din America latina. Vol. II. Bucuresti 1980.
75 Printul cu armele stralucitoare. In: Sandru Olteanu, Tudora, wie Anm. 74.
76 Propp, Vladimir, wie Anm. 1. S. 77–81, 86–88.
77 Propp, Vladimir, wie Anm. 1. S. 86.
78 Propp, Vladimir, wie Anm. 1. S. 85, 88.
79 Löwis of Menar, August von: Finnische und estnische Volksmärchen. (MdW.) Jena 1927.
80 Zaunert, Paul: Deutsche Märchen aus dem Donaulande. (MdW.) Jena 1926.
81 BP, wie Anm. 29. Erster Band. Nr. 3. S. 13.
82 BP, wie Anm. 29. Erster Band. Nr. 46. S. 402.
83 Propp, Vladimir, wie Anm. 1. S. 112–113.
84 Soupault, Ré: Französische Märchen. Frankfurt am Main und Hamburg 1970.
85 Karlinger, Felix: Märchen der Welt. Bd. I. Südeuropa. München 1978.
86 Calvino, Italo, wie Anm. 51. Vgl. KHM 53.
87 Schott, Arthur, und Schott, Albert: Rumänische Volkserzählungen aus dem Banat. Neuausgabe besorgt von Rolf Wilh. Brednich und Ion Talos. Bukarest 1971.
88 Sirovátka, Oldrich: Tschechische Volksmärchen. (MdW.) Düsseldorf, Köln 1980.
89 Kapelus, Helena, und Krzyzanowski, Julian: Die Kuhhaut. Polnische Volksmärchen. Kassel 1987.
90 Tessmann, Günter: Die Pangwe. Völkerkundliche Monographie eines westafrikanischen Negerstammes. 2 Bde. Berlin 1913. Bd. 2. S. 51.
91 KHM 121.
92 Stroebe, Klara: Nordische Volksmärchen. II. Teil. Norwegen. (MdW.) Jena 1922.
93 Vladislav, Jan: Französische Märchen. Prag 1970.
94 Calvino, Italo, wie Anm. 51.
95 Dobsinský, Pavol: Slowakische Märchen. Prag 1963.
96 Kindl, Ulrike: Märchen aus den Dolomiten. (MdW.) München 1992.
97 Winterstein, Alfred, wie Anm. 12. S. 207–208.
98 Krauß, Friedrich S., wie Anm. 26.
99 Craiasa zînelor. In: Pop Reteganul, Ion: Povesti ardelenesti. Basme, legende, snoave, traditii si povestiri. Bucuresti 1986.
100 Zîna de pe tarîmul florilor. In: Povesti nemuritoare. Nr. 29. Editura Ion Creanga. Bucuresti 1989.
101 Marco, fiul vacii. In: Sevastos, M., und Gamulescu, D., wie Anm. 26.
102 Winterstein, Alfred, wie Anm. 12. S. 203.

Fritz Graf

TANZ UND INITIATION IN DER GRIECHISCH-RÖMISCHEN ANTIKE

»Tanz, Spiel und Märchen«, die drei eng verbundenen Themen des Kongresses, sind in den antiken Kulturen nicht ganz ohne Probleme. Unproblematisch ist bloß das Spiel. Ob es das Märchen in der Antike ebenso gibt wie in unseren modernen Kulturen, ist durchaus diskutiert: Ich für mein Teil kann keine Märchen im Grimmschen Sinn bei Griechen und Römern finden und meine, daß die meisten jener Aufgaben, die nachantik die Märchen erfüllen, von den antiken Mythen wahrgenommen werden[1]. Der Tanz schließlich hatte es nicht leicht in der antiken Gesellschaft, wenigstens der späteren: »Niemand tanzt, wenn er nüchtern ist, es sei denn, er sei verrückt, weder allein bei sich noch bei einer anständigen und maßvollen Gasterei: Bei einer vernünftigen Einladung, an einem lieblichen Ort, unter vielen Annehmlichkeiten kommt der Tanz ganz zuletzt«[2] – so gibt Cicero die Meinung seiner Zeit wieder. Vom Kaiser Caligula berichtet sein Biograph zwar, er sei ein ganz begeisterter Tänzer gewesen und habe leicht alle möglichen Tänze gelernt, fügt dann aber hinzu: »und obwohl er so leicht alles lernte, konnte er doch nicht schwimmen«. Er könne weder lesen noch schwimmen, pflegte man von einem zu sagen, den man als einen völligen Dummkopf bezeichnen wollte[3] - Caligulas Tanzkünste sind nicht unbedingt eine Auszeichnung. Und wenn nun einer meint, das gelte bloß für die sittenstrengen Römer, so lese er des Griechen Lukian kleine Schrift »Über den Tanz«: darin versucht der geistreiche Spötter, einen philosophischen Freund davon zu überzeugen, daß auch ein ernsthafter Mann Tanzvorführungen im Theater – wir würden sagen: pantomimisches Ballett – ansehen dürfe; undenkbar, daß ein derart vergnügungsfeindlicher Philosoph selber tanzte[4].

Und doch darf man sich nicht täuschen lassen: Tanz ist in beiden antiken Gesellschaften wichtig, nur in anderer Funktion als bei uns – und in den verschiedenen Epochen wieder anders: Wichtiger als der Unterschied zwischen Griechen und Römern ist derjenige der Epochen. Daß man vor Vergnügen spontan tanzte, ist auch in Griechenland und Rom bekannt: Der Philosoph Epiktet belegt seine Ermahnung, daß ein kluger Mann keine Reisen unternehmen solle, damit, daß man ja bei der Abreise eines Freundes klage, bei seiner heilen Heimkehr aber tanze und klatsche »wie ein Kind«[5]. Horaz will nach dem Sieg über die böse Kleopatra »trinken und mit enthemmtem Fuß den Boden stampfen«[6] – wozu dann freilich sein neuester Kommentator, ein gestrenger Oxford-Professor, anmerkt: »one must not imagine that Roman gentlemen behaved this way«. Spontane Freudentänze sind Sache der Kinder und der Bauern.

Vor allem aber tanzte man, wenn man jung war. Gesang und Tanz zählt Homers Hera neben Schlaf und Liebe zu den Dingen, von denen man am wenigsten genug bekomme (das tut sie freilich, wie sie Zeus verführt: das mag die Liste beeinflußt haben)[7]. Und auf dem Schild, den bei Homer Hephaistos dem Achill schmiedet, war unter anderem der Tanzplatz der Ariadne dargestellt, wo »Burschen und Mädchen tanzten, und sie hielten sich an den Händen«, aber auch eine Stadt, in der man Hochzeit feierte, »jugendliche Tänzer aber drehten sich, und unter ihnen ertönte der Flöten Ruf«[8]. Hier steht der Hochzeitstanz in Kontrast zu einem anderen Bild, demjenigen einer belagerten Stadt – wie sich überhaupt gelegentlich Tanz und Krieg gegenseitig auszuschließen scheinen: In einem spätantiken Gedicht heißt es von den Menschen in einer eroberten Stadt, sie hätten »keinen Tanz, keine Musen, keinen Helikon: wie im Sturm ist dies alles verschwunden«[9].

Solche Tänze gehören vor allem in den Kult, bei Römern wie bei Griechen. Die Römer hatten gar eine besondere Gruppe von jungen Priestern, die Salii (»Tänzer«), die im Kult des Mars einen Waffentanz aufführten[10]; bei den Griechen entsprachen dem die Molpoi im Kult Apollons von Milet: *molpé* ist der von Gesang begleitete Tanz. Ekstatische Tänze führten die Frauen zu Ehren des Dionysos oder der Großen Mutter auf, gemessenere die jungen Männer für Apollon oder die Mädchen für Artemis oder ihre Mutter Leto, doch gehörte der Tanz fast ebensosehr zur antiken, besonders griechischen Religionsausübung wie das Opfer auf dem Altar.

Neben den Jungen tanzen die Götter – und vor allem die Göttinnen. Immerhin erzählt ein Mythos vom Gott Ares, der tanzen lernen mußte, bevor er Krieger wurde[11]; sonst tanzen die Musen auf dem Musenberg, die Nymphen, die Chariten, römisch Gratiae: In Horazens Frühlingsgedicht 1,4 »führt Venus den Tanz an bei Vollmond, die hübschen Grazien zusammen mit den Nymphen stampfen mit abwechselndem Fuß auf den Boden«[12]: Botticelli hat daraus seine Primavera gemacht, nur daß eben die Grazien und Nymphen nicht mehr nach antiker und noch modern griechischer Art auf den Boden stampfen, sondern leichthin daherschweben.

Das Bild ist also etwas uneinheitlich. Tanz ist in der Antike nicht immer beliebt, vor allem in der späteren Antike scheint er ernsthaften Leuten suspekt zu sein – und doch gehört er unmittelbar zur Lebensfreude, vor allem aber zur Religion und, bedenkt man den Waffentanz, in irgendeiner Form sogar zum Krieg: Menschen, vor allem junge Menschen, tanzen, ältere sollten sich eher schämen dabei; und Götter tanzen. Wie kann man diese Verwirrung etwas ordnen?

Tanzende Jungkrieger

In Rom wie in Griechenland tanzen junge Männer in Waffen. In Griechenland heißt der Waffentanz *pyrrhiché*, die Tänzer *pyrrhichistai*, in Rom sind es die schon genannten *Salii*. Immer sind es Gruppen von jungen Männern, mit Helm, Lanze und Schild; in Rom tanzten sie, so heißt es, zu Ehren des Kriegsgottes Mars, in Griechenland sind sie mit anderen Götter verbunden, Zeus, Apollon und Artemis. Was sie tanzten, kann gewiß kein eleganter Tanz gewesen sein. Waffentänzer seien vor allem die Kreter und Spartaner gewesen, hören wir immer wieder – beides kriegerische Stämme: Da kann man schon vermuten, der Tanz in Waffen habe etwas mit der Einübung des Krieges zu tun. Homer kann dies bestätigen: Der Trojaner Aineias trifft auf den Kreter Merioneus und wirft seinen Speer – der Kreter aber bückt sich flink, und die Lanze fliegt über ihn hinweg – »Aineias aber zürnte im Geist und rief: Merioneus, auch wenn du ein Tänzer bist, wird meine Lanze bald dich erreichen« (Ilias 16, 608–618).

Präziseres erfahren wir von Kreta, das von allen griechischen Gegenden am meisten Altertümliches bewahrt hatte; und bereits ein Historiker des 4. Jh. v. Chr., Ephoros von Kyme, hatte die entsprechenden Nachrichten gesammelt und ein hochinteressantes und im ganzen verläßliches Bild von den archaischen Stadtstaaten Kretas gezeichnet; Ephoros' Werk ist als Ganzes verloren, doch hat der Geograph Strabon die Kapitel über Kreta ausgezogen[13]. Uns interessiert hier die Verbindung von Tanz und Krieg – und von den kretischen Kureten, den Jungkriegern der kretischen Städte, erfahren wir einiges[14]. Kreta besaß, wie Sparta, die hochaltertümliche Institution der Knabeninitiation, wenn auch zum Instrument der aristokratischen Stadt verwandelt: Die Söhne der freigeborenen Bürger pflegten sich um jeweils einen vornehmen Altersgenossen zu gruppieren, und diese ganze Gruppe hatte sich für eine Weile (zwei Monate) zurückzuziehen aus der Stadt: Man lebte im Busch, unter der Leitung eines erwachsenen Bürgers, der während dieser Zeit auch Liebhaber des jungen Adligen wurde; Hauptbeschäftigung war die Jagd. Zurückgekehrt, wurden sie für eine Zeit die Soldaten ihrer Stadt; der Jugendliche, der Gruppenoberhaupt gewesen war, hatte bei den Tänzen der jungen Männer eine Vorzugstellung; er hatte auch vom Erwachsenen einen Becher und eine *stolé polemiké,* eine Kriegsrüstung, erhalten, die er fortan sein Leben lang an den Festen der Stadt benützte; er opferte auch bei seiner Rückkehr dem Zeus einen Ochsen. Man sieht: Die Institution hat keineswegs eine kriegerische Ausbildung zum Ziel (lediglich die Jagd dient als Vorbereitung zum Krieg), sondern definiert überhaupt die Position des jungen Mannes in seiner adligarchaischen Gesellschaft[15].

Die Rolle des Tanzes der jungen Männer ist dabei deswegen nicht ganz leicht zu fassen, weil Ephoros von den Tänzen der zurückgekehrten jungen Männer nur nebenbei spricht. Zieht man ethnologisches Vergleichsmaterial bei, wird das Bild klarer: Immer wieder hören wir von ethnologischen Gesellschaften, wo solche Initiationen lebendig sind, daß die jungen Menschen am Ende ihrer Zeit im Busch in einem Fest wieder eingeführt wurden in ihre Gesellschaft, und dabei führen sie eben Tänze vor: Neue Menschen kommen aus dem Busch, und sie führen sich tanzend wieder ein in ihre Gesellschaft. So muß man denn auch für Kreta vermuten: Das Opfer an Zeus, den Gott, der für Ordnung und Recht steht, ist Teil dieser Rückkehr in die zivilisierte Polis, und man kann annehmen, daß auch Waffentänze nach der Rückkehr wichtig waren, daß sich in ihnen die jungen Männer in ihrer kriegerischen Behendigkeit vorstellten. Daß dabei die soziale Stellung ebenfalls definiert wurde, leuchtet ein, nicht bloß für ihre adligen Anführer: Geschicklichkeit und Behendigkeit waren allen sichtbar, und offenbar war dies doch ein wichtiger Wert für die Gesellschaft – gute Tänzer hatten bessere Heiratschancen und konnten Prestige gewinnen.

Der Mythos, der zu diesem Komplex gehört, spricht von *Kourêtes,* Kureten. Das Wort hat mit den *koûroi* zu tun, den heranwachsenden Burschen: Das sichert die Verbindung. Daneben ist auch von Korybantes die Rede: Dieser Name bleibt unverständlich (man hat das Wort mit dem Helm, *korys,* und seinem Busch erklären wollen, doch das überzeugt nicht); letztlich gehören die Korybanten nach Kleinasien, sind erst später nach Kreta gekommen.

Den Mythos kennen wir in zwei lokalen Varianten: Die eine, ältere, gehört nach Kreta und zu Zeus, die andere, jüngere, nach Ephesos und zu Artemis und Apollon. Die kretische Variante erzählt folgendes:

> Als die Mutter der Götter, Rheia, zum erstenmal schwanger war, erhielt ihr Mann, Kronos, ein Orakel von den Urgöttern Himmel und Erde (Uranos und Gaia), wonach seine Kinder ihn absetzen würden: Also wartete er die Geburt ab, verschlang dann aber das Neugeborene. So trieb er es jedesmal, bis zum sechsten Kind, Zeus: Jetzt floh die Schwangere nach Kreta, brachte das Kind in einer Grotte am Dikte-Gebirge zur Welt und gab es den Kureten und Nymphen zur Pflege; dem Vater aber gab sie einen in Windeln gewickelten Stein zum Verschlingen. Um das Neugeborene noch besser zu schützen, umtanzten die Kureten das Baby: Der Lärm ihres Waffentanzes überdeckte das Schreien des Kindes.[16]

Andere Autoren präzisieren, daß Rheia überhaupt den Waffentanz erfunden und ihn den Kureten gelehrt hatte[17]. Herangewachsen, wird dann Zeus seinen Vater absetzen und ihn zwingen, die Geschwister wieder von sich zu geben – und den Stein stellte er in Delphi auf, wo man ihn noch immer sehen kann[18].

Ich brauche dem, der sich mit Märchen auskennt, nicht zu sagen, was an Märchenmotiven hier aufscheint – die listige Mutter; der Jüngste, der sich als überlegen, als Retter seiner Geschwister erweist; der Stein, der im Bauch des Ungeheuers landet; fast bedauert man, daß es bloß sechs Kinder sind, doch da dominiert eben der Anspruch der griechischen Religion über die Motivtradition.

Etwas anderes ist noch wichtiger. Von Krieg ist nicht die Rede im Mythos, bloß von Tanz, wenn auch lautem (»ein Waffentanz ist es, bei dem sie die Schwerter auf die Schilde schlagen und gottbesessen springen«, erläutert Lukian, De salt. 8), der Kuret hat die Aufgabe, der Mutter zu dienen und den kommenden Herrscher der Welt zu beschützen. Dabei ist der Mythos kein klarer Spiegel der sozialen Realität: das Bild von den bewaffneten – und ekstatischen – Kriegern spiegelt Hocharchaisches, einen Bund der jungen kriegerischen Gefolgsleute um den ebenso jungen König, die ihrerseits dem Dienst einer Großen Göttin verpflichtet sind. Die Gruppe der Gleichaltrigen um ihren adligen Anführer kommt dem immerhin nahe, doch fehlt jede Beziehung zur Großen Mutter. Und vor allem fehlt jeder Hinweis auf die praktische Funktion der Einrichtung: Der Waffentanz ist allein Gottesdienst für den jungen Zeus und für seine Mutter. Was uns praktische Ziele sind – militärische Übung, soziale Chancen –, wird im Mythos nicht ausgesprochen, also wohl auch nicht mitgedacht.

Ähnliches ergibt sich für den zweiten lokalen Mythos, denjenigen von Ephesos. Die Geschichte ist nur unmerklich anders: Die schwangere Göttin heißt jetzt Leto, die Kinder sind Apollon und Artemis, und es droht kein kinderfressender Vater, sondern eine eifersüchtige Nebenbuhlerin, Hera, denn Letos Kinder sind von Heras Gatten Zeus; Schauplatz aber ist ein kleines Heiligtum in Ephesos, wo Leto geboren haben soll; wieder sind es die bewaffneten Kureten, die aber diesmal, auf dem Hügel oberhalb des Heiligtums, die Feindin mit ihrem Tanz abschrecken[19].

In Ephesos ist das Kleinasiatische ausgeprägter: Schließlich ist die große Artemis von Ephesos eine Göttin, die seltsam ungriechische Züge trägt, nicht bloß im vielbrüstigen Kultbild[20]. Die Kureten freilich, die auch hier belegt sind, sind ganz anders; sie sind allerdings faßbar erst in der römischen Kaiserzeit. Da sind sie eine feste Gruppe führender

Stadtbürger, welche den Kult der Hestia mit dem unauslöschlichen Herdfeuer als zentralem Heiligtum der Stadtgemeinde besorgen – durchaus also »gentlemen« im Sinne des zitierten Horazkommentators. Ob sie tatsächlich noch jedes Jahr als Waffentänzer auftraten, wissen wir nicht: Undenkbar ist es nicht, gentlemen hin oder her. Jedenfalls aber haben sich Erzählung und Realität weit stärker auseinandergelebt.

Tanzende Mädchen

Neben den tanzenden Burschen redet schon jene Stelle des homerischen Schildes, wo vom Tanzplatz der Ariadne (auch einer großen Göttin[21]) die Rede ist, von Mädchen und Burschen: Auch griechische Mädchen tanzten. Auch ihr Tanz gehört zu einer Gottheit – es ist fast immer Artemis, die Göttin des Draußen, wie man sie genannt hat, die Göttin, die mit der wilden Welt des Waldes und seiner Tiere ebenso eng verbunden ist wie mit den Mädchen und dem mythischen Gegenbild der Mädchen, den Nymphen.

Die tatsächliche Realität ist dabei vielgestaltig. Immer handelt es sich um Chöre, die nicht nur tanzten, sondern auch sangen, wie ja die Verbindung von Tanz und Lied charakteristisch ist für die griechische *molpé* überhaupt, auch bei den Burschen. Wenn Mädchen tanzen, sind es *parthenoi,* Mädchen im heiratsfähigen Alter[22]. Manchmal fassen wir ihre Chöre durch den Liedtext – so in Sparta, wo Fragmente der Mädchenlieder, *Partheniai,* des Dichters Alkman erhalten sind, die uns die Chöre im Wettstreit vorführen; die soziale Realität allerdings ist schwer aus den Texten erschließbar. Dafür springen andere Nachrichten ein, aus verschiedenen Orten der griechischen Welt: Das Gesamtbild ist dasjenige von Mädchengruppen, die öfters in Heiligtümern der Artemis weit außerhalb der Siedlungen, an den Grenzen des Gebietes, das eine Stadt beanspruchte, zusammenkamen, um zu tanzen; neben den Tanz tritt gelegentlich der Sport, der Wettlauf der Mädchen – oder Fraulicheres, gemeinsames Weben eines heiligen Gewands oder gar Schönheitswettbewerbe. Viel Information besitzen wir aus Brauron, dem Heiligtum der Artemis und der Iphigeneia an der Ostküste Attikas, weitab von der Stadt[23]; hier fanden sich ausgedehnte Räume, in denen die Mädchen vielleicht eine Weile wohnten, hier zeigen Vasenbilder

Darstellungen von Tanz und Schnellauf – aber auch die Erscheinung einer Priesterin mit einer Bärenmaske, wie denn auch die Mädchen, die in Brauron sich aufhielten, Bärinnen *(arktoi)* hießen, ihr Dienst die *arkteia,* der »Bärendienst«[24]. Alter und Beschäftigung der Mädchen lassen auch hier die Anverwandlung von Initiationsriten erschließen, einer Periode ritueller Absonderung der Pubertierenden, während der sie auf ihr Leben als Frauen vorbereitet wurden. Auch hier hat der Tanz wie bei den jungen Männern dann wohl auch die Funktion gehabt, die Rückkehr zu markieren und die neuen Frauen der Gesellschaft vorzuführen – wie noch deutlicher der Schönheitswettbewerb eben dies tut.

Die Geschichten, die mit dieser Institution zusammenhängen, sind nun freilich zumeist seltsam düster. Mythische Spiegelung der Mädchen im Dienste der Artemis ist die Gruppe der Nymphen um die Göttin Artemis – man kennt das Bild insbesondere durch die rokokohafte Darstellung, die der Dichter Ovid ihm hat angedeihen lassen[25] – doch wird schon bei Homer etwa die junge Nausikaa, die inmitten ihrer Gespielinnen am Meer spielt (was Homer ebenfalls als *molpé* bezeichnet, als Tanz), verglichen mit Artemis, die im Gebirge auf der Jagd einhergeht, »und mit ihr zusammen spielen die Nymphen, die Mädchen – *kourai* – des Zeus, des aigishaltenden, die wildnisbewohnenden; und es freut sich im Herzen die Leto (Artemis' Mutter)« (Odyssee 6, 101 ff.).

Nur ist die Sache eben nicht so harmlos. Der Kreis der Nymphen um Artemis ist ausgesprochen männerfeindlich: Als der junge Jäger Aktaion einmal die Gruppe beim Bad überraschte – sei es zufällig, wie einige Quellen sagen, sei es aus pubertärer Neugier –, verwandelt ihn die Göttin in einen Hirsch, den seine Jagdhunde zutode hetzen[26]. Doch auch den eigenen Mädchen gegenüber ist Artemis hart, wenn sie die reine Frauenwelt verlassen, und sei es auch nicht durch eigenen Willen: zu ihrem Kreis in Arkadien (wie überhaupt, neben Athen, das altertümliche Arkadien hier wichtig ist) gehörte die Nymphe Kallisto: Der Name ist sprechend, »die Schönste«, und nimmt eben Schönheitswettbewerbe in den Blick[27]. Die Schönheit der Kallisto fiel Zeus ins Auge, und er verführte das Mädchen; und da die Hochzeiten der Götter nie fruchtlos sind, wurde Kallisto schwanger. Erst verbarg sie dies auch vor Artemis, schließlich aber ließ es sich nicht mehr verbergen – und die Göttin zürnte furchtbar: Sie jagte das Mädchen davon, erschoß es gar – oder verwandelte es in eine Bärin (wohl erst nach der Geburt eines

Sohns, des Arkas, der Stammvater der Arkader wurde); die Bärin ihrerseits wurde später von Arkas auf der Jagd erschossen.

Deutlich stehen Probleme um Pubertät und Kontakt mit der Männerwelt im Hintergrund dieser Geschichten. Die Zeit der Adoleszenz wird im Mythos verlängert zur utopisch-idealen Existenz: Ohne Männer – und ohne Zivilisation – lebt die Gruppe der Frauen unter der Leitung des Erzmädchens Artemis in der Wildnis. Mann und Stadt sind bestimmend für eine Welt, von der man nichts wissen will; die Begegnung mit beiden wird als traumatisch empfunden, als Ausstoßung aus der Idealwelt gesehen. Wieder, wie im attischen Ritual von Brauron, sind Mädchen und Bärin verbunden: Diesmal ist es der Kontakt mit dem Mann, der das Mädchen zur Bärin macht.

Im übrigen lassen sich in den verschiedenen antiken Erzählungen dieser selben Geschichte verschiedene Zeitprobleme und Sehweisen deutlich scheiden. In hocharchaischer Zeit – wo der Mythos in einem Hesiod zugeschriebenen Gedicht erzählt wird[28] – ist entscheidend, daß der Ahnherr der Arkader, Arkas, sich direkt von Zeus herleitet: Da stellt eine griechische Volksgruppe einen Anspruch auf Legitimation; die Mutter ist daneben gar nicht so wichtig. Immerhin aber ist die Begegnung doch eingebettet in die Welt weiblicher Initiation – aber aus rein männlicher Perspektive: Heirat und Zeugung von (männlichem) Nachwuchs sind notwendig, und so müssen die Mädchen aus ihrem außerzivilisatorischen Zustand eingeholt werden in die Welt der Polis. Viel später, beim Römer Ovid, liegen die Interessen völlig anders. Politische Legitimation eines griechischen Volks interessiert nicht, im Zentrum steht das Mädchen, aus deren Optik der Dichter erzählt: So stellt Ovid, in unmittelbar packender Weise, die Begegnung von Zeus und Kallisto als Vergewaltigung dar, die tiefe Traumatisierungen hinterläßt und Kallisto brutal aus ihrer Idealwelt ausstößt; Diana doppelt nur noch nach.

Der Bär – bzw. die Bärin – erscheint auch in einem anderen Mythos, der eben die Riten von Brauron (und eines eng damit verwandten Artemis-Heiligtums in Munichia) begründen will[29]. Eine der Artemis heilige Bärin (oft habe sie im Heiligtum gewohnt) habe ein Mädchen beim Spielen attackiert: Ihre Brüder hätten die Bärin darauf erschlagen. Doch die Göttin rächt sich und sendet zur Strafe eine Seuche; die Athener fragen das delphische Orakel um Rat. Die Abfolge Vergehen – Seuche als Strafe – Orakelanfrage ist weit verbreitet. Jetzt gehen die Traditionen auseinander. In der Geschichte, die zum Artemis-Heiligtum von Munichia gehört, wird das Opfer einer Tochter, also ein Mädchenopfer verlangt – doch zieht man sich mit einem Trick aus der Sache: Der Priester verkleidet eine Ziege als Mädchen und opfert sie – damit begründet die Erzählung ein Ziegenopfer im Ritual. Immerhin ist es kein gewöhnliches Ziegenopfer, sondern Ersatz für das Opfer eines Mädchens: Vermutlich gehören Opfer und Erzählung ebenfalls in initiatorisches Milieu, wo immer wieder Tod (oder scheinbarer Tod) der Initianden ausgespielt werden. Nicht fern liegt schließlich eine allbekannte Erzählung, die an einem weiteren Artemis-Heiligtum der Gegend hängt, demjenigen von Aulis, wo Iphigenie geopfert wurde[30]. Auch hier ist die Sequenz von Verschulden – Strafe – Orakel – Opfer zentral: Agamemnon tötet einen heiligen Hirsch, Artemis hält die Winde der Griechenflotte zurück, der Seher Kalchas verlangt ein Mädchenopfer, und die Tochter des Agamemnon soll geopfert werden, wird aber im letzten Augenblick durch ein Hirschkalb (die wilde Variante der zahmen Ziege) ersetzt. Auch hier geht es um Mädcheninitiation: Und Iphigenie wird nicht nur in Aulis, sondern vor allem in Brauron verehrt.

Hier geht der Mythos etwas anders[31]. Das Orakel, das wegen der Seuche angefragt worden war, befiehlt kein Opfer, sondern das Ritual der *arkteia* – an die Stelle der einen getöteten Bärin treten die jungen Athenerinnen, die die Bärin auf Zeit ersetzen müssen. Bärin spielen und geopfert werden ist mithin funktionsgleich – in beiden Fällen geben die Mädchen eine frühere Identität auf; die Opferung ist radikaler. Umso dringlicher wird die Frage, weswegen gerade die Bärin auch hier so prominent ist.

Auf den ersten Blick unterscheidet sich die Rolle der Bärin in Brauron von der im arkadischen Mythos: In Brauron werden Mädchen während ihrer Zeit der Seklusion im Heiligtum zu Bärinnen – also eben, während sie draußen unter dem Schutz der Artemis sind; im arkadischen Mythos werden sie erst Bärinnen, wenn Artemis sie aus ihrer Nymphenschar ausstößt. Doch ist das ein Scheinunterschied, der damit zusammenhängt, daß die eine Geschichte einen Kult erklärt, die andere nicht: Im Kult können die Mädchen nicht permanent zu Bärinnen werden, müssen sie wieder zur Menschenform zurückfinden. Wichtiger ist also, daß Mädchen überhaupt Bärinnen werden.

Versucht man das zu verstehen, denkt man zuerst daran, daß Bären in vielen nördlichen Kulturen bedeutsam sind, in Eurasien ebenso wie in Amerika: Sie sind das größte und gefährlichste Jagdtier der nordischen Wälder, sie sind außerdem erstaunlich menschenähnlich in ihrer Möglichkeit zum aufrechten Gang und etwa auch der Stellung der Augen im Gesicht. So kann man daran erinnern, daß Bären immer wieder auch im Zusammenhang mit männlichen Jungkriegern vorkommen: Junge arkadische Krieger können Bärenfelle tragen, in Skandinavien gibt es den *ber-serker,* den ekstatischen Krieger, der ebenfalls ein Bärenfell trägt, im Grimmschen Bärenhäuter treibt sich ein Soldat im Bärenfell im Wald herum, um durch die Liebe der Kaufmannstochter zum Menschen gemacht zu werden; in einem indianischen Mythos wird der junge menschliche Schützling der Bärin zum bedeutsamsten Häuptling des Stammes – um nur einiges zu nennen[32]. In dieser Funktion – der initiatorische Jungkrieger wird zum Bär – ist der Bär ersetzbar durch den Wolf, in Griechenland wie in Rom oder Germanien; in Afrika werden Leoparden daraus. Der Verdacht könnte nahe liegen, daß auf die Mädchen übertragen wurde, was eigentlich den jungen Kriegern gehört.

Der Verdacht ist grundfalsch, wenn man sich ansieht, welches in Griechenland und Rom die Vorstellungen waren, die sich an die Bärin anschlossen; Hauptquellen sind Plinius' »Naturgeschichte« und Aelians »Tiergeschichten«. Schon ein oberflächlicher Blick zeigt, daß immer wieder die Bärin, nicht der Bär in den Blick gerät: Das zeigt sich schon in der Behauptung, daß Bären die einzigen Tiere seien (außer den Panthern), deren Weibchen stärker seien als die Männchen (Plinius 11, 263). Wichtig ist dabei aber vor allem Sexualität und Mutterschaft: Allein Bären paaren sich wie Menschen, liegend und in inniger Umarmung (Plinius 8, 126), die Bärenmutter betrachtet Schwangerschaft als Krankheit und zieht sich in eine Höhle zurück (Aelian 6, 3); wenn sie geboren hat, muß sie ihre Jungen durch Lecken erst in Bärenform bringen[33]. Überhaupt sind Bärinnen ideale Mütter: Krankheiten während der Schwangerschaft und die Reinigung von der Nachgeburt können sie durch angeborenes medizinisches Wissen heilen (Aelian 6, 3), und ihre Jungen verteidigen sie mit unendlicher List und Ausdauer gegen alle Feinde (ebenda). Bärinnen sind mithin menschliche Frauen gerade in dem, was die Griechen als Kernbereich weiblicher Existenz ansahen, der Mutterschaft, durchaus vergleichbar, wenn nicht sogar vorbildhaft: Wenn im Ritual, das ausdrücklich Vorbereitung zu Hochzeit und Ehe ist, die Mädchen sich in Bärinnen verwandeln, werden sie in gewissem Sinne zu Musterfrauen. Und doch sind sie natürlich keine Frauen: Sie bleiben als Bärinnen auf der anderen Seite jener imaginären Linie, die Wildheit der Natur von der Zahmheit der menschlichen Kultur trennt. Deswegen werden eben die Mädchen in Brauron nur temporär Bärinnen, wird andererseits Kallisto, die Bärin bleibt, von ihrem Sohn getötet.

Zusammenfassung

Ausgegangen war ich, erinnert man sich, von einer Reihe von Widersprüchen im Zusammenhang mit dem Tanz in der Antike. Wir verstehen jetzt den Grund für diese Widersprüche. Tanz gehört fest zur Jugend deswegen, weil er – wenigstens in archaischer Zeit – ein Mittel zur Transformation der Kinder in Erwachsene ist: Tanz gehört zur Initiation. Von daher verstehen wir auch die seltsamen Ambivalenzen, die wir feststellen konnten. Der Tanz gehört weitgehend in die Welt des Draußen: Die jungen Menschen tanzen in den Heiligtümern in der Wildnis, außerhalb der Stadt, oder sie tanzen bei ihrer Rückkehr; wenn sie später tanzen, tun sie dies vor allem in den Heiligtümern. Tanz ist von daher etwas Außergewöhnliches, das fest an die Jugend und ihre Riten gebunden ist: Ernsthafte Menschen tanzen nicht, der Ernst der Kultur neigt dazu, den Tanz aufzuheben – so, wie viel später im Märchen vom Fischer und den Neraides schließlich die ernste Kapelle an der Stelle des heiteren – aber nicht ungefährlichen – Tanzes errichtet wurde.

Anmerkungen

1 Vgl. F. Graf, Griechische Mythologie, München/Zürich 1985, Kap. 1. Am umstrittensten ist die Geschichte von Amor und Psyche: vgl. dazu den Sammelband von G. Binder und R. Merkelbach (Hrsg.), Amor und Psyche (Wege der Forschung 126),

Darmstadt 1968 sowie Fritz Erik Hoevels, Märchen und Magie in den Metamorphosen des Apuleius von Madaura (Studies in Classical Antiquity 1), Amsterdam 1979.

2 Cic. Mur. 13; die Äußerung Ciceros ist nicht isoliert, vgl. e contrario die verkrampften und falschen Interpretationen des Macrobius zum Beweis des Gegenteils, sat. 3, 14.

3 Suet. Calig. 54; zum Schwimmen Plat. leg. 3, 689 d; Paroem. Gr., 278. 2, 39.

4 Vgl. zum Thema bes. Lillian B. Lawler, The Dance in Ancient Greece, London 1964 und Steven H. Lonsdale, Dance and Ritual Play in Greek Religion, Baltimore 1993.

5 Epictet. 3, 24, 8.

6 *Nunc est bibendum, nunc pede libero pulsanda tellus* Hor. carm. 1, 37.

7 Il. 13, 636 f.

8 Il. 18, 590–594. 494 f.

9 Anonymer Papyrus, zitiert bei L. B. Lawler, Dance (1964) 12.

10 Auch die Arvalbrüder, eine andere römische Priesterschaft, tanzten nach dem Ausweis ihrer inschriftlichen Akten, vgl. John Scheid, Romulus et ses frères. Le collège des frères arvales, modèle du culte public dans la Rome des empereurs, Paris 1990, 177–182.

11 Bithynien: Lukian, De salt. 20; da mag einheimisch Kleinasiatisches dahinterstehen.

12 Hor. carm. 1, 4, 5 ff.

13 Strab. 10, 3.

14 Grundlegend ist noch immer Henri Jeanmaire, Couroi et Courètes. Essai sur l'éducation spartiate et sur les rites d'adolescence dans l'antiquité hellénique, Lille 1939; vgl. auch meinen Überblick, Initiationsriten in der antiken Mittelmeerwelt, in: Der Altsprachliche Unterricht 36: 2 (1993) 29–40.

15 Quelle: Strab. 10, 4, 21 f., nach Ephoros.

16 Hauptquelle ist Apollodor, Bibliothek 1, 4 f.; Hesiod, Theogonie 453 ff. kennt eine in der Lokalisierung etwas abweichende Form.

17 Lukian, De salt. 8.

18 Dies letztere nach Hesiod, Theogonie 498 ff.

19 Erzählt bei Strabo 14, 1, 20. Vgl. auch Dieter Knibbe, Der Staatsmarkt. Die Inschriften des Pytaneions (Forschungen in Ephesos IX, 1, 1), Wien 1981.

20 Dazu Robert Fleischer, Artemis von Ephesos und verwandte Kultstatuen aus Anatolien und Syrien, Leiden 1973.

21 Zu Ariadne: J. Meerdink, Ariadne. Een onderzoek naar de orspronkelijke gestalte, Dissertation Amsterdam 1939; Robert E. Eisner, Ariadne in Religion and Myth, Dissertation Stanford 1971.

22 Grundlegend wichtig: Claude Calame, Les choeurs de jeunes filles en Grèce archaïque. I: Morphologie, fonction religieuse et sociale, Rom 1977.

23 Eine umfassende Veröffentlichung der archäologischen Grabungen von Brauron steht noch immer aus, eine Übersicht versucht A. I. Antoniou, Simvoli stiu istoria tou ierou tis vravronias Artemidos (neugriech.), Athen 1990.

24 Hauptstelle: Aristophanes, Lysistrata 645; zu den Bildern hat sich immer wieder Lily Kahil geäußert, besonders: L'Artémis de Brauron, rites et mystères, Antike Kunst 20 (1977) 86–98 und dies., Mythological Repertoire of Brauron, in: W. G. Moon (Hrsg.), Ancient Greek Art and Iconography, Madison (Wisconsin) 1983, 231–244.

25 Ovid, Metamorphosen 3, 163–173 – auch dieses Bild verdüstert sich rasch, es ist die Einleitung zum Mythos von Aktaion.

26 Hauptstelle: Ovid, Metamorphosen 3, 138 ff.; eine Übersicht bei John Heath, Actaeon, the Unmannerly Intruder. The Myth and its Meaning in Classical Literature, New York – Bern – Frankfurt 1992 und Wolfgang Cziesla, Aktaion Polypragmon. Variation eines antiken Themas in der europäischen Renaissance, Essen 1989.

27 Hauptquellen sind Ovid, Metamorphosen 2, 409 ff. und Apollodor, Bibliothek 3, 100.

28 In den sog. Ehoien, Hesiod, frgm. 181.

29 Eine Darstellung der etwas komplizierten Quellenlage bei William Sale, The temple-legends of the arkteia, Rheinisches Museum 118 (1975) 265–284.

30 Zur Verbreitung des Mythos von Iphigenie: Jean-Michel Gliksohn, Iphigénie de la Grèce antique à l'Europe des lumières, Paris 1985.

31 Die Zeitschrift Dialogues d'Histoire Ancienne hat in ihrer Nummer 16: 2 (1990) einige Aufsätze zum Thema vereinigt: K. Dowden, Myth. Brauron and Beyond (29–43); Christiane Sourvinou-Inwood, Lire l'arkteia – lire les images, les textes, l'animalité (45–60); Pierre Brulé, Retour à Brauron.. Repentirs, avancées, mises au point (61–90).

32 Zu Nordamerika: Gustav A. Konitzky (Hrsg.): Nordamerikanische Indianermärchen, Düsseldorf/Köln 1963, Nr. 26 (Arikara); David Rockwell, Giving Voice to Bear. North American Indian Myths, Rituals, and Images of the Bear, Niwot (Colorado) 1991.

33 Eine sehr verbreitete Geschichte, z. B. Plinius 8, 126 und 10, 174–176; Aelian 2, 19. 6, 3; Vergil sagte von sich, er lecke seine Gedichte allmählich in Form, wie die Bärin ihre Jungen erst nach der Geburt in Form lecke (Vergil-Vita des Donatus, S. 6, Z. 81 Brummer).

Alice Spinnler-Dürr

INDIANISCHE TIERMYTHEN UND DER URSPRUNG DES TANZES[1]

Viele Indianervölker glauben, daß Tiere den Menschen das Tanzen beigebracht haben. Insekten, Vögel, Fische oder Säugetiere, sie alle haben den Menschen zum Tanzen inspiriert. Die Tänze werden entweder im religiös/mythologischen Zusammenhang oder einfach zur Unterhaltung aufgeführt.

Die ersten Menschen wurden nicht von einer Gottheit erschaffen, sondern waren Tiere, die ihre Tierhaut ablegten. In einer Ursprungsmythe der Kwakiutl (Nordwestküste) wird erzählt: Der erste Mann der Tsawatenok war Kawatilikaala, aber zuvor war er ein Wolf, auch seine Frau war eine Wölfin ... Eines Tages fiel heftiger Regen und Kawatilikaala sagte zu seiner Frau: »Ich sehe nicht ein, weshalb wir Tiere bleiben sollten. Wir ziehen besser diese unsere Haut aus und verwenden sie nur noch in den Tänzen.«[2]

Tanzen ist eine magische Aktivität, die den Tänzer ermächtigt, sich seinen Wünschen gemäß zu verwandeln: in einen Wolf, in einen Büffel, in einen Jaguar, in einen Adler. Des weiteren können durch Tanz sowohl schöpferische wie auch zerstörerische Kräfte freigesetzt werden. Tiere verkörpern gewisse Kräfte und Qualitäten, die vom Menschen sehr bewundert werden, wie z. B. Kraft, Schnelligkeit, Mut oder auf einer anderen Ebene eine gewisse Macht magischer Art über das Wetter, das Wachsen der Ernte oder gar die Fähigkeit, überirdische Wesenheiten zu beeinflussen. Diese sowie andere Eigenschaften können durch das Imitieren der Gebärdensprache der Tiere in speziellen Tänzen für den Menschen nutzbar gemacht werden. Gleichzeitig kann damit eine gewisse Kontrolle über die Tiere ausgeübt werden.

Die getanzte Tierdarstellung bestätigt die Verbindung des Menschen zu seinen Tierbrüdern, die untrennbar in der Form der Urinstinke in seinem Innern verhaftet ist. In vielen Masken, besonders bei den indianischen Völkern der Nordwestküste, wird dieser duale Aspekt zum Ausdruck gebracht: sie lassen sich öffnen, hinter der Tiermaske kommt ein Menschengesicht zum Vorschein.

Unbesonnenes Tanzen und Nachahmen von Tieren kann sehr gefährlich sein, da unkontrollierbare Kräfte geweckt werden. Laut einer irokesischen Mythe hat unaufhörliches, ja geradezu süchtiges Tanzen und Imitieren von Tierbewegungen zur Entstehung des Sternbilds der Plejaden geführt. Vor langer Zeit haben Kinder trotz mehrmaliger Warnung nicht aufgehört zu tanzen, sich zu drehen und Tiere zu imitieren, bis sie schließlich in den Himmel gehoben und zur Sternenkonstellation wurden. Sternschnuppen sind durch den Himmel fallende Kinder und erinnern den Stamm nachdrücklich an dieses längst vergangene Ereignis.[3]

Die Mehrheit der indianischen Mythen bestätigt den tierischen Ursprung des menschlichen Tanzes. Die Iowa-Indianer z. B. erzählen, daß sie sich die Tänze aneigneten, indem sie im Wald den Schildkröten nachspioniert haben. Andere Indianervölker berichten, daß die Tiere selbst den Menschen bestimmte Tänze gelehrt haben.

Die Schwarzfußindianer mußten einmal sehr, sehr hungern. Den Jägern gelang es einfach nicht, Büffel und anderes Jagdwild zu erlegen. Eine junge Frau war so verzweifelt, daß sie sogar einen Büffel zum Manne nehmen würde, wenn nur sie und ihre Leute genügend zu essen erhielten. Ihr Wunsch ging in wundersamer Weise in Erfüllung. Die Frau mußte nun einen Büffel zum Ehemann nehmen. Ihr Vater wurde beim Versuch, sie zurückzuholen, von den Büffeln zu Staub zermalmt. Falls es ihr aber gelänge, ihren Vater ins Leben zurückzurufen, so würde ihnen erlaubt, nach Hause zu gehen. Es gelang ihr tatsächlich. Die Büffel lehrten sie daraufhin einen Tanz, den die Jäger von nun an nach jeder Jagd tanzen sollten, um den Jagderfolg auch für die Zukunft zu sichern.[4]

In dieser Mythe werden die Menschen ermahnt, sich respektvoll gegenüber den Tieren zu verhalten. Wenn man einem Tier das Leben nimmt, so muß man seiner Seele mittels Gebet und Tanz eine Rückkehr ins

Leben ermöglichen. Nur so steht den Menschen immer genügend Jagdwild zur Verfügung.

Tiere und Tanz im Lebenszyklus von Stammesvölkern

Tanz ist für die indianischen Völker ein unerläßliches Mittel, um mit den göttlichen Wesenheiten zu kommunizieren. Wenn Nachahmung, Verkleidung und Gebärden die wichtigsten Accessoires für die Tiertänze sind, so ist der Rhythmus die zugrundeliegende Essenz. Durch rhythmisches Stampfen werden die Botschaften zwischen Menschen, Tieren und göttlichen Wesen übermittelt.

Tanz ist eine rhythmische Aktivität und markiert die Zyklen im Leben der Menschen, vom Anfang bis zum Ende: Kindheit, die verschiedenen Schritte der Eingliederung ins Erwachsenenleben, Alter und Tod. Übergänge von einem Lebensabschnitt zum anderen sind überaus gefährdete Zeiten, für die der besondere Schutz der Geister erfleht werden muß. Die erste Stufe im Zyklus ist für Burschen meist eine Jagd, begleitet von vorbereitenden Tänzen, in denen der angehende Jäger sein Jagdwild imitiert; der Beweis seiner Fähigkeit, zum Unterhalt des Stammes beizutragen, ist gleichzeitig auch die Erlaubnis zu heiraten und die Aufnahme in den Bund der Krieger. Jagd-, Kriegs- und Heiratstänze gehören zu seinem Repertoire. Für Frauen sind Paarungs- und Fruchtbarkeitstänze von größerer Bedeutung, wird doch damit das Fortbestehen des Stammes, aber auch die Fruchtbarkeit der Felder und Herden sichergestellt.

Initiationstänze

Initiationstänze können nicht nur einen mythologisch-religiösen Hintergrund haben, sondern auch eine soziale Funktion aufweisen. Der Wolfstanz der Nootka-Indianer (Nordwestküste) gehört zum öffentlichen Initiationsritus der Geheimgesellschaft der Wölfe.

Mythen, die erzählen, wie junge Burschen sich in unerwarteter Weise bewähren und sich durch Klugheit magische Waffen, Objekte und Tänze aneignen, mit denen sie die Hilfe der Wölfe herbeirufen können, sind an der Westküste Nordamerikas sehr verbreitet. Der Wolfstanz ist ein Gebärdentanz, bei dem die neu erworbenen Qualitäten des Initianden dargestellt werden. Hier ist der Tanz eine Metapher für Selbstbeherrschung und Ausübung der Macht innerhalb des Stammes.[5]

Initiationsrituale sind für Mädchen weniger bedeutsam, wird doch ihr Übertritt in die Erwachsenenwelt durch ein biologisches Phänomen, die Menstruation, unübersehbar gekennzeichnet. Ein spezielles Ritual ist für das Bekanntmachen des Erwachsenenstatus nicht nötig. Wenn Pubertätsrituale für Mädchen durchgeführt werden, stehen sie im Zusammenhang mit Fruchtbarkeitszeremonien.

Fruchtbarkeits- und Heiratstänze

Das Imitieren von Tieren hat in den Fruchtbarkeits- und Heiratstänzen nicht nur die Funktion, einem möglichen Partner des anderen Geschlechts seine Sympathie zu zeigen, sondern auch, die Fruchtbarkeit bei Menschen, Tieren und Pflanzen zu fördern. Vögel werden in solchen Tänzen sehr oft imitiert. Ihr Balzverhalten wird sorgfältig beobachtet und kopiert, in der Meinung, daß deren reproduktive Kräfte sich auf die Menschen übertragen lassen.

Im peruanischen Patakancha-Tal, etwa 70 km von Cuzco entfernt, werden am Tag des Dorfheiligen und an Karneval von den jungen Männern Fruchtbarkeitstänze aufgeführt, in denen sie das Balzverhalten des Wallata, einem Wasservogel, dessen Gelege 12 Eier und mehr enthalten kann, imitieren. Auch im Kostüm werden Anklänge an die Vogelgestalt sichtbar.[6]

Der Glaube an die Wechselbeziehung zwischen den reproduktiven Kräften von Mensch und Tier ist weit verbreitet. Hoch oben im Norden tanzen die Eskimo der Baffin-Inseln einen Fruchtbarkeitstanz zur Paarungszeit der Robben und Seelöwen. Die weitum bekannteste aller Eskimo-Erzählungen berichtet, wie Sedna zur Herrin der Unterwelt und des Meeres wurde. Ihre Weigerung, einen Gefolgsmann ihres Vaters zu heiraten, erzürnte diesen so maßlos, daß er ihr sogar, als sie bei einem Sturm über Bord gespült wurde und sich verzweifelt an den

Bootsrand klammerte, die Finger abhackte. Ihre Finger wurden zu Fischen und anderen Seetieren, Sedna selbst zur Herrin der Unterwelt. Jedes Jahr im Herbst, wenn sich die Seetiere paaren, halten die Eskimo ein Tanzfestival ihr zu Ehren ab, bei dem die Frauen und Männer, die von ihrem Tanzrhythmus her am besten zueinander passen, von Quailertetang, einer als Robbe verkleideten Schamanin, zusammengeführt werden, um für 24 Stunden ein Paar zu werden.[7]

Diese Zeremonie hat zwei Ziele: erstens, die Vermehrung der menschlichen Bevölkerung und Verhinderung von Inzucht, und zweitens die Befreiung der Sexualität der Robben. Die Eskimo glauben nämlich, daß die Menschen ein gutes Beispiel geben müssen, da sich die Robben ohne diese Zeremonie nicht paaren würden. Fruchtbarkeit bedeutet Leben durch Geburt, Wachsen und Wiedergeburt. Das Gegenteil, Sterilität, bewirkt Tod und Zerfall. Tanz als Erschaffer und Beweger ist eine fruchtbarkeitsfördernde Kraft, die vom Menschen seit Urzeiten eingesetzt wurde.

In Gebieten, wo es selten regnet, scheint der Fruchtbarkeitstanz eine Heirat zwischen Himmel und Erde zu arrangieren. Der Zweck dieses Tanzes ist der Vollzug der Hochzeit, in dem der Himmel seinen Samen in Form von Regen der Erde schenkt. So glauben die Pueblo-Indianer, daß, wenn es ihnen gelingt, Donner zu produzieren, es regnen wird. Die Menschen können dem nachhelfen, indem sie den Donnervogeltanz aufführen.

Die Menschen sind sehr einfallsreich, um Mutter Erde zum Blühen und Sprießen zu bringen: durch Arrangieren der Hochzeit zwischen Erde und Himmel oder zwischen der Erde und einem anderen mächtigen Wesen, wie z. B. Stier oder Schlange; durch Opferung von Nahrungsmitteln; durch Gesang und Tanz; durch Vertreiben des Winters und Erwärmen der Erde durch die Maifeuer; oder durch Tänze, in denen der Vereinigungsakt entweder angedeutet oder sogar vollzogen wird.

Jagdtänze

Im Erwachsenenalter nehmen Jagd- und Kriegstänze für die männlichen Mitglieder eine Vorrangstellung ein.

Bei den Jagdtänzen sind die Bewegungen der Tiertänzer an sich schon eine Art von Verkleidung und Maskierung. Die Tänzer benötigen eigentlich kein Kostüm, um das Bild des dargestellten Tieres hervorzurufen, ja sich in dieses selbst zu verwandeln. Die genaue Nachahmung der Tierbewegungen, sogar nur von Gesichtsgesten, ist eine spezielle Art Pantomime, die von Jägervölkern praktiziert wird. Die Tänzer werden kritisch beurteilt, hängt doch von der exakten Ausführung des Tanzes der Jagderfolg ab.

Die Jäger tanzen vor der Jagd, um die Einwilligung der Tierherren und Tierherrinnen (überirdische Wesen, die über die jeweilige Tierart gebieten) einzuholen. Genauso wird nach der Rückkehr getanzt, um die übernatürlichen Wesenheiten wieder zu besänftigen, damit diese auch weiterhin erfolgreiche Jagden gewähren. Denn das Überleben der Jägervölker hängt vom Jagderfolg ab. Aus diesen Gründen haben sich um die Jagd Rituale entwickelt, bei denen die Jäger die Tierherren und Tiergebieterinnen bitten, ihnen genügend Jagdtiere zu schicken. Doch sehr oft gehören diese der gleichen Tiergattung an wie das zu jagende Wild, so daß eine Konfliktsituation entsteht. Das Töten ist zwar notwendig, aber dafür muß rituelle Kompensation geleistet werden. Ohne diese Entschuldigungen könnte das Jagdglück ausbleiben, da die Tiergebieter sich verweigern.

Nicht immer und überall stimmen die Tänze mit den Bewegungen der Tiere überein, oft ist die Übereinstimmung nur noch vage zu ahnen, die Betonung liegt hier auf der metaphorischen Bedeutung des Tanzes. So wird in vielen indianischen Tänzen die Beziehung zum Tier durch hoch stilisierte Schritte oder durch partielle Verkleidung, z. B. Federkopfschmuck, dargestellt. Hier beruht die Bedeutung des Tanzes auf einem gemeinsamen Verständnis der Tradition, wie sie in den Mythen und Erzählungen von Generation zu Generation weitergegeben wird.

Jagden müssen den Regeln gemäß und mit dem nötigen Respekt vor den Tieren durchgeführt werden. Eine Mythe der Tshimshian (Nordwestküste) warnt eindrücklich vor den Folgen, falls die Jäger den Pakt zwischen Mensch und Tier mißachten und die Tiere quälen und unnötig töten. Als das Verhalten der Jäger den Bergziegen zu bunt wurde, luden sie diese zu einem Fest oben auf dem Berg ein. Die Männer wußten nicht, daß die Gastgeber wirkliche Ziegen waren, sondern dachten, sie wären geschickt verkleidete Menschen. Eine einhörnige Ziege begann auf einmal zu tanzen. Und ihr Tanz war so gewaltig, daß sich die Erde öffnete und alle Jäger verschlang, bis auf einen, der vor langer Zeit Mitleid mit einem Zicklein hatte.[8]

Tanz der Stachelschweinborstenstickerinnen

Nicht nur Jäger, respektive Männer, haben Rituale und Tänze, die sich um ihren Arbeitsbereich drehen, sondern auch Frauen. So sind bei den Präriendianern Ansehen und Prestige der Frauen abhängig von ihrer Fähigkeit, Kleider, Taschen und andere Gebrauchsgegenstände aus Leder mit Stachelschweinborsten, die später durch Glasperlen europäischer Herkunft ersetzt wurden, zu verzieren.

Die geschicktesten Frauen erhielten ihre Begabung von einem mythischen Wesen, der Rehfrau. Sie tritt entweder in Rehgestalt auf oder als zwei Frauen, die miteinander verbunden sind; deshalb auch ihr zweiter Name Doppelte Frau.[9] Diese Gestalt ist sehr mächtig und besonders für Männer überaus gefährlich. Überrascht ein Mann sie bei ihrem Tanz mit den Spiegeln, so muß er sterben. Sie nähert sich oft Männern, d. h. Jägern, in Mädchengestalt und verführt sie mit ihrem unwiderstehlichen Parfum, das sie in ihrer Verkörperung als Reh aus den Aromastoffen ihres Hufes herstellt.[10]

Einmal träumte eine junge Frau von Doppelter Frau, die ihr die Verwendung von Stachelschweinborsten als Verzierungsmaterial zeigte. Denn bis zu diesem Zeitpunkt hielten alle diese Stacheln für nutzlos. Doppelte Frau lehrte sie auch, eine Büffeldecke mit Stachelschweinborsten zu verzieren. Anschließend lud die Frau alle anderen Frauen zu einem Fest ein und präsentierte die reich verzierte Büffeldecke. Sie tanzte, sang und erklärte, daß Doppelte Frau ihr alles im Traum gezeigt hatte. Die Tänzerin bewies ihre magische Kraft, indem alle, auf die während des Tanzes der Reflex des Spiegels traf, zu Boden fielen und Blut oder schwarze Erde ausspuckten. Dies war ein unmißverständliches Zeichen, sich der kultischen Vereinigung anzuschließen.[11]

Doppelte Frau oder Rehfrau hat auch eine sozial integrierende Funktion. Nicht der sozialen Norm entsprechende Menschen – wie sexuell sehr aktive Frauen, aber auch Transvestiten oder Homosexuelle – können ohne Probleme in die Gesellschaft integriert werden, ist ihr Schicksal doch von Doppelter Frau, in einem Traum offenbart, vorbestimmt. Frauen wie Männer haben ähnliche Träume; Doppelte Frau, die am Ende des Traums oft als Reh davonspringt, stellt sie vor die Wahl: Frauen müssen zwischen Lederbearbeitungswerkzeug und Schmuck wählen, letzteres bedeutet ein Leben als Prostituierte. Männer müssen sich zwischen Lederbearbeitungswerkzeug und Waffen entscheiden; nimmt er das Frauenwerkzeug, so wird er ein Berdache, d. h. er erhält sozial gesehen den Status einer Frau, trägt Frauenkleider und führt Frauenarbeiten aus und kann sich sowohl mit Männern wie auch Frauen verheiraten.[12]

Tänze können nicht nur anläßlich wiederkehrender Zeremonien abgehalten werden, sondern auch von Einzelpersonen, z. B. aufgrund eines Gelübdes oder eines Traumes, veranlaßt werden. Nichtbeachten einer Aufforderung im Traum kann schlimme Folgen, sogar den Tod für den Träumer nach sich ziehen.[13]

Tanzende Tiere als Beschützer, Heiler und Helfer

Die Fähigkeit, seine Gestalt nach seinem Willen zu verändern, ist ein überaus wünschenswertes Talent eingeborener Schamanen. In Notzeiten kommuniziert der Schamane in seiner Eigenschaft als virtuoser Tänzer des Stammes durch ekstatischen Tanz mit seinen Tierhelfern, um die Forderungen der Götter zu erfahren. Seine Tierhelfer dienen ihm als Medium, um durch den Tanz den Trancezustand zu erreichen, der es ihm ermöglicht, in göttliche Gefilde vorzudringen. In den Fällen, in denen die Gottheit selbst in Tiergestalt gedacht wird, gehört es sich, daß der Schamane diese Tierform tanzt. Das getanzte Bild ist unwiderstehlich. Durch seine ekstatischen Gebete und Referenzen bewegt sich auch der Tänzer näher an die Unsterblichkeit: indem er den Gott tanzt, wird er selbst zu dessen Verkörperung.

Medizintänze, die auch Tierbewegungen enthalten, gründen im Glauben, daß einige Tiere Kräfte besitzen, die dem Schamanen helfen, Krankheiten aufzuspüren, so wie Hunde den Jägern helfen. Viele Tiere können sowohl heilen wie auch Schaden zufügen; das Tier allein ist im Besitz des Gegenmittels. Deshalb ist es unerläßlich, daß der Schamane die Tiere identifizieren und mit ihnen kommunizieren kann. Gelingt es ihm, so zeigt ihm das Tier während des Gipfelpunktes seines ekstatischen Tanzes das Heilmittel.

Bei der Initiationszeremonie der Luiseño-Indianer[14] in Südkalifornien wird den Knaben ein berauschende Getränk, hergestellt aus Teilen des Stechapfels, zu trinken gegeben; in berauschtem Zustand imitieren sie Tiere und Vögel. Dasjenige Tier, das der Initiand am besten nachahmen kann, wird zu seinem lebenslangen Beschützer. Schutztieren gegenüber müssen gewisse Tabuvorschriften, z. B. Jagd- und Eßverbot, eingehalten werden.

Tiere haben den Menschen auch geholfen, indem sie ihnen lebenswichtige Güter gebracht haben, wie gewisse Nutzpflanzen, handwerkliche Fertigkeiten oder das Feuer. In Nordamerika ist es Coyote, der den Menschen das Feuer geschenkt hat. Mit Hilfe seiner Freunde Wolf, Fuchs und Antilope stahl er den weit im Süden unten wohnenden Feuerleuten das Feuer, indem er während des Tanzes seinen Kopfschmuck in Brand setzte. Seine Freunde nahmen diesen entgegen und rannten damit davon. Der brennende Kopfschmuck konnte jeweils, kurz bevor die Feuerleute den Träger einholten und töteten, dem nächsten Läufer übergeben werden. Coyote als letzter flüchtete sich hinter einen Baum und steckte diesen in Brand. Seit diesem Tag können die Menschen mit Holz Feuer machen.[15]

Totentänze

Tänze anläßlich eines Todesfalls sollen den Toten ehren als letztes Zeichen der Liebe. Das Zusammengehörigkeitsgefühl, das durch den Tanz hervorgerufen wird, soll den Hinterbliebenen über den Verlust hinweghelfen. Der Tod ist allgegenwärtig; kein Lebewesen kann ihm entrinnen. In Mythen wird erläutert, wie der Tod auf die Erde kam und weshalb.

Nicht einmal Coyote, der nach den kalifornischen Pomo-Indianern für das Leben wie auch für den Tod verantwortlich ist, konnte seine Tochter vor dem Sterben bewahren. Coyote wollte den Menschen den Tod bringen, um die Vermehrung der Menschen und die Übervölkerung der Erde zu stoppen, da das ökologische Gleichgewicht dadurch gefährdet wurde. Denn da die Menschen unsterblich waren, wurden die natürlichen Ressourcen übernutzt. Er lockte deshalb die Leute zu einem Loch, worin sich eine Klapperschlange verkrochen hatte, und tanzte ringsum. Er forderte die Leute auf, es ihm gleich zu tun. Da wurde die Tochter des Häuptlings gebissen und starb. Der trauernde Vater bat um das Leben seiner Tochter, aber Coyote blieb hart. Das Mädchen wurde in seine besten Kleider gekleidet und auf dem Scheiterhaufen verbrannt, wie es alsbald Sitte wurde. Ganz im Geheimen aber sann der Häuptling auf Rache. Und wirklich, einige Tage später starb Coyotes Tochter, denn der Häuptling hatte sie vergiftet. Auch Coyote bat den Häuptling vergebens, seine Tochter wieder ins Leben zurückzurufen. Deshalb trauert Coyote nun jede Nacht um seine Tochter und heult in die Nacht, was seither alle Coyoten tun.[16]

Der Tod ist auch bei den Jagdritualen gegenwärtig. Wie wichtig es ist, die Seelen der getöteten Tiere wiederzuerwecken, zeigt die Mythe der Schwarzfußindianer. Der Büffel gab dem Mädchen die Gelegenheit, seinen zertrampelten Vater wieder zum Leben zu erwecken, wenn die Indianer als Gegenleistung ihrerseits die Tiere durch Tanzen im übertragenen Sinn reanimieren. Die magischen Kräfte des Tanzes überwinden sogar den Tod. Totentänze differieren nicht wesentlich von den anderen Tänzen; tatsächlich sind Elemente des Totentanzes austauschbar mit Elementen aus Fruchtbarkeits-, besonders auch aus Jagd- und Initiationstänzen. Wie im Jagdritual durch den magischen Tanz die Tiere auferstehen, so soll durch das Tanzen die Seele des Verstorbenen im Jenseits wiederauferstehen. Totentänze ähneln aber auch Initiationsriten, die den Übertritt in den Stammesverband symbolisch darstellen. Der Initiand wird als Vollmitglied in den Stamm aufgenommen, die Seele des Verstorbenen verbindet sich mit den Ahnen in den ewigen Jagdgründen.

Anmerkungen

1 Grundlage für diesen Aufsatz ist die Publikation: Lonsdale, Steven: Animals and the origins of dance. London 1981.
2 Vollständige Mythe in: Curtis, Edward Sheriff: The North American Indian: being a series of volumes picturing and describing the Indian of the United States and Alaska, 20 vols. New York; London 1970 (Repr. der Ausgabe von 1907–1930). Vol. 10, 1915, p. 132–136.
3 Bierhorst, John: Die Mythologie der Indianer Nordamerikas. Aus dem Amerikan. übers. von Frederick Hetmann. München 1988, S. 190.
4 Mythe übersetzt und zusammengefaßt nach der Version von: Campbell, Joseph: The masks of god: vol. 1. primitive mythology. New York 1959.
5 Siehe auch die Mythe »How dance was obtained from Wolfes« in: Curtis, Edward S.: a. a. O., vol. 11, 1916, p. 94 ff.
6 Informationen und persönliche Beobachtungen anläßlich der Feldforschung 1987/88 im Patakancha-Tal, Peru.
7 Eskimo-Märchen. Hrsg. von Heinz Barüske. München 1991, S. 63–66 und Bierhorst, John: a. a. O., S. 65–67.
8 Mythe »Das Fest der Bergziegen« übersetzt und zusammengefaßt nach der Version in: Tsimshian mythology based on texts recorded by Henry W. Tate. In: Annual Report of the Bureau of American Ethnology 31. Washington 1909–1910 (Repr. New York 1970), p. 131 f.
9 Wissler, Clark: Societies and ceremonial associations in the Oglala division of the Teton Dakota. In: Anthropological papers of the American Museum of Natural History 11,1. New York 1912, p. 79, 93.
10 Dorsey, J. Owen: A study of Siouan cults. In: Annual report of the Bureau of Ethnology 11. Washington 1889–1890, p. 480.
11 Wissler, Clark: a. a. O., p. 92 f.
12 Wissler, Clark: a. a. O., p. 92 und Lowie, Robert H.: Dance associations of the eastern Dakota. In: Anthropological papers of the American Museum of Natural History 11,2. New York 1913, p. 118.
13 Lowie, Robert H.: a. a. O., p. 118.
14 Curtis, Edward Sherif: a. a. O., vol. 15, 1926, p. 161.
15 Mythe der Thompson-Indianer (Britisch-Kolumbien) übersetzt und zusammengefaßt nach der Version von: Campbell, Joseph: a. a. O.
16 Lonsdale, Steven: a. a. O., p. 116 f.

Ulla Schild

»DIE MÜTTER, DENEN DIE WELT GEHÖRT«
Die Gelede-Maskerade bei den Yoruba in Nigeria

»Gelede dient dazu, die Hexen zu besänftigen« – so drücken es die Gelede-Tänzer aus, wenn sie nach ihrem Tun befragt werden. Gelede ist aber mehr als eine Belustigung für die Hexen. Gelede ist eine komplizierte Zeremonie, in der Mythik, existentielles Sicherheitsbedürfnis und soziales Engagement zusammenfließen. Gelede wird gewöhnlich zu Beginn der Feldbausaison abgehalten, wenn die Bauern auf die ersten Regen warten, also von März bis Mai. Wir finden die Zeremonie unter der Yorubuabevölkerung des östlichen Benin und vor allem im westlichen Teil Nigerias.

Die Bedeutung von Gelede

Die Etymologie des Wortes *Gelede* macht die zentrale Idee und die Bedeutung der Zeremonie deutlich. Gè bedeutet »lindern, besänftigen, hätscheln«, èlè bezieht sich auf die weiblichen Geschlechtsteile als Symbol für die Geheimnisse der Frau und ihre lebensspendenden Fähigkeiten, und dé heißt »sorgfältig und sanft mildern«. Zusammengenommen führen diese Ideen zur Bedeutung von Gelede hin: Gelede ist ein sorgfältig durchdachtes und ausgeführtes Spektakel, das dazu dient, die Frauen zu ehren, damit die soziale Gruppe ihrer inneren Kräfte teilhaftig werden könne. Gleichzeitig ist die Gelede-Maskerade ein Versuch, mit dem Problem der Hexerei und der menschlichen Fruchtbarkeit fertigzuwerden. Ihr Hauptziel ist eine Darbringung an Iyanla, die Große Mutter, der Oludumare, das höchste Wesen, mystische Kräfte, unter ihnen die der Hexerei, gegeben hat.

Wie die meisten Entstehungsgeschichten der Yoruba findet sich auch die Entstehung der Gelede-Zeremonie in den Versen des Ifa-Orakels, den sogenannten Odu-Ifa. 256 gibt es davon. Sie enthalten wiederum eine große Anzahl von Strophen, die sogenannten ese-Ifa. Im Laufe seiner fünf- bis zehnjährigen Ausbildung erlernt der Orakelpriester, der Babalawo (Vater der Geheimnisse), so viele ese-Ifa wie möglich, denn mit ihrer Hilfe kann er dem Fragenden die Figuren der Palmkerne, die im Orakel geworfen werden, interpretieren. Ein typisches ese-Ifa berichtet von einem mythischen Ereignis, in dem ein Orisha (eine Gottheit), ein Tier oder ein Mensch vor ein ähnliches Problem gestellt war, wie es jetzt dem Kunden zuteil wurde. Das Orakel empfiehlt dann ein bestimmtes Opfer, um eine ähnliche Lösung des Problems wie in der mythischen Erzählung erwähnt, zu erzielen. Ein ese-Ifa besteht gewöhnlich aus einem Gedicht, an das sich eine Erzählung anschließt, die das Gedicht erläutert.

So heißt es in einem Orakelvers des Odu Osa Meji, daß Iyanla die Kraft der Hexerei bei der Schöpfung erhielt. Nach einem Orakelvers (aus Odu Osa Meji) wurde sie zusammen mit Obarisa (auch Obatalla genannt), dem Schöpfergott des menschlichen Körpers aus Lehm, und Ogun, dem Gott des Eisens und des Krieges, zur Erde gesandt. Obarisa erhielt die Gabe des magischen Wirkwortes (ashe)[1] und Ogun die des Krieges, Iyanla hingegen ging leer aus. Als sie sich bei Oludumare darüber beschwerte, gab er ihr den Titel »Allmutter« (mother of all) und eine Kalebasse mit einem Vogel. Von Oludumare befragt, was sie mit ihrer neuen Kraft anfangen würde, antwortete sie, sie würde sie gegen ihre Feinde einsetzen, aber all denjenigen Kinder und Wohlstand schenken, die ihr wohlwollend begegneten.

Diese erste Frau, Iyanla, wurde als Quelle der Fruchtbarkeit vergöttlicht. Wer Fruchtbarkeit geben kann, kann sie aber auch verweigern. So hat Iyanla die Macht über Leben und Tod und gibt sie an ihre Nachkommen weiter. Sie lebt latent in allen Frauen, aber nur die in den Kult Initiierten, die sogenannten aje (Hexen), üben sie aus.

Einige Frauen, so glaubt man, haben die Hexerei von ihrer Mutter oder Großmutter geerbt, andere treten dem Kult aus Eifersucht oder Frustration bei, deren Ursache Kinderlosigkeit oder eine Kette von Unglücksfällen ist. Die mystischen Kräfte der aje können aber beeinflußt werden, so daß sie sich positiv für die Gemeinschaft auswirken. Diesem Zweck dient die Gelede-Maskerade.

Die Entstehung der Gelede-Maskerade

Die Entstehungsgeschichte der Gelede-Maskerade findet sich wieder in zwei Orakelversen. Der erste (Iwori Meji)lautet:

> Du schaust mich an, ich schaue dich an,
> wer von uns beiden hält einen Trumpf in der Hand?
> Das sagte das Orakel zu Yewajobi, als sie weinte, weil sie keine Kinder mehr bekommen konnte.
> und die tieftraurig war, weil sie kein Kind mehr auf ihrem Rücken tragen konnte.
> Ihr wurde geraten, ein Opfer darzubringen,
> ihr wurde geraten, viel gemahlenen Mais zu opfern und viele Tontöpfe.
> Nachdem sie die Opfer dargebracht hatte, sollte sie hölzerne Figuren bereitstellen.
> Sie sollte mit diesen Holzfiguren tanzen, mit metallenen Fußspangen.
> Das Orakel sagte, sie würde Kinder haben.
> Yewajobi tat wie ihr geheißen wurde,
> und sie bekam Kinder.[2]

Die dem lyrischen Text folgende Erzählung erklärt, daß Yewajobi (auch Yemoja geheißen), die Mutter aller Orishas (Gottheiten) und alles Lebendigen, keine Kinder mehr bekommen konnte, nachdem sie Oluweri aus Ketu geheiratet hatte. Da sie vor ihrer Heirat mit Oluweri aber viele Kinder hatte, befragte sie betrübt das Ifa-Orakel nach dem Grund. Das Orakel empfahl ihr, gemahlenen Mais und Tontöpfe zu opfern, und hieß sie, mit Fußspangen und Holzfiguren auf dem Kopf tanzen. Daraufhin wurde Yewajobi schwanger. Ihr erstes Kind war ein Junge, der später Efe (Joker) genannt wurde, weil er gerne Scherze machte. Die am Vorabend der Gelede-Maskerade vorausgehende Maskerade heißt demnach auch Efe, weil sie über die Gesellschaft spottet. Ihr zweites Kind war eine Tochter, die später den Spitznamen Gelede erhielt, weil sie sehr dick und eine hervorragende Tänzerin war wie ihre Mutter. Darum sind die Gelede-Masken sehr umfangreich, und die Tänzer tanzen viel. Als Efe und Gelede noch sehr jung waren, gab ihnen Yewajobi metallene Fußspangen, wie sie heute noch von den Efe- und Gelede-Tänzern getragen werden.

Als Efe und Gelede erwachsen und verheiratet waren, konnten sie keine Kinder bekommen. Nachdem sie das Orakel befragt hatten, brachten sie das gleiche Opfer dar wie ihre Mutter und tanzten mit Holzfiguren auf dem Kopf und Fußspangen an den Knöcheln. Danach bekamen sie Kinder. Ihre Nachkommen wiederholten dann die Zeremonie, und so entstand die Gelede-Maskerade.

Der zweite Orakelvers (Osa Meji), der die Entstehung der Gelede-Maskerade erklärt, lautet:

Zurückhaltung ist das Geheimnis der Egba [eine Untergruppe der Yoruba]
Zurückhaltung ist das Geheimnis der Ijesa [eine andere Untergruppe]
Das erklärte das Orakel dem Orunmila [dem Gott des Orakels], der die Wohnstatt der »Eigner der Vögel« [die Hexen] besuchen wollte.
Ihm wurde geraten, eine Holzplastik, ein Hüfttuch und metallene Fußspangen zu opfern.
Er brachte das Opfer dar und besuchte die Wohnstatt der »Eigner der Vögel« und kehrte sicher zurück.
Da freute er sich und sang:
»Ich habe Freundschaft mit dem Tod geschlossen und werde niemals sterben.
Tod, nie mehr Tod.
Ich habe Freundschaft mit der Krankheit geschlossen und werde niemals sterben.
Tod, nie mehr Tod«.[3]

Obwohl dem Vers keine Erläuterung folgt, ist der Sinn klar: Bevor Orunmila sich auf die gefährliche Reise begab, ließ er seine Schüler das Orakel werfen. Das Orakel riet ihm, sich unter einer Maske zu verbergen, sich ein Hüfttuch wie eine Frau umzubinden und Fußspangen zu tragen. In dieser weiblichen Verkleidung verschonten ihn die Hexen. Und so entstand die Gelede-Maskerade als Mittel, sich den Schutz der aje zu sichern.

Gelede und aje

Da die Gelede-Maskerade ein Besänftigungsritual für die Hexen (aje) ist, soll hier näher auf den Begriff der »aje« eingegangen werden.

Die Yoruba glauben, daß das Individuum aus einem inneren und einem äußeren Wesen besteht. Das äußere Erscheinungsbild enthüllt nichts über das wahre Wesen der Person, weder seinen Charakter, noch seine Absichten. Der innere Aspekt indessen diktiert die Gedanken und Handlungen. Der Charakter, die Persönlichkeit und die Fähigkeiten einer Person ruhen im »inneren Kopf« (ori inun), der mit dem physischen Kopf (ori ode) nichts zu tun hat.

Die Individuen bemühen sich nun, zum Selbstschutz so wenig wie möglich über die Natur des inneren Kopfes preiszugeben, denn wenn eine Person etwas Böses ausspricht, denken die Menschen schlecht von ihr und werden sie vielleicht vergiften. Nach Auffassung der Yoruba haben Frauen eine sehr viel größere Fähigkeit, ihren »inneren Kopf« zu verbergen. Frauen ist also das Geheimnis inhärent. Sie ruhen in sich selbst und verfügen über die Qualitäten der Geduld und des Ausharrens. Da die Frauen größere Selbstkontolle ausüben können als Männer, erscheinen sie auch »kühler« (tutu), eine Eigenschaft, die die Yoruba sehr schätzen. Diese Wesensart der Frauen ist eng mit dem Begriff der Lebenskraft verbunden.

Nach Auffassung der Yoruba konzentriert sich die Lebenskraft in den Frauen. Dieses ungeheure Potential kann sich in zwei Richtungen auswirken, in eine positive und eine negative. Die Dualität ermöglicht einigen Frauen, sich in nächtliche Lebewesen wie Fledermäuse, Schlangen, Ratten, aber ganz besonders in Vögel zu verwandeln. Diese besonderen Fähigkeiten von Frauen nennen die Yoruba »aje«, was wir mit »Hexen« übersetzen. Anders aber als die europäische Hexe des Mittelalters, die überwiegend als destruktiv betrachtet wurde, weist der Yoruba-Begriff auf die mystischen Kräfte der Frauen hin, die allerdings auch einen destruktiven Aspekt haben.

Frauen, deren hohes Alter geheime Kenntnisse und Macht suggeriert, oder Frauen, die ein hohes Amt in den Kulten bekleiden, besitzen »aje«. Sie sind weder antisozial noch böse, sondern eher ein wichtiger Bestandteil der Gemeinschaft, die ihnen Achtung und Zuneigung entgegenbringt. Deshalb heißen sie »die Mütter«. Gerade wegen ihrer größeren Macht sind sie den Göttern näher, ja, sie nehmen einen Rang unterhalb der höchsten Gottheit, Oludumare, und Orunmila, dem Gott des Orakels, ein und sind den anderen Gottheiten gleichgestellt, wenn nicht sogar überlegen.

Wenn die »Mütter« verärgert werden, finden sie ihr Opfer heimlich heraus und zerstören es. Ihre Attacken zeigen sich in Totgeburten, Impotenz, Unfruchtbarkeit oder Scheinschwangerschaften. Auch Krankheiten, die ohne äußeres Erscheinungsbild zum Siechtum des Opfers führen, gehören dazu.

Junge Mädchen, die noch ungeduldig sind, denen es an Selbstkontrolle fehlt und die ihrem Ärger freien Lauf lassen, sind dieser übernatürlichen Kräfte nicht teilhaftig, aber ältere Frauen, besonders die in der Menopause, besitzen sie, nicht nur wegen ihres kühlen, bedeckten, geheimnisvollen Charakters, sondern weil sie das Blut, das die Lebenskraft, ashe, enthält, zurückhalten können. Gelassenheit und Selbstbeherrschung zeichnen die »Mütter« aus, und es sind diese Eigenschaften, die sie über die offen aggressiven und kommandierenden Männer erheben. Es sind genau diese Qualitäten der Mütter, die in der Gelede-Maskerade versinnbildlicht werden .[4]

Der Ablauf der Gelede-Zeremonie

Das Gelede-Spektakel wird von Männern für die Frauen, »die Mütter, denen die Welt gehört«, veranstaltet. Die Ausführenden sind Mitglieder des Gelede-Kultes, dem eine Frau, die Iyalashe, vorsteht. Diese Iyalashe spielt auch außerhalb des Gelede-Kultes eine besondere Rolle, z. B. bei der Inthronisation eines Oba, eines Königs.[5] Die Aufführung findet auf dem Hauptmarktplatz statt. Das hat nicht nur Platzgründe. Der Markt liegt meist in der Ortsmitte, an einer Straßenkreuzung, wo sich der Schrein der Gottheit der Kreuzwege, Eshu, befindet. Der Markt ist ein Ort des Überganges, wo Menschen und Geister einander begegnen. So repräsentiert der Markt den transitorischen Charakter von Gelede einesteils als weltliche Darstellung, andererseits als die Manifestation überweltlicher Dinge. Der Schauplatz ist eine Ellipse, deren äußere Begrenzung die Zuschauer bilden. Am einen Ende befindet sich das Trommelensemble, am anderen Ende ein mit Palmwedeln abgegrenztes Feld, aus dem die Tänzer treten. Die Ältesten und Würdenträger haben ihre Plätze anschließend an die Umzäunung. Dann gruppiert sich die Menge um das Oval des Schauplatzes, der auch das Trommelensemble einschließt. Die Zuschauer setzen sich aus allen Bevölkerungsteilen zusammen, aus Christen und Muslimen, den Mitgliedern der traditionellen Kultgemeinschaften und den sogenannten »Fremden«, ein Euphemismus für Geister oder Leute mit bösen Absichten.

Das Spektakel läßt sich in zwei Abschnitte aufgliedern, die Efe-Nacht und die eigentliche Gelede-Zeremonie.

Die Efe-Nacht

Der erste Teil, Efe, ist eine Nacht der Lieder. Zuerst treten Tänzer auf, deren Aufgabe es ist, den Platz rituell zu reinigen und auf den Auftritt der Großen Mutter, Iyanla, vorzubereiten. Wenn sie erscheint, werden alle Lichter gelöscht. Sie ist in ein langes weißes Tuch gehüllt und bewegt sich sanften und gemessenen Schrittes. Auf dem Kopf sitzt eine Vogelmaske oder ein Frauengesicht mit einem Bart. Die Große Mutter schweigt, aber zahlreiche Lieder und die Trommeln übermitteln Schichten um Schichten an Mitteilungen. Iyanla umkreist die Arena und kehrt dann rasch in ihren Schrein zurück. Danach treten die singenden Maskentänzer hervor. Sie sind farbenprächtig angetan, singen ihre Lieder und versinnbildlichen ihre Worte durch Tanzbewegungen. Mit jedem auftretenden Tänzer wird die Spannung größer, bis schließlich der Haupttänzer, Oro Efe, erscheint.

Die Efe-Nacht dient als Ventil, denn unter der Maske können sämtliche Themen angesprochen und jegliche Kritik geäußert werden, ohne daß Repressalien befürchtet werden müssen. Einige Lieder bestätigen und verstärken die anerkannten sozialen Werte und Traditionen, indem abweichende Meinungen und Handlungen lächerlich gemacht und kritisiert werden, andere dienen der Kritik an der Obrigkeit. So trägt Gelede als Gesamtkunstwerk zur Einigkeit der Gemeinschaft bei.

Ein bei Sängern wie Publikum beliebtes Thema bei diesen Liedern ist das *Geschlechtsleben.* Da wird der Ehebruch angeprangert oder der Mangel an der nötigen Dezenz, die ein Paar walten ließ. Da heißt etwa ein Lied:

> Wem gehört das Kind, wem gehört die Schwangerschaft?
> Schwangerschaft verursachte einen Streit in Ajeles Haus.
> Wem gehört das Kind, wem gehört die Schwangerschaft?
> Schwangerschaft verursachte einen Streit in Ajeles Haus.
> Man kann keine Schwangerschaft von zwei Männern haben.
> Ajeles Frau, wem gehört die Schwangerschaft?
> Man kann keine Schwangerschaft von zwei Männern haben.[6]

In einem anderen Lied wird die Umkehrung der ansonsten klar definierten Arbeitsteilung zwischen Mann und Frau ins Lächerliche gezogen. Obwohl die Yoruba-Frauen finanziell von ihrem Mann unabhängig sind, können sie im Haus keine Macht ausüben, weil sie nicht zum Patriclan des Mannes gehören, also »Fremde« sind. Es gilt als ungehörig für einen Mann zu kochen, zu waschen und Pfeffer zu mahlen, so wie es ungehörig ist, wenn eine Frau ihren Mann mit dem Messer bedroht. Shango ist eine Gottheit, deren Eigenschaften Stärke, Mut und Temperament sind. Der Mann in dem folgenden Lied wird »Shango« genannt, um das Fehlen dieser Eigenschaften auszudrücken.

> Was für ein Ehemann, der Pfeffer mahlt und Kassava schabt
> Was für ein Ehemann, der Pfeffer mahlt und Kassava schabt
> Was für ein Ehemann, der Kassava kocht und Töpfe wäscht
> Was für ein Ehemann, der Kassava kocht und Töpfe wäscht
> Die Frau, die du, Shango, geheiratet hast, ist etwas anderes.
> Sie bedrohte ihren Mann auf dem Markt mit einem Messer
> Sie bedrohte ihren Mann auf dem Markt mit einem Messer
> Ich hörte ihn »helft mir!« schreien
> Sie bedrohte ihren Mann auf dem Markt mit einem Messer.[7]

Die Efe-Lieder werden so gesungen, daß ihre Worte klar verständlich sind, was um so leichter fällt, da das Yoruba eine Tonsprache ist. In manchen Orten hat der Maskensänger einen Chor parat, der die Worte wiederholt und sie in die Menge trägt, die sie so lange wiederholt, bis der Text von allen auswendig gelernt ist. So wird der Inhalt zum Allgemeingut, die darin vorgetragene Meinung von allen getragen.

Ein weiterer beliebter Gegenstand von Efe-Liedern ist die *Politik.* Hier soll ein Beispiel aus der Kolonialzeit zitiert werden, das beweist, daß sich schon früh Widerstand gegen die Praktiken der Kolonialherren und ihrer Kollaborateure regte. Dieser aus dem heutigen Benin stammende Text richtet sich gegen Ida Alaba, eine Frau, die in den Jahren 1911–1919 von der französischen Kolonialadministration zum chef de canton von Ketu eingesetzt war. Damals entzogen sich viele Yoruba der französischen Zwangsrekrutierung in die Truppen der Senegalschützen durch Emigration in die englischen Gebiete des heutigen Nigeria im Osten. In diesem Lied werden Afin[8] und die ins Exil gegangenen Leute von Ilikumu gebeten, nach Ketu zurückzukehren.

> Vater, wenn man von Ida Notiz nehmen wollte,
> so würde ein Yamsschößling in eine Maispflanze ausschlagen.
> Ilikumu Leute! Bitte kommt heim.
> Wir bitten euch.
> Wir rufen alle vorangegangen Ahnen an, euch zu bitten.
> Afin, bitte komm heim.
> Wir bitten euch.
> Ida vertrieb uns in die Waldverstecke
> und brachte die Pocken in die Gemeinde,
> Und das führte viele Menschen in den Tod.
> Viele wurden gefangengenommen und in die Sklaverei verkauft
> und das alles in der Regierung von Oyengen-Asakaisa.
> Das Leben ist völlig unverständlich geworden.[9]

Gelede ist auch eine Gelegenheit, *Erinnerungslieder* für die kürzlich Verstorbenen zu singen. Oro Efe preist den Charakter, den Status des Verstorbenen und die Rolle, die er ihm Leben spielte und bittet, er möge einen guten Einfluß auf die Lebenden nehmen.

Im folgenden Text ermahnt Oro Efe seinen Chor, gut zu singen. Die Bedeutung des Wortes Topf ist nicht ganz klar, heißt aber wahrscheinlich, daß, wie groß und stark ein Tier auch sein mag, es letztendlich stirbt und dann nichts weiter als Fleisch im Topf ist. Der Fliegenwedel, ein Würdezeichen, weist auf die Redeart hin: »Ein totes Pferd läßt seinen Schwanz zurück; die Kinder überleben die Eltern«. Mit anderen Worten: obwohl der Vater gestorben ist, ist er gegenwärtig, ein Hinweis darauf, daß bei den Yoruba die Familie ewig ist.

> Ich schaue euch zu, wie ihr die Zeremonie ausrichtet.
> Der Chor hat nicht gut genug gesungen.
> Der Elefant starb auf dem Feld, und der Topf aß ihn auf.
> Der Büffel starb auf dem Feld, und der Topf aß ihn auf.
> Ihr habt gut während Bellos Zeremonie gesungen.
> Alle Oro Efe, die auf dem Markt sind,
> wir müssen mit klagender Stimme singen.
> Wir rufen dir zu, komm, komm, Vater Adebayo, schlafe nicht mehr außer Haus
> Wir rufen dir zu, komm, komm, Akewe Bello, schlafe nicht mehr außer Haus
> Er konnte nicht mehr aufstehen, konnte nicht mehr singen.
> Vater Labode, der Tod hat den Fliegenwedel aus der Hand des Kultmitgliedes genommen.[10]

Diese Lieder sind nun mehr als Gefälligkeiten, denn die Yoruba glauben an die Macht des Wortes. Es ist eine geheime Kraft, ashe genannt, die in der Persönlichkeit eines Menschen liegt, die seine Worte, wenn sie einmal ausgesprochen sind, wahr werden lassen. Ashe ist Macht, Autorität, Effekt, eine Kraft, Dinge zu bewirken. Ashe hat bedeutende metaphysische Dimensionen, aber keine moralischen. Ashe ist weder gut noch böse, es ist, so könnte man es übersetzen, das »Wirkwort«. Und so sind die Lieder der Efe-Nacht mehr als eine Erinnerung der Gemeinschaft an ihre sozialen Aufgaben: sie bewirken den sozialen Frieden.

Die eigentliche Gelede-Zeremonie

Nachdem die Efe-Maskerade die ganze Nacht gedauert hat, tritt eine Hyänen-Maske auf, die die Aufmerksamkeit der Zuschauer auf sich zieht. Oro Efe kann sich nun zurückziehen. Im Morgengrauen sammeln die Zuschauer ihre Sachen ein und gehen nach Hause.

Am nächsten Tag, am späten Nachmittag, wenn die Hitze nachgelassen hat, kommen sie wieder zusammen für den zweiten Teil der Zeremonie – Gelede.

Im Zusammenspiel von Kostüm, Kopfmaske, Farbe und Tanzbewegungen wird der eigentliche Sinn von Gelede offenbar: eine Darbietung von Männern für die Frauen, die den Zweck hat, ihr negatives Potential zurückzudrängen und ihr positives für die Gemeinschaft nutzbar zu machen.

Es gibt zweierlei Masken, weibliche und männliche, die aber eines gemeinsam haben, sie betonen weibliche Formen. Bei den männlichen Masken trägt der Tänzer gewöhnlich einen aus Raffia gerollten Ring, der an zwei »Hosen«trägern hängt, um den Körper, an dem viele Kopftücher, die er von den Frauen der Gemeinschaft erhält, angeknüpft sind. Die Figur wirkt so sehr umfangreich. Der Sinn ist, die Hüften als Ort der Fortpflanzung zu betonen. Bei den weiblichen Masken finden sich oft große Brüste, die der Tänzer sich vorschnallt und die wiederum unter zahlreichen Tüchern hervorkragen. Arme und Beine sind meist verdeckt. Die Tänzer tragen Fußspangen über dicken Polstern, die die Knöchel schützen. Anders als bei anderen Maskeraden, Egungun z. B., darf der Tänzer unter der Maske identifiziert sein, ja, manchmal sieht man sogar sein Gesicht unter einem durchsichtigen Schleier. Die Maske selbst ist meist eine Aufsatzmaske, die aus zwei Teilen besteht: einem weiblichen Gesicht, das die Kühle (tutu), Selbstbeherrschung und das In-sich-Ruhen der Frauen symbolisiert, und einem Aufbau, der Szenen des täglichen Lebens darstellt. Sie reichen von dem Markttablett mit Pfefferschoten, das den Status einer Marktfrau wiedergibt, der Darstellung einer Priesterin mit einer Schlange bis zum Muslim, der mit seinem Teekessel, mit dem er seine rituellen Waschungen vollzieht, dargestellt wird. Andere Aufsätze zeigen eine Nähmaschine, einen Kolonialbeamten mit spitzer Nase und großen Ohren. Es gibt den Motorradfahrer, und es gibt sexuelle Darstellungen. Der Phantasie sind keine Grenzen gesetzt. Hier, auf diesen Maskenaufsätzen, wird auch die gewöhnlich bei den Plastiken der Yoruba herrschende Symmetrie unterbrochen. Wir finden dynamische, geradezu barocke Figuren. Es wird alles dargestellt, was existiert – Frauen, Männer, Ahnen, Götter, Tiere, Pflanzen und Objekte[11] – weil dies allen den »Müttern, denen die Welt gehört«, gefällt. So sollen sie beeinflußt werden, ihre Macht über diese Dinge im gutem Sinne zu verwenden.

Gelede, ein Zusammenspiel von sichtbaren und musikalischen Ausdrucksformen, hat also die metaphysische Kraft, das, was dargestellt wird, in der Welt wirksam zu machen.[12]

Literatur

Beier, Ulli (1958): Gelede Masks. In: Odu 6: S. 5–23.

Drewal, Henry John (1974 a): Efe: Voiced Power and Pageantry. In: African Arts VII, 2: S. 26–29 u. S. 58–66.

Drewal, Henry John (1974 b): Gelede Masquerade: Imagery and Motif. In: African Arts VII, 4: S. 8–19 u. S. 62–63.

Drewal, Henry John and Margaret Thompson Drewal (1983): Gelede. Art and Female Power among the Yoruba. Bloomington.

Lawal, Babatunde (1978): New Light on Gelede. In: African Arts XI, 2: S. 65–70.

Olabimtan, Afolabi (1981): The Efè/Gèlèdé Poet of Egbádo Kétu Yorubá. In: Oral Poetry in Nigeria. Ed. by Uchegbulam N. Abalogu, Garba Ashiwaju, Regina Amadi-Tshiwala. Lagos, S. 157–167.

Anmerkungen

1 Aus drucktechnischen Gründen wurde die englische Schreibweise gewählt.
2 Babatunde Lawal: New Light on Gelede. In: African Arts XI, 2, 1978: S. 65–70.
3 Lawal 1978: S. 67.
4 S. Drewal 1983: S. 73 ff.
5 Beier 1958: S. 7; Drewal 1983: S. 90.
6 Drewal 1983: S. 52. Meine Übers.
7 Drewal 1983: S. 54.

8 Afin heißt auch der Palast des Oba (König) und ist hier pars pro toto für die königliche Familie.
9 Olabimtan, 1981: S. 159 f.
10 Drewal 1983: S. 60.
11 Drewal 1983: S. 214.
12 Drewal 1983: S. 220.

Rajyashree Ramesh

ABHINAYA
Erzählkunst im indischen Tanz

Nach indischem Glauben ist der Tanz göttlichen Ursprungs. Himmlische Wesen wie Apsara und Urvasi tanzten am Hofe des Götterkönigs Indra. Nach alten Erzählungen schuf der Schöpfer der Welt, Brahma, eine Kunstform ›Natya‹, die sowohl Tanz und Musik als auch Schauspielkunst enthielt. Der Erhalter der Welt, Vishnu, der die Welt immer wieder vor bösen, zerstörerischen Tendenzen schützt, ist in manchen seiner Inkarnationen, wie der des Krishna, auch der Lebensfreude spendende Flötenspieler, der zum Tanzen anregt. Siva wird als Nataraja, der Herr des Tanzes, verehrt. Er verkörpert sowohl Schöpfung als auch Zerstörung. Sein Tanz symbolisiert die stetige Bewegung und den Wandel dieser Welt und unseres Daseins.

Im 3. bis 4. Jahrhundert v. Ch. etwa entstand das Werk ›Natyasastra‹ (Wissenschaft des Tanztheaters), das in Indien als die erste Niederschrift über diese Kunst allgemein anerkannt wird und heute noch als Leitfaden für alle darstellende Künste dient. Der legendäre Geistliche Bharatha faßte die bis dahin mündlich überlieferten Kenntnisse über das Tanztheater in diesem wissenschaftlichen Werk zusammen. Er schrieb auch, wie er zu seinem Werk kam: Nach den alten indischen Schriften dauert die Welt über sieben ›manvantaras‹ oder große Zeitepochen. Diese wiederum teilen sich jeweils in vier ›yugas‹ oder Zeitalter, welche sich über Millionen von Jahren erstrecken. Demnach befinden wir uns jetzt in dem letzten Lebensabschnitt der Welt. Der Übergang von einer Epoche in die nächste war immer von Chaos und Unruhe, von Zerstörung und Wiederherstellung der Weltordnung mit göttlicher Kraft begleitet. Während der letzten Übergangszeit gab es weder Frieden noch Gerechtigkeit auf der Erde. Die Insel Jambu Dweepa, auf der sich das heutige Indien befindet, war nicht nur von irdischen Wesen, den Menschen, sondern auch von anderen Wesen, wie den ›devatas‹ mit göttlichen erhaltenden Eigenschaften und den ›rakshasas‹

oder ›asuras‹ mit dämonischen zerstörerischen Eigenschaften, bevölkert. Um die Menschen auf den Weg der Gerechtigkeit und des Friedens zu bringen, beschlossen die devatas, eine Kunst zu offenbaren, die ihnen Freude bringen sollte. Gleichzeitig sollte diese Kunst als sozusagen audiovisuelles Medium die in den vier Veden, den alten Schriften der Hindus, beschriebene Lebensphilosophie auch den des Lesens und Schreibens unkundigen Menschen näherbringen. Sie sollte dem Bestreben der Menschen nach Vollkommenheit dienen. Der Sinn und die Zusammenhänge unseres Lebens sollten gefühlsmäßig erfaßt werden. Daraufhin erteilte Indra, der König der devatas, dem Schöpfer der Welt Brahma den Auftrag, dieses Medium zu entwickeln. Brahma, der auch die vier Veden verfaßt hatte, nahm verschiedene für den Tanz wichtige Elemente aus den vier Veden und brachte das fünfte Veda hervor: Natyaveda. Natya bedeutet soviel wie Tanztheater. Die Voraussetzungen für das Tanzen, insbesondere die körperlichen, konnten die devatas nicht erfüllen: diese Eigenschaft besaßen nur die Menschen. Also gab Brahma dem Geistlichen Bharatha sein Werk, um dies unter den Menschen der Erde zu verbreiten. Und das taten die hundert Söhne von Bharatha. Siva ergänzte das von Brahma entwickelte ›natya‹, das hauptsächlich eine Erzählkunst war, mit seinem sowohl kräftige männliche Tandava-, als auch weibliche weiche Lasya-Komponenten enthaltenden Tanz, welcher die Grundlage für den ›nritta‹ oder reinen, abstrakten Tanz bildet.

In dem ›Natyasastra‹ wird nicht nur die tänzerische Schauspielkunst (natya) im genauen Detail vermittelt, sondern es werden auch alle körperlichen und geistigen Voraussetzungen eines Tänzers genau erklärt. Es interessiert hier vor allem das erzählende Element ›abhinaya‹, und ich gehe auf diesen Aspekt ein. In ›Natyasastra‹ werden vier Arten von ›abhinaya‹ erwähnt. Diese sind 1. die Körpersprache der Gestik und Mimik, 2. die mündliche Erzählkunst, d. h. das gesprochene bzw. gesungene Wort, 3. der optische Ausdruck in den Kostümen sowie im Bühnenbild, 4. die gefühlsmäßige innere Einstellung der Darstellenden.

Neben diesem Medium, in dem die Akteure auf der Bühne sangen, tanzten und sprachen, entwickelten sich über die Jahrhunderte, gar Jahrtausende, in verschiedenen Regionen Indiens verschiedene Tanz- sowie Tanztheaterstile. In allen diesen Formen ist der gemeinsame Ursprung zu erkennen. Sogar in Tanzformen Thailands und Indonesiens gibt es Körperhaltungen, die in dem ›Natyasastra‹ beschrieben worden sind. Viele der in bestimmter Art und Weise durchzuführenden Fußstellungen, Handgesten, Körperhaltungen und Gesichtsausdrücke sind, bedingt durch die regionalen Einflüsse und Unterschiede, ein wenig variiert worden. In der bis heute lebendigen Tanztheater-Tradition mancher Regionen Indiens sind alle vier Ausdrucksweisen noch vorhanden. In den am weitesten verbreiteten klassischen Tanzstilen allerdings ist ›abhinaya‹ besonders stark in Gestik und Mimik zu sehen. Die mündliche Erzählung ist durch begleitenden Gesang ersetzt worden. Solo-Tänzerinnen erzählen die Geschichten, die in einem Lied enthalten sind und aus der reichhaltigen indischen Mythologie stammen, und stellen abwechselnd die eine oder andere Gestalt in der Handlung dar. Sie setzen ihre Erfahrungen, ihre Kreativität und Phantasie ein, um die Handlungen auszuarbeiten und die Erzählungen detailliert darzustellen. Alle diese Tanzstile sind eine harmonische Zusammensetzung von Rein- und Ausdruckstanz. Diese Tanzstile erlangten während der Bhakti-Bewegung im 14./15. Jahrhundert in Indien eine besondere Bedeutung. Der hingebungsvolle Glaube an einen persönlichen Gott (Bhakti) und die Sehnsucht der als weiblich bezeichneten menschlichen Seele (jeevatma) nach der als männlich bezeichneten allerhöchsten und unveränderlichen Weltseele (paramatma) wurden zum zentralen Thema im Ausdruckstanz. Die Tanzkunst wurde zum größten Teil unter der Gönnerschaft großer Könige in den Tempeln Indiens gepflegt und bei verschiedenen Anlässen aufgeführt.

Im 19. und teilweise noch im 20. Jahrhundert gerieten der Tanz und dessen Interpreten in Verruf. Verursacht durch den Verfall der Königreiche und die mangelnde königliche Unterstützung, wurden der Tanz und die Tänzerinnen teilweise zum puren Vergnügen für wohlhabende Herrschaften. Diejenigen, die die göttliche Herrlichkeit und Bedeutung der Tanzkunst pflegten, gerieten in Vergessenheit. Am Anfang des 20. Jahrhunderts bemühte man sich, die bedeutende Aufgabe wieder zu entdecken und die Schönheit und das Niveau des Tanzes wiederherzustellen. Die vielfältigen, farbenfrohen Geschichten der hinduistischen Mythologie und Themen aus den beiden großen Epen sind heute noch geeignete inhaltliche Grundlagen, die wir in Indien nicht als Mythologie bezeichnen, weil diese Geschichten mit ihren Göttern und Dämonen unsere Glaubenswelt darstellen. Dem ›Natyasastra‹ zufolge führen nur solche Geschichten den Betrachter in die besondere Gefühlswelt des ›rasa‹ ein. Der Darsteller sollte mit ›bhava‹, d. h. mit innigstem Verstand und Gefühl, tanzen und sich in das Dargestellte hineinversetzen, damit bei ihm selbst sowie bei dem Betrachter ein ›rasa‹, d. h. ein besonderes Gefühlserlebnis, entsteht und während der ganzen Vorstellung anhält. Das ›Natyasastra‹ erwähnt acht ›rasas‹ und 34 verschiedene ›bhavas‹. Liebe oder ›sringara‹ ist der allerhöchste Gemütszustand, der als Sehnsucht der weiblichen Menschenseele nach der männlichen Weltseele Ausdruck findet und alle anderen Gemütszustände umfaßt. Diese Gemütszustände, die dem jeweiligen Gesichtsausdruck zugrunde liegen, sind Mut, Mitleid, Erstaunen, Lachen, Verachtung, Angst, Wut und Friede. Sie kommen im Verlauf einer Geschichte durch verschiedene Handlungen, wie weiblich anmutige, heroische, rücksichtsvolle, phantastische, widerliche, erschreckende, komische, destruktive, friedliche usw., zustande. In diesen Handlungen werden mit Hilfe lebensnaher oder stilisierter Gesichtsausdrücke, durch Handgesten und Körperhaltungen Landschaften, Tageszeiten, Jahreszeiten, Personen, ihre Beziehungen und natürlich ihre Taten zum Ausdruck gebracht. Eine Vielzahl von Handgesten sind im ›Natyasastra‹ erwähnt worden, die in einhändige und zweihändige ›hastas‹ (Gesten) unterteilt sind.

Zusammenfassend kann man im Sinne des ›Natyasastra‹ die darin erwähnten Begriffe so erklären: Im ›abhinaya‹ oder Ausdruckstanz erzählt man eine Geschichte und bringt deren gefühlsmäßigen Inhalt, also ›bhava‹, zum Ausdruck. Dabei werden ›swaram, vadyam und ganam‹ eingesetzt, die man einfach als Gesang und Rhythmus übersetzen kann. Entsprechender Bühnenaufbau und die eigentliche Wirkung der Darbietung führen schließlich zu ›rasa‹, einem der vorher erwähnten Gefühlserlebnisse, das auf den Zuschauer übertragen wird. Aus diesem Gemütszustand führt der Weg zu ›brahmananda‹ oder dem Zustand anhaltender höchster Freude und Frieden, der Auflösung der menschlichen Seele in die Weltseele. Dieser Zustand wird im Tanz durch das Aufgehen der Tänzerin in ihrem Tanz symbolisiert. Alle klassischen Künste Indiens und auch der Yoga haben dieses in der indischen Philosophie fest verankerte und zur Selbsterkenntnis führende Ziel als Aufgabe.

Anhand spezieller Beispiele soll das Gesagte verdeutlicht werden:

1. Mit dem traditionellen Blumenopfer und Gebet an Ganesha betritt die Tänzerin die Bühne und beginnt ihre Vorstellung. Denn Blumen erfreuen das Herz, und Ganesha beschützt vor Hindernissen und ungünstigen Einflüssen. Er wird als der elefantenköpfige Sohn der Muttergöttin Parvati, als der Geber vom Wissen und der auf der Maus Reitende, beschrieben. Er ist lotusäugig, hat vier Arme, einen dicken Bauch und trägt große Ohrringe, eine Perlenkette mit Medaillon und goldene Armbänder.

2. Danach folgt meist eine Reintanznummer, wobei es auf die Ästhetik der kreisenden und linearen Bewegungen der ›angas‹ oder Körperteile ankommt. Die kräftige Fußarbeit mit nach außen geknickter Kniehaltung und verschiedenen Fußstellungen läßt eine Vielfalt an rhythmischen Strukturen entstehen, die mit der musikalischen Begleitung eine Einheit bilden.

3. In dem erzählenden Teil einer Tanzveranstaltung werden dann die oben erwähnten Geschichten zum Ausdruck gebracht. Ein Beispiel wären die sehr beliebten Geschichten aus dem Leben Krishnas, die jedermann ansprechen. Wenn die Tänzerin über seine kindlichen Streiche mit seinen Freunden erzählt, wie er Butter stahl oder badenden Kuhhirtinnen aus seinem Dorf ihre Sachen wegnahm, hat sie die Möglichkeit, das Badevergnügen der Hirtinnen, ihr Entsetzen bei der Feststellung seiner Machenschaften und seine Schadenfreude darüber darzustellen. Dann zeigt sie, wie die Kuhhirtinnen am Ufer des Jamuna-Flusses ihre Kühe waschen, melken und aus der Milch Butter machen, die sie zu Hause aufbewahren. Krishna liebt es über alles, heimlich in die leeren Häuser zu gehen, die Butter zu stehlen und mit seinen Freunden zu teilen. Auch hier kann die Tänzerin sowohl Krishnas kindliches und vergnügtes Wesen mit seinem unschuldigen Gesicht als auch das Entsetzen der Kuhhirtinnen in Tanz umsetzen.

Andere Tänze erzählen von seinem Verhalten als Liebhaber und Herzensbrecher. Hier kann eine Tänzerin verschiedene Gefühle wie Sehnsucht, Eifersucht, Trauer, Herzensfreude usw. zeigen, die bei der Geliebten entstehen. Auch hier können seine (Un-)Taten zum Ausdruck gebracht werden.

Eike Haenel

SCHNABBUK UND ERBSBÄR
Zur Pflege deutscher Volkstanztraditionen in unserer Zeit

»Die älteste Poesie eines jeden Volkes ist eine Verbindung von Tanz, Spiel und Gesang«, sagt Franz Magnus Böhme in der »Geschichte des Tanzes in Deutschland« (Leipzig 1886).

Einen Tanz mit Spiel und Gesang nannten die Deutschen in ältester Zeit einen Leich (vom Gotischen laikan = spielen, hüpfen). Das Wort Tanz in der deutschen Sprache ist nicht alt. Einfach, knapp und kurz sind diese alten Tanzspiellieder gewesen, ähnlich wie unsere heutigen Kinderreigen. Als die Reigentänze von den Erwachsenen aufgegeben wurden, gingen sie auf das Kinderspiel über. Ein großer Teil der Ringeltänze oder der Ringelreihen der Kinder haben einen mythischen Hintergrund und eine starke Bindung zum Märchen. Ein in Thüringen und Franken und in vielen Varianten über ganz Deutschland verbreiteter Kinderreigen enthält Erinnerungen an Frau Holda, Frau Holle: Ringel, Ringel, Reihe! Sind der Kinder dreie, sitzen unterm Hollerbusch, rufen alle: husch, husch, husch! Das Sitzen unterm Hollerbusch (Hollunderbusch) in Verbindung mit Schnee und dem Schneien hat einen heidnischen Hintergrund. Frau Holle, Frau Holla (davon Hollabusch) ist Frigga, die am Fest der Wintersonnenwende umherzog. Und wenn sie ihre Bettfedern ausschüttelt, so schneit es, erzählt das Märchen. Diese Kinderreigen sind also das älteste Zeugnis germanischen Leichs. Tanz, Spiel und Märchen bilden eine untrennbare Einheit. Hier eine Auswahl alter Kinderreigen, die noch heute von Kindern getanzt werden und die in einem besonderen Verhältnis zum Märchen stehen: »Dornröschen war ein schönes Kind ...«, »Hänsel und Gretel«, »Die eingemauerte Königstochter«, »Des Königs Töchterlein«, »Die Himmelstür«, »Liebe Schwester, tanz mit mir«, »Kringeltanz de Wide«. Bei einem dieser Spiele scheint das Mythische noch unmittelbar zu greifen, bei dem »Brückenspiel«. Zwei bilden durch Händereichen ein Tor, die Brücke. Die Kette der anderen geht darunter hindurch. Der Letzte aus der

Kette wird gefangen und kommt zu den Engeln oder den Teufeln. Es gibt keinen Zweifel, daß diese Brücke die Brücke zum Jenseits ist. Die Überlieferung bestätigt es.

Fast zwangsläufig ergibt sich durch die enge Verbindung zwischen Volkstanz und Märchen, daß viele Märchensammler und Forscher gleichzeitig Volkstänze sammelten und erforschten und daß viele Volkstanzforscher sich gleichermaßen den Märchen widmeten. Auch die Brüder Grimm faszinierte der Schwertertanz. Eine der ältesten Erscheinungen im deutschen Volkstanz sind die Kreis- und Balladentänze. Die Brüder Grimm berichten in ihrer Sage »Die Bauern zu Kolbeck« vom Bauern Albrecht, der in der Christnacht des Jahres 1012 mit 18 Männern und Frauen einen Reigen auf dem Kirchhof tanzte, während der Pfarrer die Messe las. Wir haben es hier wahrscheinlich mit einem gesungenen und getanzten Spiel in der Form eines Leiches zu tun, dem eine feste Handlung zugrunde lag.

Der Maler Philipp Otto Runge, geb. 1777 in Wolgast/Pommern, zeichnete die plattdeutschen Märchen »Von dem Fischer und syne Fru« und »Von dem Machandelboom« auf und stellte sie den Brüdern Grimm für die Erstausgabe ihrer Sammlung zur Verfügung. Als volkstumsverbundener Sohn seiner pommerschen Heimat forschte Philipp Otto Runge den plattdeutschen Liedern, Tänzen und Märchen nach, wie sie an lauen Sommerabenden von Burschen und Mädchen gesungen und getanzt oder in den winterlichen Spinnstuben erzählt wurden. Zu seiner Zeit war noch der mythisch anmutende Kulttanz »Haal mi den Saalhund« üblich, bei dem sich Männer und Frauen, bevor die Fischer auf das Meer fuhren, um den Saalhund (Seehund), den Fischräuber, zu fangen, bei den Händen faßten, sich im Reigen drehten und das Saalhund-Lied wie eine Beschwörung sangen. Sie glaubten noch an die magische Kraft des Kreises.

Richard Wossidlo, Märchensammler, Volkskundler, Volkslied- und Volkstanzforscher, zeichnete 1885 die Melodie des Tanzes »Haal mi den Saalhund« im Fischerdorf Refentin bei Wismar auf. Diese Art Jagdtänze scheinen weit verbreitet gewesen zu sein. Ernst Moritz Arndt, geboren 1769 in Groß-Schoritz (Rügen) sammelte Märchen und Volkstänze gleichermaßen.

Auf Rügen waren seine Tiermärchen vom Zaunkönig, Wiedehopf oder Kuckucksköster, vom Rotkehlchen und der Kohlmeise, vom Blaufuß und vom Schwarzen Storch besonders beliebt. Auch er berichtet über Tänze in Shetland im Jahr 1774. Dort sang man zur Reelmelodie, einer alten Tanzweise, Verse, die sich auf den Kabeljaufang bezogen.

Der pommersche Volksmusik-, Volkstanz- und Märchenforscher Willi Schultz, geboren am 09.10.1892 in Kolberg, ist der wohl bekannteste Tanzsammler. Er gab eine ganze Reihe von detaillierten Tanzbeschreibungen heraus, nach denen sich heute noch tanzen läßt.

Doch wenden wir uns speziell dem Volkstanz und dem Brauchtum zu. Auch bei dieser Betrachtung werden wir feststellen, daß es viele Verbindungen und Gemeinsamkeiten mit dem Märchen gibt, ja daß Märchen und Volkstanz aller Wahrscheinlichkeit nach einen gemeinsamen Ursprung haben.

Der Volkstanz und das Brauchtum waren im Laufe der Zeit Funktionswandlungen unterworfen. Dies geschah in drei Stufen:

1. Stufe: Tänze und Bräuche, die in der Urgemeinschaft entstanden sind

Die Tänze haben meist naturreligiösen Charakter und werden in vielen Lebenssituationen getanzt. Haupthöhepunkte sind Jagd, Aussaat, Ernte, Frühlingsbeginn, Sonnwende, Hochzeit, Tod. Alle diese Tänze sind stark religiös gebunden. Wegen ihrer Naturreligiosität wurden diese Tänze von der christlichen Kirche seit dem 9. Jahrhundert ständig verboten. Da die christliche Kirche eine Wortreligion ist, stand sie diesen tänzerischen Relikten aus der frühen Zeit sehr skeptisch gegenüber und versuchte, sie durch Verbote und Verketzerungen auszurotten.

Das ist der Kirche jedoch nicht gelungen. Von den Bauern, die die Natur, Wind, Regen und Sonne genau beobachteten, wurden diese Tänze bis in das 18. Jahrhundert trotz aller Verbote gepflegt. Eines haben allerdings die Verbote erreicht. Die Feudalgesellschaft schuf sich seit dem 12./13. Jahrhundert aus den vorhandenen Volkstänzen höfische Tänze, die keine Bindung mehr an Sitte und Brauch hatten, sondern die dem reinen Vergnügen, der reinen Unterhaltung dienten. Diese Tänze wurden von der Kirche geduldet. Ihre tanzfeindliche Haltung gab die römisch-katholische Kirche eigentlich erst in diesem Jahrhundert auf. Bis zum 19. Jahrhundert galt der Satz: Der Tanz ist ein Kreis, in dessen Mittelpunkt der Teufel ist.

2. Stufe: Die an Brauch und Sitte gebundenen Tänze

Aus diesen ursprünglichen Tänzen der Urgemeinschaft entwickelten sich ab dem 10. Jahrhundert Tänze, die eng an die bäuerliche Sitte und das Brauchtum gebunden sind. Unter dem Einfluß der Kirche wurden alle offensichtlichen magischen Beschwörungsformeln und ekstatischen Elemente aus diesen Tänzen entfernt. So finden wir Tänze, die zur Aussaat, und Tänze, die nur zur Erntezeit getanzt wurden, oder Tänze, die nur zu Hochzeiten ihre Berechtigung hatten. Als die bäuerlichen Sitten und Bräuche immer mehr zurückgingen und die Industrialisierung in Deutschland einsetzte, verloren diese Tänze ihre Bindung an den Brauch.

3. Stufe: Volkstänze mit rein geselligem Charakter

Die Tänze verselbständigen sich. Sie werden zu Kirchweihen und zu anderen Festlichkeiten getanzt, ohne daß man sich der ehemaligen Bedeutung noch bewußt ist. Und so entstehen Volkstänze, die einen rein geselligen Charakter tragen. Die Volkstanzpflege, die aus der Jugendbewegung hervorging, versucht nur die Volkstänze mit geselligem Charakter zu pflegen und ergänzt sie durch eigene sogenannte »Jugendtänze«.

Sie geht von der pädagogischen Überlegung aus, die gemeinschaftsbindenden Kräfte des Volkstanzes für ihre Ideen zu nutzen. Und so entstehen Volkstänze, die dem höfischen Gesellschaftstänzen in Aufbau und Struktur mehr oder weniger ähnlich sind. Zwischen den bürgerlichen und höfischen Gesellschaftstänzen und den Volkstänzen gibt es zahlreiche Wechselbeziehungen. Für fast alle höfischen Gesellschaftstänze lassen sich in der Folklore entsprechende Vorbilder finden. Berufstanzlehrer stilisierten diese dörflichen Vorbilder und paßten sie den Gepflogenheiten der Gesellschaft an.

Nahezu alle dörflichen Trachtengruppen, Trachtenvereine, Jugendtanzgruppen, Volkstanzvereine und Schulen in den alten Bundesländern pflegen Tänze aus der 3. Stufe, also Tänze mit einem rein geselligem Charakter.

In den neuen Bundesländern entwickelte sich zu Zeiten der DDR eine andere Richtung mit hervorragender wissenschaftlicher Begleitung, nämlich eine Weiterentwicklung von traditionellen Volkstänzen. Aus traditionellen Überlieferungen wurden durch kunstvolle choreografische Bearbeitungen kleine tänzerische Kunstwerke gestaltet. Ebenso, wie man sich ein Volkslied heute nicht mehr in seiner einstimmigen oder improvisiert zweistimmigen Form in Konzerten anhört, sondern in wohlüberlegten und künstlerisch vollendeten Bearbeitungen, so kann man auch Volkstänze in eine kunstvolle Form bringen. Diese kunstvollen Bearbeitungen haben professionellen Charakter und übernehmen Bühnenfunktionen und hier wirken dann nicht mehr die Gesetze des Mitmachens, sondern die ästhetischen Gesetze der Bühne. Das setzt bei den Tänzern natürlich ein hohes Maß an tänzerischem Können voraus. Und das war in den staatlichen Tanzensembles, aber auch in vielen Amateur-Tanzensembles in überreichem Maß vorhanden. Leider haben eine ganze Reihe dieser Ensembles die Wende nicht überlebt. Es läßt sich nur erahnen, welcher Verlust damit der deutschen Volkskunde entstanden ist, da auch die sie beratenden wissenschaftlichen Institute zum großen Teil ihre Existenz verloren.

Die Tanz- und Speeldeel »Ihna« aus Erlangen ist das einzige Tanzensemble, das Tänze aus der 2. Stufe pflegt, also an Brauch und Sitte gebundene Tänze in ihrem Repertoire hat und beides miteinander verbindet. Tänze aus der ersten Stufe zu pflegen, ist im Moment nicht möglich, da die Wissenschaft die Quellen noch nicht bereitgestellt hat, die eine praktische Bearbeitung zulassen.

So findet sich in ihrem Programm ein Erntefest mit eng an das bäuerliche Brauchtum gebundenen Tänzen, mit der Darstellung des gesamten Brauchtums, wie es in früheren Zeiten während der Ernte und auf einem Erntefest üblich war. Es wird eine ganze Hochzeit dargestellt, die früher drei Tage und drei Nächte dauerte. Um Mitternacht erschienen Schimmel, Schnabbuck und der maskierte Führer im langen Mantel mit großem Lärm von der Straße her. Der Schnabbuck, ein ziegenhaftes Ungeheuer mit langer roter Schlappzunge und schrecklichen Zähnen im klappenden Unterkiefer, sorgte durch derbe Späße dafür, daß sich alle Gäste auf Stühle und Tische flüchteten. Ohne Schimmel und Schnabbuck war früher eine Hochzeit im Pyritzer Weizacker (Pommern) keine Hochzeit. Sie brachten Glück in die Ehe. Dem »Brutlichtertanz« (Brautlichter), der nur von Mädchen mit brennenden Kerzen getanzt wurde, liegt ein uralter Kult zugrunde. Die brennenden Kerzen riefen die Seelen der Urahnen. Sie mußten ihre Zustimmung zu dieser Verbindung, zu dieser Hochzeit geben. Oder der Rückelreih: mit ihm wurde die Braut aus der Gemeinschaft der Ledigen ausgetanzt. Der Tanz zeigt das Abschiednehmen der Braut von den Gespielinnen und das gewaltsame Herausreißen der Braut aus dem Kreis der Mädchen durch die verheirateten Frauen. Ihr wird die Hochzeitskrone abgenommen und die Haube aufgesetzt. Erst jetzt ist die Braut »unter der Haube« und damit verheiratet. Die Tanz- und Speeldeel »Ihna« tanzt auch noch den »Schwertertanz«, und zwar in einer alten bäuerlichen Form als Fruchtbarkeitstanz. Der Schwertertanz wird erstmals von Tacitus in der »Germania« erwähnt. Er ist damit die älteste deutsche Tanzüberlieferung überhaupt.

Die Schwert- und Reiftänze gehörten zum frühgermanischen Frühjahrsbrauchtum. Sie wurden von den Bauern zur Aussaat getanzt und zeigen von ihrer ganzen Struktur her Fruchtbarkeitssymbole. Die Schwerttänze sind Tänze zur Fruchtbarkeit des bestellten Bodens, sie werden auch für die Fruchtbarkeit der betreuten Haustiere verwendet und in der letzten Etappe schon in germanischer Zeit auf Fruchtbarkeitsbereiche im menschlichen Leben übertragen. So werden sie zu Hochzeiten vor dem Brautpaar aufgeführt. Die Schwerter haben nicht die Bedeutung des Kampfes gegeneinander, sondern sie verdeutlichen das Gebundensein des Embryo an den Mutterkörper. Die vielen Figuren, die nun entstehen, weisen alle auf Fruchtbarkeitssymbole hin. Erst in der Renaissance, als sich ein neuer Stand in der Gesellschaft herausgebildet hatte, greift dieser Stand (Handwerker und Patrizier) auf die alten Überlieferungen zurück. Und so wurde aus einem Fruchtbarkeitsschwerttanz ein Repräsentationstanz der Handwerker.

Viele alte Tänze aus dem Programm der »Ihna« haben erzählenden Charakter. Auch von daher ergibt sich eine Verbindung zu den Märchen. So die getanzte Geschichte von Hans und Liese und dem Brauch des Osterwasserholens. Die Mädchen mußten am Ostersonntag vor Sonnenaufgang zu einer Quelle gehen, um Wasser zu holen. Gelang es ihnen, sich darin zu waschen, ohne vorher gelacht oder die Zähne gezeigt zu haben, so versprach ihnen der Brauch für ein Jahr besondere Schönheit. Die jungen Burschen lauerten den Mädchen unterwegs auf und versuchten, sie zum Lachen oder zum Reden zu bringen. Gelang ihnen das, so war für das Mädchen die Chance, besonders schön zu werden, für ein Jahr vertan. In dem Volkstanz ist es Hans gelungen, die Liese zu erschrecken; sie ist daraufhin so böse, daß sie die Verbindung mit Hans lösen will. Erst dem »Erbsbär«, ein altes pommersches Symbol für Fruchtbarkeit, gelingt es, doch noch alles ins rechte Lot zu bringen.

Das alles wird, dem inneren Geschehen des Tanzes entsprechend, in eine Choreographie der Schritte und Gesten umgesetzt. »Erzählend« begleitet der Volkstanz die zyklisch wiederkehrenden Jahresfeste und die wichtigen Stationen individueller Lebensläufe von traditionsgebundenen Kulturen. »Mit Geschichten ohne Worte« band der Volkstanz seine Mittänzer und Zuschauer in die Gemeinschaft ein. Da liegt die Parallele zum Volksmärchen, in dem das gleiche über das Medium Sprache erreicht wird, auf der Hand.

Literaturhinweise

Franz Magnus Böhme: Geschichte des Tanzes in Deutschland. Leipzig 1886.

Herbert Oetke: Der deutsche Volkstanz. Henschelverlag Kunst und Gesellschaft. Berlin 1982.

Richard Wolfram: Die Volkstänze in Österreich und verwandte Tänze in Europa. Otto Müller Verlag. Salzburg 1951.

Paul Klein: Volkslied und Volkstanz in Pommern. Universitätsverlag Ratsbuchhandlung L. Bamberg. Greifswald 1935.

Willi Schultz: Tänze der Begegnung. Kammwegverlag. Troisdorf 1963.

Gert Petzold: Überlieferte Sing- und Kinderspieltänze. Zentralhaus für Kulturarbeit der DDR. Leipzig 1970.

Kurt Meschke: Schwerttanz und Schwerttanzspiel im germanischen Kulturkreis. Verlag B. G. Teubner. Leipzig/Berlin 1931.

Karlheinz Gehrmann: Wir Pommern. Akademischer Gemeinschaftsverlag. Salzburg/München 1951.
Alfred Haas: Rügensche Volkskunde. Verlag Arthur Schuster. Stettin 1920.
Christa Prowatke: Niederdeutsche Mundart und Literatur in der DDR. Mecklenburgisches Folklorezentrum für die drei Nordbezirke. Rostock 1985.
Kurt Petermann: Einige Probleme und Aufgaben der gegenwärtigen Volkstanzforschung in Deutschland. In: Das Tanzarchiv. Jg. 9, 1961.
Zeitschriften:
Herbert Oetke: Aus der Entwicklung des deutschen Volkstanzes. In: Theater und Tanz, Heft 2, 1954. Hrsg. Ministerium f. Kultur der DDR.
Pommersche Saat. Blätter für pommersche Kulturarbeit, Jahrgang 1960, Heft 1. Hrsg. v. d. Pommerschen Landsmannschaft.
Zeitschrift »Pommern« (Kunst, Geschichte, Volkstum). Hrsg. Pommerscher Zentralverband. Heft 4, 1969, VII. Jahrgang; Heft 1, 1985, XXIII. Jahrgang; Heft 4, 1987, XXV. Jahrgang; Heft 3, 1992, XXX. Jahrgang.

Maria-Gabriele Wosien

DER FÜNFSTERN UND DAS HÜTTCHEN DER BABA JAGA

Dort, wo das Pentagramm auftaucht, ist immer die Große Mutter und Himmelskönigin gemeint. Der Fünfstern, das Symbol für die Venus/Aphrodite, ist eines der ältesten Bildsymbole der Menschheit, schon vor etwa 5 000 Jahren in Felswände und Tongefäße des Vorderen Orients eingraviert.

Das Symbol zeichnet fünf Punkte in einem Kreis, dem Zodiakus oder Tierkreis, in dessen »Gürtel« sich Sonne, Mond und die Planeten bewegen (griech. »zoë« – Leben, »diakos« – Rad). Ein Symbol für diesen unendlichen Kreisraum ist auch der Uroboros, die Schlange, die sich selbst in den Schwanz beißt. Es ist dies das Bildzeichen für das Leben, das unendlich ist. Im Gegensatz zum Christentum empfand die Antike die Schlange als heilig und gebrauchte sie als Symbol für die ewige Erneuerung alles Lebendigen.

Die Bilder des Sternenhimmels, die heute noch Gültigkeit haben, wurden lange vor unserer Zeitrechnung fixiert; unsere Berechnungen des kosmischen Raumes gründen auf Überlieferungen aus Mesopotamien, die später vor allem von den Arabern des Mittelmeergebietes tradiert wurden. Im Orient war der Fünfstern das Symbol der Vollkommenheit der Großen Göttin. Auch die keltischen Druiden kannten dieses Zeichen, das in unserem Volksglauben »Drudenfuß« genannt wird.

Beobachtet man den Sternenhimmel, so fällt auf, daß in bestimmten Phasen ein Stern als erster erkennbar ist und auch als letzter wieder verschwindet – es ist ein und derselbe Stern, die Venus. Mit der modernen Teleskopie hat man beweisen können, daß die Venus stets nur als Sichel und maximal als Halbkreis zu sehen ist. Ihre volle Gestalt nimmt sie nur tagsüber ein, wenn sie hinter der Sonne vorbeizieht. Erst wenn die Sonne untergeht, taucht die Venus wieder in ihrer direkten Nähe auf, aber auf der anderen Seite und bereits wieder als Sichel.

Man hat diesen Vorgang im Altertum genau beobachtet und auch, daß die Venus im Wechsel vom Morgen- zum Abendstern – von der Konjunktion mit der Sonne an gerechnet, also beginnend mit der Dunkelphase des Planeten – etwa vierzig Tage lang unsichtbar ist, bis sie abends wieder aufleuchtet. Der Mond dagegen hat eine Dunkelphase von nur drei Tagen.

Im Laufe vieler Jahrzehnte verschieben sich die Sternbilder durch die sogenannte Präzession.

Anders als die Sonne, die ziemlich gleichmäßig in regelmäßiger Folge durch die zwölf Sternbilder des Tierkreises wandert, bevorzugt die Venus in ihrem Hervortreten fünf Sternbilder oder Himmelsgegenden, wie die Grafik zeigt. Die Markierung ihrer Aufgänge ergibt fünf Punkte, aus deren Verbindung an der Peripherie des Zodiakus ein unregelmäßiges Fünfeck entsteht. Man kann diese Punkte auch als die fünf Spitzen eines Pentagramms bezeichnen: Der fünfstrahlige Stern entsteht, wenn man diese Punkte diagonal miteinander verbindet. Durch die Präzession der Sternbilder bewegen sich die fünf Spitzen gleichsam wie riesige Uhrzeiger langsam durch den ganzen Himmelskreis.

Beide Bildgestalten zusammen – Fünfstern und Fünfeck – ergeben »die Venus in ihrem Haus«. Und dieses Haus »dreht sich«, weil die Aufgangspunkte der Venus innerhalb des Zodiakus wandern. Dieses Kreisen wurde auch als Tanz empfunden.[1]

Als heilige Zahlen sind die Fünf und die Vierzig Bestand der meisten Religionen. Auch der Mensch im Raum (mit ausgestreckten Armen und gegrätschten Beinen) bildet einen Fünfstern. In der Kathedrale von Chartres sind die Spitzbögen des Gewölbes über dem Fünfstern errichtet.

Eines der Fenster im Kreuzgang der Zisterzienserabtei Haute-rive zeigt einen auf seiner Spitze stehenden Fünfstern, dessen Diagonallinien als Dornenwege aufgezeigt sind, deren Inneres ein aus einer fünfblättrigen Rose geformtes Fünfeck bildet. Die Zahl vierzig hingegen ist in den alten Religionen eine Zeitspanne der Regeneration, des Fastens und der Läuterung.

Dem Boten der Götter, dem Himmel und Erde verbindenden Hermes/Merkur, der als einziger zu allen Welten des griechischen Mythos Zugang hatte, war in der Antike die Zahl fünf zugeordnet, und auch die Pythagoreer hatten sich den Fünfstern als geheimes Erkennungszeichen gewählt. Der regelmäßige Zwölfflächner, der Pentagon-Dodekaeder, der aus dem Fünfeck entwickelt wird, wurde von Platon im *Timaios* als die Symbolgestalt erachtet, welche die vier Elemente des Weltalls in sich zusammenfaßt. Die *quinta essentia* meint das rein geistige Element, das aus den vier irdischen Elementen hervorgegangen ist. In seinem Werk *Über Isis und Osiris* erläutert Plutarch ferner, daß die Zahl fünf deshalb verehrungswürdig ist, weil sie die Verbindung von *Mann*, dem die Zahl drei und *Frau*, der die Zahl zwei zugeordnet ist, also die Ehe beider symbolisiert.

Aufgangspunkte der Venus im Tierkreis nach einer Konstellation im ersten Drittel unseres Jahrhunderts: das Fünfeck in den Zeichen Stier, Krebs, Jungfrau, Schütze und Wassermann (nach einer Grafik von Bernhard Wosien).

Zeichnet man nun in das Innere des Hauses der Venus einen Kreis, symbolisiert dieser den Zodiakus als innerseelisches Geschehen; es ist der Ort, an dem sich die Wandlung des Menschen vollzieht. Das Schema Stern-Haus-Kreis läßt sich beliebig verkleinern und vergrößern, Sinnbild für die unendliche Dimension göttlicher Gesetzmäßigkeit. Die Spitzen des Pentagramms weisen über sich hinaus ins Trans-Kosmische, wie auch das Innere sich im Außen spiegelt, wie Mikrokosmos und Makrokosmos sich entsprechen. Dadurch, daß die Bildgestalt des Fünfsterns nach seinen eigenen Gesetzen nach außen und innen bis ins Unendliche zu wachsen vermag, ist das Pentagramm der symbolische Schlüssel für die Entsprechung der Welten, von Himmel, Gott, Mensch und Natur.

Für den Einweihungsweg des Menschen gab der Apollontempel in Delphi ein Schlüsselbild. Über seiner Eingangspforte stand außen die berühmte Inschrift: Γνϖθι σαυτόν, »erkenne dich selbst«. Auf der Innenseite derselben Pforte war ein einziger Buchstabe zu lesen: E. Dieser war dem Initianden erst bei seiner Rückkehr durch die Pforte nach außen sichtbar. Dieser Buchstabe, der den Zahlenwert fünf hatte, wurde vom aus dem Tempel des Sonnengottes Hinausschreitenden gelesen als: ει, »du bist«. Es ist die Antwort des Suchenden, des durch die Erfahrung im Tempelinneren zur Selbsterkenntnis Geläuterten, der Gott als lebendiges Du anspricht. Gott hat er erfahren als das wahre Sein hinter allem Sein. Nun weiß er sein persönlich-menschliches Schicksal, sein »ich bin« im »Ich Bin« Gottes aufgehoben.

Für das Bild der Venus in ihrem Haus gibt es in den russischen Märchen eine typische Situation, die uns einen Einblick gibt in den Initiationsweg des Helden. Auf seiner Suche nach dem Elixier des Lebens hat er (oft auch ist die Suchende ein Mädchen) eine weite Reise angetreten und kommt dabei in einen finsteren Wald. Immer dunkler wird es und das Dickicht immer undurchdringlicher. In dieser ausweglosen Situation sieht er plötzlich vor sich ein Hüttchen, das steht auf »Hühnerfüßchen«. Entweder dreht es sich, oder aber es steht so, daß es dem Wandernden die Rückseite zeigt. Um in das Hüttchen hineinzukommen, muß der Märchenheld eine magische Formel sprechen – die ihn seine Mutter (!) lehrte.[2]

Der Märchenheld spricht zum Hüttchen:

»Hüttchen, Hüttchen, dreh' dich mit der Vorderseite zu mir, mit dem Rücken zum Wald!«

Und das Hüttchen dreht sich so, daß es mit der Tür zu ihm gewendet steht und er eintreten kann. Innen aber sieht er: auf dem Ofen liegt die Baba Jaga (Baba = russ. »Weise«, »alte Frau«; Jaga ist verwandt mit Sanskrit »*Jagna*« = heiliges Opferfeuer/lat. *ignis*). Die Alte ist Hüterin des Feuers, Hüterin eines Urgeheimnisses. Ausgestreckt liegt sie da, ihre Glieder in den Ecken des Hüttchens, die Nase oben im Giebel – und der Held muß durch sie hindurch.

Die Baba Jaga stellt ihm die drei wesentlichen Fragen der Selbstprüfung: »wer bist du?«, »wohin gehst du?«, »warum gehst du?« Dabei ist in der Gestalt der Baba Jaga und in ihrem Gebaren die Antwort enthalten. Nach einem rituellen Mahl – der Held verlangt Speise und Trank – nach einem Bad und einer Nacht in der »Wald«-Behausung der Baba Jaga wird der Held weitergeschickt. Durch diese schicksalhafte Begegnung, auch durch die Gaben, die ihm hier für den weiteren Weg verliehen werden, ist der Held ein Wissend-Sehender geworden und mit den nötigen Kräften ausgestattet.

Anmerkungen

(Dieser Aufsatz entstand aus Aufzeichnungen von Bernhard Wosien).

1 Vergl. Maria-Gabriele Wosien, *Sakraler Tanz. Der Reigen im Jahreskreis*, München 1993 (4), S. 89 ff.

2 Vergl. auch das Grimm'sche Märchen »Die sieben Raben«, in welchem der Morgenstern dem die Brüder suchenden Mädchen ein Hühnerbeinchen mit auf den Weg gibt, mit dem es den Glasberg aufschließen muß, wo die Brüder gefangen gehalten sind.

Otto Betz

WER NICHT TANZT, WEISS NICHT, WAS SICH BEGIBT

Um unser Leben, um unser menschliches Dasein zu verstehen, brauchen wir Modellfiguren, Denkvorstellungen, die uns helfen, die charakteristischen Lebensvorgänge besser zu begreifen. Das können Phänomene in der Natur sein, die wir beobachten und aus denen uns die Werde- und Veränderungsprozesse der eigenen Existenz klarer werden. Wir stehen an einem Fluß, beobachten das stetige Vorbeirauschen, die Wellenbewegungen des unermüdlichen Wassers, denken daran, daß dieser Fluß eine Quelle hat, daß ihm andere Gewässer zugeflossen sind und daß er sich später in einen Strom und schließlich ins Meer ergießen wird. Uns kann aufgehen, daß unser Dasein manche Parallelen hat zu diesem »Flußschicksal«, daß auch unsere Lebenszeit dahinfließt, nicht aufgehalten werden kann und irgendwann im Unbegreiflichen mündet. – Oder wir beobachten einen Baum, wie er sich behauptet, seine Wurzeln in die Erde sendet, den Stamm treibt, die Äste und Blätter entfaltet, wie er stetig wächst, auch wenn er vom Sturm gezaust und manchmal von der Trockenheit bedroht wird. Es mag uns aufgehen, wie schwer es ist, in unserem menschlichen Leben das nötige Erdreich zu finden, um einzuwurzeln, genügend Sonne zu empfangen, um die uns innewohnende Gestalt zu entfalten.

Aber es gibt natürlich auch Grundgestalten menschlichen Verhaltens, die einen »typischen« Charakter haben und die dazu dienen, uns selbst besser zu begreifen. Da ist der Wanderer, homo viator, immer unterwegs, immer auf der Suche nach dem Unbekannten, dem Geheimnis, nach der wahren Heimat, nach dem Glück. Er hat »keine bleibende Stätte«, seine Füße treiben ihn immer weiter, der Weg ist vorerst sein Ort, die Veränderung sein Schicksal. – Nicht minder ist der spielende Mensch, homo ludens, eine solche Deutegestalt. Wer spielt, tastet sich in die unbekannte Welt hinein, übt sich in seinen Fähigkeiten ein, lernt seine Kräfte kennen, findet Mitspieler und Rivalen und erkennt seine Aufgaben im spielerischen Ernst und im ernsten Spiel. –

Ist auch der Tänzer, homo saltans, eine solche Modellgestalt, ein charakteristisches Bild für menschliches Dasein? Der Tänzer ist mehr als ein Wanderer, weil er seiner Bewegung einen rhythmischen Ausruck gibt. Und er ist mehr als ein Spieler, weil er hinhorchen muß auf die Klänge, die er in seine Tanzfiguren umsetzen will. Der Tänzer hat erkannt, daß das ganze Universum sich in einem Tanz befindet, daß sein ganzes Dasein als Tanz begriffen werden kann. Sein Tanz greift also die rhythmischen Figuren auf, die er überall vorfindet, er sucht sie umzusetzen in sein Tun.

Es ist wohl so, daß auch der Tänzer zu den Deutefiguren menschlicher Existenz gehört, daß wir also auf den Tänzer schauen müssen, um herauszufinden, was es mit dem Menschen und seinem Geschick auf sich hat. – Und daß wir Mit-Tänzer im großen Spiel werden müssen, wenn uns die Menschwerdung gelingen soll.

I. Der Tanz und die Rhythmen unseres Daseins

Warum tanzen die Menschen? Wir würden viel zu kurz greifen, wollten wir die Tanzfreude allein darauf zurückführen, daß sich die überschüssige Kraft irgendwo ausagieren müsse. Und auch die Vorstellung, der Aggressionstrieb würde auf diese Weise ritualisiert und beherrschbar, genügt uns nicht. Sicher ist die Lust am Tanz eine Auswirkung des menschlichen Spieltriebs. Wenn Friedrich Schiller sagt, der Mensch ist »nur da ganz Mensch, wo er spielt«, dann wird man ergänzen können, daß er da ganz und gar spielt, wo er tanzt. Der Tanz ist eine herausragende Spielform und kann wesentlich dazu beitragen, den Menschen zum Menschen zu machen. Der Mensch tanzt, weil der Tanz in ihm steckt und in die Sichtbarkeit drängt. Was sich an Gedanken und Gefühlen in uns regt, möchte Gestalt gewinnen. Die Gestik und Mimik unseres Leibes sind die Vorformen des Tanzes, die Körperhaltung und die Bewegungen der Arme, der Hände, der Gesichtsausdruck, die Beinstellung, alles wird in den Dienst genommen, um das ausdrücken zu können, was in uns vorgeht. Und wenn wir von der Freude übermannt werden, dann steigern sich unsere Gesten und wir möchten springen und in die Hände klatschen, aber auch die Trauer und die Klage hat ihre Gesten.

Wir müssen tiefer ansetzen. Unser Herz schlägt rhythmisch, der Atemrhythmus bestimmt unser Leben, wir sind vom Rhythmus des Tages geprägt, das Jahr mit seinen Zeiten hat rhythmischen Charakter. Leben bedeutet, die Rhythmen zu erspüren, die uns tragen und bestimmen, einzuschwingen in die Bewegungen, die zur Entfaltung und Verwirklichung führen. – Weil wir aber auch das Weltall als einen kosmischen Tanz verstehen können, die Planetenbahnen haben ihre geordnete Struktur, die rhythmischen Figuren wiederholen sich immer wieder, deshalb ist der Tanz sogar mit dem Einschwingen des Menschen mit dem Ganzen des Universums in Verbindung zu bringen.

Lukian, der Tanztheoretiker der Spätantike, konnte deshalb sagen: »Die Tanzkunst hat mit dem Weltall einerlei Ursprungs und trat mit dem uranfänglichen Eros zugleich in die Erscheinung. Denn was ist jener Reigen der Gestirne, jene regelmäßige Verflechtung der Planeten mit den Fixsternen, das gemeinsame Maß und die schöne Harmonie ihrer Bewegungen anderes als Proben jenes uranfänglichen Tanzes?«[1]

Tanzen lernen, das hat etwas mit Leben-lernen zu tun: Der Tänzer muß sich einüben in die vorgegebenen Rhythmen, er muß wahrnehmungsfähig werden für die Vibrationen des Daseins, für den Schwingungscharakter alles Lebendigen, damit er sich einerseits einfügen kann in die großen Klangbewegungen des Seins, damit er andererseits seine eigene Melodie findet und sich als eigene Person in das Tanztheater der Welt einbringen kann. Wer nicht tanzen kann, versteht das Leben nicht, weil er keine Aufmerksamkeit entwickelt für das dynamische Spannungsfeld, das ihn umgibt und das er in sich selbst vorfindet. Der Tänzer muß beweglich sein, er muß in sich stehen können und auf andere zutanzen, er muß sich in den Reigen einfügen können und um sein eigenes Zentrum wissen. Und weil alles, was existiert, einen polaren Charakter hat, deshalb muß auch der Tanz dieser Spannung gerecht werden: Leben ereignet sich im Auf und Ab, im Offensein und Sichverschließen, im Aufnehmen und Hergeben, im Vorpreschen und Zurückweichen, im Wachsen und Abnehmen. Der Tänzer kann diese Spannungsfelder im Vollzug erleben, er ist Täter und Leidender, Treffender und Betroffener, er ist in der Einsamkeit und in der Gemeinschaft.

II. Der tanzende Gott und der göttliche Tanz

Der Tanz gehört zu den ältesten kultischen Ausdrucksformen und er fehlt in keiner Kultur, in keiner Religion. Tanzend näherten sich die Menschen dem göttlichen Geheimnis, tanzend brachten sie ihre Opfergaben, tanzend dramatisierten sie ihre Mysterien. Wenn die Welt als kosmischer Tanz existiert, dann mußte wohl auch ein tanzender Gott sie geschaffen haben, Schiva ist ein solcher Tänzer-Schöpfer. Aber auch Zeus konnte mit den olympischen Göttern einen Tanz aufführen, die Musen waren ein tanzender Chor, Dionysos und Apollon führten den Tanzreigen an. Wenn also der Mensch tanzt, dann ahmt er die Götter nach, er begibt sich zum Anfang der Schöpfung zurück und vollzieht tanzend die Gestaltwerdung der Welt nach. Auch die Mysterienfeiern (in Delphi, Eleusis usw.) können wir uns als pantomimisches Tanztheater vorstellen.[2]

Auch die biblische Tradition bezieht in großer Selbstverständlichkeit den Tanz in das religiöse Leben ein. Nach der Rettung des Volkes Israel am Roten Meer tanzt Mirjam mit ihrem Tambourin den übrigen Menschen voran und singt ihr Siegeslied vom Schilfmeer. Und selbst der König David tanzt in aller Öffentlichkeit vor der Bundeslade vor lauter Freude, daß Jahwe sich seinem Volk gnädig erweist, auch wenn seine Frau Michal die Nase rümpft und ihn in ihrem Herzen verachtet. Wenn die Zeit zum Tanzen gekommen ist, dann muß man tanzen. Wie oft werden die Gläubigen in den Psalmen aufgerufen, Gott zu loben mit Pauken, Zimbeln und im Reigentanz! – Von Jesus wird zwar in den Evangelien nicht berichtet, er habe getanzt, aber immerhin legt die Teilnahme an Hochzeitsfeiern nahe, daß er auch den Hochzeitstanz mitgetanzt hat. In seiner Verkündigung jedenfalls vergleicht er die mangelnde Glaubensbereitschaft seiner Zeitgenossen mit der mangelnden Spiel- und Tanzbereitschaft von Kindern, die alle Spielvorschläge anderer Kinder ablehnen (»Wir haben euch aufgespielt und ihr wolltet nicht tanzen«) (Mt 11, 17).

Kehren wir aber zu den frühen Kulturen zurück. Bei den Völkern totemistischer Tradition haben Tiermasken beim rituellen Tanz eine große Rolle gespielt. Tiere wurden als Ahnen verehrt und in bestimmten Tänzen gefeiert. Und weil die Tiere häufig als Repräsentanten der Gottheit verstanden wurden (im Bären konnte man eine Theophanie göttlicher Lebensmacht sehen, ebenfalls im Adler oder im Bison), deshalb wurden Tänze gestiftet, die dem betreffenden Tier gewidmet waren. Der Bärentanz sollte dazu führen, den großen Geist des Bären günstig zu stimmen. In Nordamerika maskierten sich die Angehörigen mancher Indianerstämme mit Büffelfellen und umtanzten den gejagten Bison, um ihn zu versöhnen und ihn friedlich zu stimmen.

Eine nicht geringere Rolle spielten die Tänze aber auch bei den Ackerbau-Kulturen. Tänze fördern das Wachstum, vertreiben die Dämonen, Tänze ahmen die Vorgänge des Säens und Erntens nach. Und weil die Vorgänge des Wachstums und der Fruchtbarkeit in eine Verbindung gebracht wurden mit der menschlichen Sexualität, deshalb bekamen die Tänze häufig eine erotische Note. In der rituellen Darstellung der Begegnung von Mann und Frau, in den symbolischen Formen des Liebesspiels, wurde die Vereinigung von Himmel und Erde dargestellt, die heilige Hochzeit als kultisches Tanzspiel.

Im Tanz ereignet sich also Welttheater, die Struktur der Welt wird nachgeahmt, damit das Weltgeschehen gedeutet und verstanden werden kann. Die alten Ägypter kannten astronomische Tänze, bei denen die harmonischen Ordnungen des kosmischen Geschehens sinnbildlich vorgeführt wurden. Der Altar in der Mitte war das Sinnbild der Sonne, die Priester umkreisten tanzend diese Mitte.

III. Der Tanz von Tod und Leben

Die Stiftung eines neuen Tanzes bedeutete auch einen weiteren Versuch, das Dasein zu deuten. Den Geranostanz, der Tanz der Kraniche, soll Theseus auf der Insel Delos zum ersten Mal getanzt haben, nachdem er den Minotauros im kretischen Labyrinth erschlagen hatte. Er war in das Totenreich hinabgestiegen, hatte den dortigen Herrscher besiegt – und war dem Hades wieder entronnen. Wer den Tod geschaut hat und wieder zum Leben zurückgekehrt ist, der hat Grund zur Freude, er muß einen neuen Tanz stiften, der das Geschehen nachvollzieht. Die jungen Frauen und Männer sind durch ein Band miteinander verbunden, gewissermaßen dem Ariadnefaden, nun können sie vertrauensvoll dem Chorführer Theseus folgen, der sie in die Todeszone des Orcus hineintanzt, sie aber – in einer Lebenswende – wieder herausführt. Der Tanz wird zu einem Vorgang der Initiation: Wer den Tod gekostet hat, ist erst fähig, sich wirklich dem Leben zuzuwenden. – Dieser Todes- und Lebenstanz wird übrigens auch in ganz anderen Weltzonen getanzt, man denke an den Hanuwele-Mythos in Indonesien, der einen ganz ähnlichen mythischen Zusammenhang hat.

Daß die Stiftung eines Tanzes als Ausdruck einer neugewonnenen Erfahrung verstanden wurde, kann man bis in unsere Gegenwart (oder jedenfalls bis in die jüngste Vergangenheit) verfolgen: Ein neuer Blick auf die Wirklichkeit macht neue Tanzformen möglich. Schwarzer Hirsch, ein Häuptling der Sioux-Ogalalla, erzählt in seinen Lebenserinnerungen[3], daß er als neunjähriger Junge seine Berufungsvision hatte: Seine Ahnen machten ihn mit den großen Traditionen vertraut. »Es ist Zeit; nun rufen sie dich.« Viermal zwölf Pferde werden ihm vorgeführt, verschiedenfarbig, die ihm die vier Himmelsrichtungen aufzeigen, das Ordnungsdiagramm der Schöpfung. Die steinalten Ahnen führen ihn zur hohen und einsamen Mitte der Erde und sagen ihm, als vielfarbige Flammen aus dem Regenbogen über ihn hinlaufen und er eine hölzerne Schale mit Wasser gereicht bekommt: »Nimm dies, es ist die Kraft, Leben zu schaffen, und sie gehört dir.« Dann bekommt er die Friedenspfeife gereicht: »Mit dieser Pfeife wirst du über die Erde wandern, und was immer krankt, machst du wieder heil.« Nachdem er weitere Gaben erhalten hat, erlebt er sich selbst als einen gefleckten Adler, der über den Menschen schwebt. Und dann wird ein Pferdetanz gestiftet. Ein großer Hengst erhob seine Stimme und sang:

> »Meine Pferde ... in stolzer Haltung kommen sie.
> Über das ganze Erdrund kommen sie.
> Sie wollen tanzen; mögest du sie betrachten!
> Ein Pferdevolk, sie wollen tanzen;
> Mögest du sie betrachten!

Seine Stimme klang nicht laut, doch drang sie über die ganze erschaffene Welt und erfüllte sie. Da war nichts, das sie nicht vernommen hätte, und sie war schöner als irgend etwas sein kan. So schön klang sie, daß nirgendwo etwas war, das sich des Tanzens enthalten konnte. Die Jungfrauen tanzten und alle die Pferde im Kreis. Die Blätter an den Bäumen, die Gräser auf den Hügeln und in den Tälern, die Wasser in den Schluchten und in den Flüssen und Seen, die Vierbeiner und die Zweibeiner und die geflügelten Vögel der Luft – alle tanzten zusammen zur Weise von des Hengstes Gesang.«[4] In einem wunderbaren Hymnus wird hier erzählt, daß die ganze Schöpfung in diesen neuen Tanz hineingenommen wird. Menschen und Tiere und alle Kreatur sind Mittänzer in diesem Geschehen. Die Berufungsvision des Indianerjungen hat eine Bedeutung bekommen für die ganze Welt.

IV. Dämonische Faszination

Einen wichtigen Aspekt des Tanzes haben wir bisher völlig ausgeklammert: Der Tanz kann eine dämonische Wirksamkeit entfalten, es gibt eine massensuggestive Faszination, der man verfallen kann, ohne sich zur Wehr setzen zu können. Neben der Tanzlust steht der Tanzzwang, die Überwältigung durch einen psychotischen Sog. Immer schon war der Tanz für magische Vorgänge genutzt worden, Beschwörungen waren mit Tänzen verbunden, zauberische Wirkungen wurden vom Tanz erwartet, er konnte segensreich wirksam werden, aber er konnte auch einem Fluch und einer Verwünschung nachhelfen. – Diese Dimension des Tanzes hängt wohl mit der Trance zusammen, die ein langandauernder Tanz heraufrufen kann: Das Wachbewußtsein wird ausgeschaltet und eine »andere Wirklichkeit« erreicht. Da die Bereiche unseres Unbewußten ambivalent sind, dunkle chaotische Bilder wohnen neben den hellen und konstruktiven, kann in der Tanztrance das Heilsame mobilisiert werden, aber auch das Destruktive und Zerstörerische. Der Medizinmann und der Schamane heilen durch den Tanz, aber der Voodoo-Priester und der Zaubertänzer mögen durch den Tanz auch ihren Verwünschungen Nachdruck verleihen. Wir merken: Harmlos ist der Tanz nicht, wir geraten dabei unter Umständen in Zustände, die sich völlig der rationalen oder moralischen Kontrolle entziehen und machen Erfahrungen, die am ehesten mit den »Fahrten« der Rauschgiftsüchtigen verglichen werden können.

Auch die abendländische Geschichte kennt Überlieferungen einer epidemieartig auftretenden Tanzwut. Die Limburger Chronik berichtet über ein Ereignis aus dem Sommer 1374: »Da erhob sich ein wunderlich Ding auf Erden und sonderlich in Teutschen Landen, auf dem Rhein und auf der Mosel, also daß Leut anhuben zu danzen und zu rasen und stunden je zwei gen ein und danzeten auf einer Stätt ein halben Tag und in den Danz da fielen sie etwann dick nieder und ließen sich mit Füßen treten auf ihren Leib. Davon nahmen sie an, daß sie genesen wären, und liefen von einer Stadt zu der andern und von einer Kirche zu der andern ...«[5] Es war wie eine Krankheit, die die Leute erfaßte, zwanghaft wurden sie zum Tanz getrieben und konnten diesem Trieb nicht widerstehen.

Auf weniger spektakuläre Phänomene werden wir selbst immer wieder stoßen: Eine rhythmische Melodie bringt uns in Bewegung, das Stakkato einer Rhythmusgruppe verändert unseren Pulsschlag. Bestimmte Arbeiten lassen sich in einem regelmäßigen Arbeitstakt besser ausführen. Die Soldatenkolonne findet durch die voranziehende Musikkapelle zu ihrem Marschrhythmus und wird zu einer »verschworenen Einheit«: Auch hier mag eine Trancewirkung erreicht werden, so daß ein kämpferischer Enthusiasmus entsteht, der bis zur Todesbereitschaft (und zur Bereitschaft zu töten) geht, ohne zu fragen, ohne nachzudenken. – Der Tanz und der Bewegungsrhythmus, vor allem dann, wenn er mit einer längeren Stetigkeit ausgeführt wird, führt die Menschen nicht nur zusammen, er bündelt sie geradezu, schweißt sie zusammen und kann sie unter Umständen auch zur gesichtslosen Menge werden lassen. Und manchmal wird als lustvoll erlebt, nicht mehr als Individuum zu existieren, selbstverantwortlich und ethisch verpflichtet, sondern sich in einen kollektiven Rausch hineinzugeben, wo all die dunklen und dumpfen Wünsche ausgelebt werden können, die sich sonst nie zu Wort melden können.

Der Tanz kann diese dunklen Seelenanteile aber auch in einer rituellen Weise aktualisieren, ohne daß die Dämme brechen. Gerade die sogenannten Naturvölker haben Tänze entwickelt, in denen alle Lebensvorgänge einbezogen werden, das Geborenwerden und das Sterben, das Lieben und das Hassen, das Kämpfen und das Friedenschließen. Die Tanzfiguren können ganz verschiedene Bedeutungen haben, einmal wird das Stampfen der Büffel nachgeahmt, dann das Herumhüpfen der Vögel, das Schleichen der Raubkatzen, das Tappen der Bären. Der Einzelne ist eingefügt in das Ganze des Stammes, er wird darin gehalten und bei aller orgiastischen Wucht des Tanzes auch wieder aufgefangen. Allerdings kann die tänzerische Ekstase auch als Vorbereitung auf einen Kriegszug genutzt werden, die Menschen müssen fanatisiert werden, damit sie sich in kriegerischen Aktionen hineinstürzen können. Die Bemalung beim Kriegstanz, das Schwingen der Waffen, die rhythmisch geschüttelten Schilde usw. tun ein Übriges, um eine Massensuggestion zu erzeugen, der sich der Einzelne nicht entziehen kann.

Endlich kommen wir zu der Frage, die uns ja eigentlich bewegt: Wo sind die Verbindungslinien zwischen Tanz und Märchen, was hat das Märchen mit dem Tanz zu tun, welche Funktion hat der Tanz im Märchen? Die erste – etwas verwunderte – Antwort lautet: Das Tanzmotiv taucht insgesamt erstaunlich selten im Märchen auf. Natürlich gehört zum Fest auch der Tanz: Wo Hochzeiten gefeiert werden oder sonstige Festanlässe sind, da ist der Tanz gar nicht wegzudenken. Aber wenn wir von solchen Begebenheiten absehen, ist die Ausbeute der Tanzthemen eher mager im Volksmärchen. Freilich: Das Fest hat eine so hohe Bedeutung für das menschliche Leben, weil sich hier das Dasein aufgipfelt, die Alltagswelt durchbrochen wird und neue Erfahrungen gemacht werden können, Entscheidungen möglich werden, daß wir es noch einen Moment näher betrachten sollten. Ein häufiges Märchenmotiv ist, daß das Aschenputtel-Mädchen oder die vertriebene Prinzessin sich als Dienstmädchen verdingen muß und niedrige Arbeit zu leisten hat. Zum Fest wird sie nicht zugelassen. Aber die als magischer Helfer bereits verstorbene Mutter oder die früher empfangenen geheimnisvollen Gaben verhelfen dem Mädchen zu einer wunderschönen Festgewandung: Nun kann sie auf dem Fest erscheinen, sofort ist sie die unbekannte Königin des Tanzes, der Prinz will mit keiner anderen tanzen. Nun wird die Niedrige erhöht, die Verkannte in ihrer Schönheit gewürdigt, die Verstoßene wieder in ihre Rechte eingesetzt: Aus dem Tanzfest (das natürlich auch der Partnerwahl gedient hat) kann ein Hochzeitsfest werden. Beim Fest kommt die wahre Würde zum Vorschein, beim Tanz erkennen sich diejenigen, die füreinander bestimmt sind. Der Tanz hat es ans Licht gebracht, wer berufen ist, mit dem künftigen König auf dem Thron zu sitzen.

Aber der Tanz kann auch eine ganz andere Wirkung haben, daß nämlich der Tänzer unfreiwillig sich »austanzt«, sein Geheimnis ausplaudert und damit seine Macht verliert. So »vertanzt« Rumpelstilzchen das Geheimnis seines Namens, das es doch so sorgsam gehütet hat und auf dem seine Macht beruhte. Es vertanzt nicht nur seine schon so sicher geglaubte Beute, es vertanzt auch sein Leben. – Vielleicht ist hier noch ein uraltes Motiv spürbar: Wer in die antiken Mysterien eingeweiht worden war, der durfte nichts von den Vorgängen berichten, es lag eine strenge Arkandisziplin auf den Einweihungskulten, die ja in der Form von Tanzdramen vor sich gingen. Wer dennoch davon berichtete, verging sich gegen dieses Schweigegebot, das »Ausplaudern« wurde »Austanzen« genannt und wie ein Verrat empfunden.

VI. Tanz um Kopf und Kragen

Und auf etwas anderes kommt es wesentlich an: Mit wem tanzt der Tänzer, wer lädt ihn zum Reigen ein, wer spielt zum Tanz auf, zu welcher Tanzweise wird aufgefordert? Es gibt eine gefährliche Einladung zum Tanz, der widerstanden werden muß, will ein Mensch mit heiler Haut davonkommen. Der Verführte kann in einen tollen Tanz geraten, aus dem er nicht mehr herauskommt, er tanzt sich um Kopf und Kragen. Am deutlichsten wird das in unserem Märchen von den »zertanzten Schuhen« erzählt (KHM 133). Die zwölf Prinzessinnen haben sich auf ein fragwürdiges Abenteuer eingelassen, bei dem es offenbar nicht nur um durchgetanzte Schuhe geht, die können unschwer wieder ersetzt werden. Aber der Bericht von den geheimnisvollen Gängen und vor allem von dem Fluß, über den sie gesetzt werden müssen, damit sie zu ihren Liebhabern kommen können, macht deutlich: Sie spielen mit ihrem Leben.[6] Der Tanz ist ein Totentanz, jede durchtanzte Nacht bringt sie in eine bleibende Abhängigkeit zu den Totenmächten, bald werden sie nicht mehr ans rettende Lebensufer zurückrudern können. Der alte Soldat löst nicht nur die Aufgabe, indem er Ort und Umstände der nächtlichen Eskapaden benennen kann, er rettet wohl auch die Prinzessinnen, indem er sie aus dem Todestanz herausreißt.

Auch hier wird uns also die Ambivalenz des Tanzes vor Augen geführt. Der alte Soldat wird zu einem anderen Theseus, der sich mit den Prinzessinnen ins Labyrinth des Todes hineinwagt, sie aber wieder herausführt, weil er sie dem Leben erhalten will.

In einem serbischen Märchen ist das Motiv der dämonischen Verstrikkung durch den Tanz deutlicher erhalten als in unserer Geschichte von den »zertanzten Schuhen«. Die Zarentochter ist zur Nachtschwärmerin geworden,[7] die jede Nacht ihre Kleider und ihre Stiefel zerriß, aber niemand konnte sagen, wie das geschah. Auch hier ist es ein »armer Kerl«, der es unternimmt, das Geheimnis aufzudecken. Wundergaben ermöglichen es ihm, sich unsichtbar zu machen und der Prinzessin zu folgen. In einem Palast unter dem Meer wartet schon der Sohn des Vilenzaren auf sie. »Auf einmal setzte von irgendwoher eine himmlische Musik ein. Alle Gäste erhoben sich von den Stühlen und gingen zur Musik. Auch die Zarentochter und der Sohn des Vilenzaren folgten ihnen und hinterher der Arme. Sie traten in einen großen Saal ein, ringsherum mit Säulen aus Elfenbein. Über den Säulen wölbte sich eine Decke wie der Himmel. Auf diesem Gewölbe leuchtete in der Mitte die Sonne und um diese herum Mond und Sterne. Von oben herab erklang die Musik, so als ob die Engel des Himmels die Harfe spielten. Die Vilen und Vilenmänner faßten sich zum Reigen und begannen zu tanzen. Der Vilenreigen setzte ein. Erst langsam, dann immer schneller und schneller. Es schien, als ob die Tänzer den Boden mit den Füßen nicht berührten; als ob der Reigen dahinflöge; als ob die Töne der Musik ihn dahin, dorthin schaukelten. Die Musik wurde immer berauschender, und Tänzer und Tänzerinnen tanzten immer schwungvoller. Schließlich, als ob der Böse in sie gefahren wäre, begannen sie zu springen, und vor allem die Zarentochter am meisten; so als wäre sie von Sinnen geraten. Sie hielt sich am Sohn des Vilenzaren fest, und beide feuerten einander an. Sie sprangen, sprangen, bald nach links, bald nach rechts. Der Zarentochter platzte das Kleid, und die braunen Stiefel fielen auseinander. Von dem schönen Kleid, das sie zu Hause angezogen hatte, hingen nunmehr nur noch Fetzen an ihr. So tanzte sie bis zum Morgengrauen. Als die ersten Hähne krähten, verstummte die Musik; der Reigen löste sich; die Vilen und die Vilenmänner verließen den Saal, gingen in die Nebengelasse, und im Nu verschwanden sie aus diesen irgendwohin.« Hier wird der dämonische Charakter des unheimlichen Tanzfestes deutlicher spürbar, man ahnt, daß die Prinzessin aus eigener Kraft sich nicht mehr dem verhängnisvollen Einfluß entziehen kann. Zur rechten Zeit ist der Arme gekommen.

VII. Zauberflöte und Teufelsgeige

Ein beliebtes Motiv vieler Märchen der verschiedensten Erzähltraditionen ist die Zauberflöte oder die Wundergeige, der geheimnisvoll wirkende Dudelsack oder sonst ein Instrument, das mehr kann als nur leibliche Töne von sich zu geben. In manchen Geschichten haben diese Instrumente eine Schutzfunktion: Ihr freundliches Getön kann die wilden Tiere zähmen, haßerfüllte Menschen friedlich stimmen, das Chaos in eine Ordnung formen. Das Wunderpfeifchen kann die entlaufenen Tiere, die der Hirte hüten sollte, wieder zusammenbringen. Aber da gibt es auch Instrumente, die eine andere Wirkung haben: Wer ihre Töne hört, muß tanzen, ob er will oder nicht, muß hohe Sprünge machen und kann nicht wieder aufhören, bis der Spieler mit seinem Musizieren endet. Ein solches Instrument hat seine gefährliche Seite, es kommt darauf an, was einer damit anfängt, ob er seine Macht mißbraucht oder ob er verantwortlich damit umgeht.[8]

Das Märchen »Der Jude im Dorn« (KHM 110) ist uns heute etwas peinlich und wir werden es nur mit einem gewissen Unbehagen lesen oder erzählen. Der Jude erscheint in dieser Geschichte als habgieriger Spitzbube, der dann auch noch klischeehaft »Auweih geschrien!« ruft. Hat sich hier der landläufige und beinahe selbstverständliche Antisemitismus in die Märchen geschlichen? Es ist nicht zu leugnen, daß hier stereotype Vorstellungen der Volkserzählungen in die Geschichte einfließen, aber man sollte folgende Zusammenhänge nicht außer acht lassen: In parallel erzählten Geschichten mit der gleichen Thematik ist es kein Jude, sondern ein aus einem Kloster entlaufener Mönch, der die Rolle des Halunken innehat. Und in einer spanischen Version sind es – statt des Richters – der Papst und die Kardinäle, die den armen Knecht freisprechen müssen, wollen sie nicht bis zur Erschöpfung weitertanzen.

Was ist nun an dem Motiv so interessant? Ein fleißiger Knecht, der von seinem Herrn grausam betrogen wurde, bekommt von einem magischen Helfer drei Wünsche frei. Ein Wunsch ist: Er möchte eine Fiedel, die so unwiderstehlich wirkt, daß alle Leute, die den Klang hören, tanzen müssen. Als nun der Knecht einen Vogel schießt und der in die Dornen fällt, will der Jude – oder der entlaufene Mönch – den Vogel holen. Just in diesem Moment fängt der Fiedler zu spielen an. »Gleich fing auch der Jude an die Beine zu heben und in die Höhe zu springen; und je mehr der Knecht strich, desto besser ging der Tanz. Aber die Dornen zerrissen ihm den schäbigen Rock, kämmten ihm den Ziegenbart und stachen und zwickten ihn am ganzen Leib.« Erst als sich der Jude mit einem Geldbeutel freikauft, wird das makabre Tanzspiel beendet. Die darauffolgende Anklage in der nächsten Stadt führt zur Verhaftung des Knechts und zu seiner Verurteilung wegen Raubes und Körperverletzung. Erst die letzte Bitte – ein letztes Geigenspiel – führt dazu, die Unschuld des Knechts zu beweisen. Der Richter und alle Anwesenden müssen, ob sie wollen oder nicht, mittanzen. »Und je länger er spielte, desto höher sprangen die Tänzer, daß sie sich einander an die Köpfe stießen und anfingen jämmerlich zu schreien.« Nun wird der Knecht freigesprochen und der wahre Schuldige seiner Strafe überführt.

Das ist nun wahrlich ein anderer Tanz als das fröhliche Tanzfest im königlichen Ballsaal. Das Tanzenmüssen ist eine schreckliche Qual, eine hypnotisch-suggestive Überwältigung, die von allen Beteiligten als peinigend empfunden wird. Vielleicht hat sich in unser Märchen eine Erinnerung an die Exzesse des Veitstanzes hineingemengt, der die Menschen in einem manischen Zwang erfaßte und den freien Willen ausschaltete. Die Fiedel ist zur Waffe geworden, die der Besitzer einsetzt, um sein Recht zu erweisen. Übrigens kommt das Motiv des Zauberinstruments, dem keiner widerstehen kann, schon in der Antike vor. Auch da gab es schon die Zauberflöte, die bewirkt, daß man die Leute »nach seiner Pfeife tanzen lassen kann«, wie das Sprichwort bezeichnenderweise sagt. In seinem Hirtenroman »Daphnis und Chloe« erzählt Longus, daß Daphnis von Seeräubern verschleppt worden sei. Chloe spielt nun auf ihrer Flöte eine geheimnisvolle Melodie, die die Piraten auf ihrem Schiff zum Tanzen bringt. Ihr Schiff kentert, die Seeräuber gehen unter, nur Daphnis kann sich schwimmend retten.

Nicht minder schrecklich ist das Ende der bösen Stiefmutter in unserem Schneewittchen: In glühenden Pantoffeln muß sie sich zu Tode tanzen. Der Tanz wird zur grausamen Todesstrafe. Auch bei diesem Motiv mögen die Tanzwut und der Veitstanz Pate gestanden haben, bei denen die Betroffenen bis zur äußersten Erschöpfung – und manchmal bis zum Tode – getanzt haben.

VIII. Elfentanz und Anderswelt

Wir haben es schon gehört: Harmlos ist das Tanzen nicht; neben dem hochzeitlichen Tanzfest gibt es manche andere Tänze, in denen es höchst gefährlich zugeht. – Zu den besonders beliebten Motiven der irischen und schottischen Märchen gehören die Begegnungen mit dem Elfenvolk, die im Verborgenen ihre Behausung haben, sich selten sehen lassen, aber doch manchmal beobachtet werden können. Von den Elfen sagt man, sie seien hervorragende Musikanten und Tänzer. Wer ihnen zuschaut, kann in den Wirbel ihrer Tänze hineingerissen werden, ohne daß er recht weiß, wie es geschieht. Dann verliert er aber jedes Zeitgefühl; und wenn er überhaupt das Glück hat, wieder freizukommen und in die Menschenwelt zurückzukehren, sind lange Zeiträume vorüber, vielleicht ist das ganze Leben schon vergangen.

Aber es kann sein, daß man auch wunderbare Gaben gewährt bekommt. In der schottischen Geschichte von den Nithdale-Elfen[9] wird erzählt: »Ein junger Mann von Nithdale hörte eines Nachts eine wilde und wunderbare Musik, von der er ganz verzaubert war, dazu den Klang eines Chors gemischter Stimmen, schöner und lieblicher als alles, was je eine sterbliche Kehle hervorbringen konnte. – Ein grüner Tisch mit Füßen aus Gold war über einem kleinen Wasserlauf aufgestellt und reich besetzt mit feinem Brot und köstlichen Weinen. Die Musikanten spielten zum Tanz auf dünnen Schilfrohren und Getreidehalmen. Er wurde eingeladen, beim Tanz mitzumachen, und ein Becher Wein wurde ihm dargereicht. – Als das Bankett vorüber war, erlaubte man ihm, nach Hause zu gehen, und von da an war er für sein ganzes Leben mit dem zweiten Gesicht begabt.«

Die Elfen scheinen Wesen zu sein, die eigene Sitten haben und über andere Fähigkeiten verfügen als die Menschen. Sie können freundlich und hilfsbereit sein, aber auch tückisch und gefährlich. Es sind Naturwesen, aber sie verfügen offenbar auch über eine eigene Kultur. Vor allem ihre Musik macht sie zu faszinierenden Wesen, die man gerne belauschen möchte, weil die wunderbaren Klänge und Weisen aus einer anderen Welt zu kommen scheinen. Ein Zauber liegt über dieser Musik, sie reißt die Menschen aus ihrer Sphäre und entführt sie in sonst nicht erreichbare Dimensionen. In unserer Geschichte wird erzählt, daß ihr Tisch über einem Wasserlauf errichtet war: Sie sind Grenzwesen, über dem flüssigen Element angesiedelt, deshalb verschwinden sie so schnell, wenn sie gestört werden. Aber sie laden auch zu Tisch, rufen in den Tanzkreis hinein, entlassen wieder freundlich und begaben den Gast sogar mit einer besonderen Fähigkeit: dem zweiten Gesicht. Es wird ihm ein zusätzliches Auge geschenkt, eine geheimnisvolle Wahrnehmungskraft, die das Kommende schon sehend vorwegnehmen kann. Er hat über die Grenze geschaut, hat Anteil bekommen an einem größeren Rhythmus, nun ist er den Menschen einen Schritt voraus. Das ist auch eine Tanzschule, aber im Sinne einer Mystagogie, der Einweihung in einen Mysterienbereich.

Übrigens ist das Motiv der Begegnung mit der Elfenwelt, mit dem »kleinen Volk«, auch sonst in der Welt weitverbreitet. Manchmal sind es allerdings keine Feen und Elfen, sondern Hexen und Dämonen, denen man begegnet. »Die Elfen beschenken den gutherzigen Teilnehmer mit ihrer Fröhlichkeit, geben aber, wenn sie mißgelaunt sind, dem Menschen gern eine häßliche Gestalt und entstellen ihn«, heißt es bei Bolte/Polivka[10]. Wer keine Angst hat und couragiert, aber auch verständnisvoll mit den geheimnisvollen Wesen umgeht, kann mit ihren Gaben rechnen. Da die Elfen nur einen unvollständigen Wochenkalender haben und manche Tage nicht benennen können, erweitert der Gast ihre Kenntnis und wird dafür belohnt. Der Bucklige, der mit den Elfen anmutig tanzt, verliert seinen Buckel, der Tölpel, der sich nicht zu benehmen weiß, bekommt diesen Buckel noch zusätzlich aufgesetzt. Hier ist also die Tanzbereitschaft und das höfliche Entgegenkommen die entscheidende Probe, ob der Gast der Elfen beschenkt wird und heil davon kommt oder ob ihm übel mitgespielt wird.

IX. Tanzlegenden

Bekanntlich ist eine säuberliche Trennung der Erzählgattungen von Märchen, Sage und Legende nur schwer möglich, in manchen Traditionen ist die Grenzziehung fließend, deshalb soll hier noch ein Blick in die Legendenüberlieferung geworfen werden. Da gibt es nämlich das Motiv vom »Tänzer unserer lieben Frau«, das in vielen Varianten tradiert wird. Ein Gaukler und Tänzer hat eben nur die Gabe mitbekommen, das Tanzbein zu schwingen. Und weil er nun ein frommer Mann ist und vor dem Madonnenbild nur mit seinen Füßen beten kann, weil er zum Wortefinden keine Begabung hat, deshalb bringt er der lieben Frau seinen ehrfürchtigen Tanz dar. Als aber nun die engstirnigen Frommen mit ihren konventionellen Gebetsformen den frommen Tänzer aus der Kirche weisen wollen, flüchtet er sich zu den Füßen der Madonna. Die aber wendet sich ihm huldvoll zu und wirft ihm einen goldenen Schuh als Zeichen ihres Dankes in den Schoß.

Als sich Gottfried Keller einmal mit alten Legenden befaßte, bekam er Lust, sich der »kirchlichen Fabulierlust« zu bedienen und selbst im Legendenton solche Geschichten zu erzählen. Im »Tanzlegendchen«[11] erzählt er von dem anmutvollen Jungfräulein Musa, »welches der Mutter Gottes fleißig diente, nur von *einer* Leidenschaft bewegt, nämlich von einer unbezwinglichen Tanzlust, dermaßen, daß, wenn das Kind nicht betete, es unfehlbar tanzte. Und zwar auf jegliche Weise. Musa tanzte mit ihren Gespielinnen, mit Kindern, mit den Jünglingen und auch allein; sie tanzte in ihrem Kämmerchen, im Saale, in den Gärten und auf den Wiesen, und selbst wenn sie zum Altar ging, so war es mehr ein liebliches Tanzen als ein Gehen, und auf den glatten Marmorplatten vor der Kirchentüre versäumte sie nie, schnell ein Tänzchen zu probieren.« – Soweit hält sich Gottfried Keller noch an die alte Erzähltradition. Dann allerdings sticht ihn der Haber, er läßt seine tanzlustige Musa in der Kirche dem König David begegnen, der sich aber offensichtlich gar nicht mehr an seine eigene Tanzfreude erinnert, sondern dem Mädchen das Versprechen abverlangt, auf alle irdischen Tänze zu verzichten, damit es die ganze ewige Seligkeit in einem unaufhörlichen Freudentanz verbringen dürfe. Und dann rutscht das Legendchen leider in ein unernstes ironisches Spiel ab, schade. Die Legenden, auf die sich Gottfried Keller beruft, vertrösten gerade nicht auf einen jenseitigen Himmelsreigen, sondern betonen: Jetzt schon ist Tanzzeit, hic Rhodos, hic salta. Jetzt schon freut sich Gott und freut sich die Madonna über das, was du ihm darbringst: den Tanz.

X. Tanz im kosmischen Einklang

«Wer nicht tanzt, begreift nicht, was sich begibt«, das ist ein Wort aus den apokryphen Johannesakten, einer Schrift christlicher Gnostiker.[12] In dieser Schrift wird sogar erzählt, daß Jesus mit seinen Jüngern im Abendmahlsaal einen kultischen Reigen getanzt habe. Auch manche Kirchenväter sprechen von Christus als dem »himmlischen Vortänzer«, der den Tanzchor anführt. Dieser Tanz hat eine ganz bestimmte symbolische Funktion: Die Welt soll aus ihrer Zerrissenheit und Dunkelheit erlöst und wieder zur großen kosmischen Einheit mit ihrem Schöpfer gebracht werden. Honorius Augustodunensis sagt: »Durch die Tänze wird der Umschwung des Firmaments nachgeahmt; durch die Gesten der Hände werden die Elemente verknüpft; durch den Ton des Gesangs tönt die Harmonie der Planeten zusammen; durch die Bewegungen des Körpers wird der Gang der Sternbilder nachgeahmt; durch das Klatschen der Hände und das Stampfen der Füße wird der Laut des Donners hörbar.«[13] Der Tänzer schwingt sich also hinein in die große kosmische Bewegung, die der Schöpfung zugrunde liegt. Er bringt zur Anschauung, was zum besseren Verständnis der Welt nötig ist, daß überall eine geheimnisvolle Ordnung den Dingen zugrunde liegt. Wer tanzt, kann begreifen, was sich begibt. Lukian nennt den Tanz die harmonievollste aller Künste. Und selbst wenn man nur als Zuschauer am Geschehen teilnimmt, geht von den Tanzdarbietungen eine verändernde Wirkung aus, weil man »allemal besser davon zurück zu kommen glaubt«. Beim Zuschauer wird also eine Katharsis bewirkt, darin klingt noch die kultische Wurzel der dramatischen und tänzerischen Spiele nach. »Und so verschafft ihnen dieses Schauspiel in der Tat jenes delphische ›Erkenne dich selbst‹, und sie gehen besser unterrichtet über das, was sie zu tun und zu lassen haben, von dannen als sie gekommen waren.«

Anmerkungen

1 Lukian von Samosata, Dialog von der Tanzkunst, aus dem Griechischen übersetzt von Christoph Martin Wieland, in: Max von Boehn (Hg.), Der Tanz, Berlin 1925, S. 137.

2 Vgl. dazu: Jacob Burckhardt, Griechische Kulturgeschichte, Band III (dtv-Bibliothek), München 1977, S. 126–147.

3 Schwarzer Hirsch, Ich rufe mein Volk. – Leben, Traum und Untergang der Ogalalla-Sioux; aufgeschrieben von John Neihardt, München 1962. – Vgl. auch: Die heilige Pfeife. Das indianische Weisheitsbuch der sieben geheimen Riten. Olten.

4 Ich rufe mein Volk. a. a. O., S. 22–40.

5 Max von Boehn, Tanzwut und Totentanz, in: Der Tanz, 64.

6 Vgl. dazu Heino Gehrts, Das Märchen von den zertanzten Schuhen, in: Schamanentum und Zaubermärchen, Kassel 1986, S. 160–177.

7 Die Nachtschwärmerin, in: Joseph Schütz (Hg.), Jugoslawische Märchen, Frankfurt/M. 1972, S. 114–119.

8 Vgl. dazu Gisela Just, Magische Musik im Märchen. Artes populares Band 20, Frankfurt u. a. 1991, S. 15–57.

9 Drei Geschichten von den Nithsdale-Elfen, in: Schottische Volksmärchen (hg. von Hannah Aitken und Ruth Michaelis-Jena), Düsseldorf 1972, S. 192 f., vgl. auch: Die Zauberharfe, in: Märchen aus Wales (hg. von Frederik Hetmann), Düsseldorf 1982, S. 184 f. Dort wird erzählt, daß die Feen in Verkleidung manchmal die Menschen besuchen, um ihre Gastfreundschaft zu prüfen. Werden sie freundlich aufgenommen, so geben sie einen Wunsch frei. Morgan wünscht sich eine Harfe und fängt an, »auf einer Harfe zu spielen. Aber kaum war der erste Ton heraus, so war auch schon die ganze Gesellschaft auf den Beinen – hast du nicht gesehen – fingen sie an zu tanzen, als ob sie den Verstand verloren hätten, sprangen an die Decke, schlenkerten die Beine weit aus und setzten über Tische und Stühle hinweg. Dabei schrien und flehten sie unablässig, Morgan solle aufhören zu spielen, aber der alte Spaßvogel harfte so lange, bis ihm selber die Finger wehtaten.«

10 BP, Dritter Band, S. 324–329.

11 Gottfried Keller, Das Tanzlegendchen, in: Sieben Legenden, Stuttgart 1954, S. 107–116.

12 Der Hymnus Christi aus den Johannes-Akten, in: Perlenlied und Thomas-Evangelium. Texte der frühchristlichen Gnosis (hg. von Otto Betz und Tim Schramm), Zürich 1993, S. 136–138.

13 Vgl. dazu: Hugo Rahner, Der spielende Mensch, Einsiedeln 1952.

Renate Zelger

»TROMMELN UND PFEIFEN, HÖRNER UND GEIGEN«
Wie der Teufel musiziert, tanzt und spielt

»Hans machte sich auf den Weg zu seinem Vater, kaufte sich einen schlechten Linnenkittel auf den Leib, ging herum und machte Musik; denn das hatte er bei dem Teufel in der Hölle gelernt.«

So berichtet uns ein Märchen[1], in dem erzählt wird, wie ein abgedankter Soldat dem Teufel sieben Jahre lang als Kesselheizer diente. Nach seiner Entlassung aus der Hölle bereitete der Soldat mit seinem Spiel einem König solche Freude, daß dieser ihm die jüngste Tochter zur Frau und nach seinem Tod das ganze Reich gab.

Ausgerechnet in der Hölle soll ein rauher Landsknecht, der vielleicht zum Kesselheizen geeignet, aber doch wohl nicht zum Musizieren begabt ist, das Spielen eines Instrumentes so bravourös erlernt haben, daß er sogar die Gunst eines Königs erringen konnte? Wir kennen Himmelschöre und harfenspielende Engel, aber wer hätte schon jemals etwas von einem musizierenden Teufel gehört? Alle Geräusche, die aus der Hölle ertönen, sind Geschrei und Stöhnen derjenigen, die höllische Martern erdulden müssen. Wie also kommt wohl das Märchen zu der Erzählung vom musikliebenden Teufel?

Um für dieses Motiv eine Erklärung zu finden, bedarf es zunächst eines Rückblicks auf die griechische Mythologie. Als nämlich Orpheus seine Gattin Eurydike durch einen Schlangenbiß verloren hatte, rührte er die Beherrscher des Hades durch seinen schönen Gesang so sehr, daß sie ihm gestatteten, Eurydike aus dem Totenreich auf die Erde zurückzuführen. Daß ihm dies dennoch nicht gelang, beruht nicht etwa darauf, daß Orpheus als Sänger versagte, sondern lag vielmehr daran, daß er sich gegen das Gebot der Unterirdischen rückwärtswandte, weil er die Schritte der Toten nicht zu hören vermochte und sich deshalb betrogen glaubte.

Die zauberischen Kräfte des orphischen Gesanges rühmten später auch gelehrte Magier der Renaissance, und einer von ihnen schilderte, wie er den König von Aragon mit orphischen Hymnen in Ekstase versetzt habe.[2]

Eine weitere Wurzel für das Motiv des musikliebenden Teufels läßt sich in der Zwergenmythologie finden. Denn auch die Zwerge, die zwar nicht in der Hölle, wohl aber in der Unterwelt beheimatet sind, nämlich im unterirdischen Wurzelwerk der Bäume, zeigen einen unwiderstehlichen Hang zu Musik und Tanz.

Eine dritte Erklärung für das Motiv der musizierenden Höllenbewohner könnte die Vorstellung sein, daß in alten Zeiten die Entstehung von Tönen und Klanggebilden als etwas Geheimnisvolles galt und darum in die Nähe diabolischer Mächte gerückt wurde. Doch verstand man schon in der Antike die Musik nicht allein als Magie, sondern als Weltenbauprinzip. Neben der »musica instrumentalis« und der »musica humana«, nämlich der im Menschen tönenden Seelenharmonie, läßt sich die »musica mundana« vernehmen, die man sich als Sphärenmusik vorzustellen hat. Nach Pythagoras[3] entstand eine solche Weltenmusik durch die Bewegung der Himmelskörper Sonne, Mond und Sterne. Aber nur für das geistige Ohr, so sagt Plato, sei die Sphärenmusik vernehmbar. Für den, der diese Musik zu hören versteht, bewahrheitet sich die Lehre Platos: die Welt tönt, sie ist eine auf Harmonie gegründete Ganzheit. Und in dieser Ganzheit finden auch die Dämonen ihren Platz.

Wenn wir nun aber vom musizierenden Teufel sprechen, müssen wir uns von dem gängigen Teufelsbild eines bocksfüßigen und gehörnten Ungeheuers lösen. Der Teufel der Märchen und Sagen ist nicht jenes grauenhafte Untier, als welches ihn die mittelalterliche Kirche darstellt. Er tritt in vermenschlichter Gestalt auf, und seine Hörner, der Schwanz und der Pferdehuf sind oft nicht mehr erkennbar. Vor allem in den Märchen macht sich der Teufel diese Travestiebegabung zunutze, während er in den Sagen vorwiegend ein dämonisches Erscheinungsbild aufweist. Das mag mit dem Wesensgehalt der Sage zusammenhängen. Denn »die Sage kreist um das Geheimnisvolle-Numinose; bei Sagen im engeren Sinne denkt man an Berichte über <...> Wesen, die etwas Jenseitiges an sich haben.«[4]

Die spätmittelalterliche Veränderung im Erscheinungsbild des Teufels, vom schreckenerregenden Dämonen zu einem Vertreter der mittelalterlichen Ständegesellschaft, läßt sich nicht zuletzt auf die Erstarkung des menschlichen Individuums zurückführen. In Städten und auf Klosterhöfen hatten sich blühende Handwerkszweige entwickelt, und die Menschen waren hinter den festen Mauern größerer Ansiedlungen wilden Tieren und Naturkatastrophen nicht mehr schutzlos ausgeliefert. Im Zuge dieser Entwicklung verliert auch der Teufel nach und nach sein dämonisches Wesen und vor allem auch seine Überlegenheit im Umgang mit den Menschen. Die List, mit der sich die Menschen aus einem Vertrag mit dem Teufel zu lösen vermögen, beruht auf der wachsenden Kenntnis in naturwissenschaftlicher und theologischer Wissenschaft. Dieser Zusammenhang wird deutlich an dem Wortstamm lis = Wissen, der die etymologische Wurzel für List bildet.

Eine solche Entdämonisierung führt zwar noch nicht dazu, daß der Teufel als das personifizierte Böse im Inneren des Menschen selbst gilt, wie später im Zeitalter der Aufklärung, wohl aber hat er durch seine Travestiebefähigung nahezu unbegrenzte Möglichkeiten. Er tritt als Adeliger und Bürger, als hübscher junger Mann und manchmal sogar als Frau auf, letzteres, um Mönche und Priester oder auch unschuldige Knaben zu verführen. Im Rahmen dieser Verwandlungskünste läßt sich auch sein Auftreten als Musikant und Freund der Spielleute verstehen.

Einem Spielmann, der um Mitternacht auf einem Kreuzweg Musik macht, legt der Teufel den Finger auf die Schwögel.[5] Das Eingreifen des Teufels bringt für den Spielmann einen überraschenden Erfolg. Denn von da ab beherrscht der Spielmann sein Instrument so gut, daß man »weit und breit keine Hochzeit und keinen Tanz gehalten, wo unser Schwögler nicht auf der Spielbank gesessen wäre.«[6]

Im Märchen »Die eisernen Stiefel«[7] sitzen die Teufel in einem Schiff, musizieren und singen. Sie schlagen die Trommeln, blasen die Pfeifen und bringen die Saiten der Geigen zum Klingen. Bis zum heutigen Tag wird in der Steiermark noch die sogenannte Teufelsgeige gespielt. Sie besteht aus einem mannshohen Holzstab, an dessen unterem Ende eine Blechdose befestigt ist. Von ihr führen straff gespannte Eisendrähte an die Spitze, auf der eine Zimbel schaukelt. Man spielt die Teufelsgeige, indem man sie im Takt auf den Boden stößt und abwechselnd die Dose, die Drähte und die Zimbel mit einem Holzklöppel schlägt. Es läßt sich vorstellen, daß dieses Instrument einen höllischen Lärm vollführt.

Das Instrument, das der Teufel am besten beherrscht, ist die Trommel. In dem Märchen »Von den achtzehen Soldaten«[8] übernimmt der Teufel die Aufgabe des Tambours, der bei der Prinzessin liegt und sich vor dem Weckruf nicht rühren darf, um die Verzauberte zu erlösen. »Gegen Morgen fiel es dem Tambour brühheiß ein: holla, wer kann dann die Reveille schlagen, wenn ich bei der Prinzessin liege! Als er gerade herausspringen wollte, da begann es auf einmal Reveille zu schlagen, aber was für eine Reveille! So hatte der Tambour noch keine gehört. Es war gerade, als ob zehn mal hunderttausend Tamboure im Schloßhof stünden und schlügen.«

Der Teufel übernimmt hier, offensichtlich mit Begeisterung, die Pflicht des Tambours. Er singt auch gern, und zwar mit heller Stimme die lustigsten Lieder, womit er sich in der Gestalt eines Jägers bei den Mädchen einschmeichelt.[9] Sind mehrere Teufel beisammen, bevorzugen sie den Chorgesang.

Spielleute haben vom Teufel nichts zu fürchten, sondern können sogar mit seiner Hilfe rechnen. So bringt er einen Flötenspieler, der sich auf einer Versammlung »einen schönen Stüber verdienen möchte«, als weißes Pferd in einer halben Stunde zum Versammlungsort, der »sechzehn tüchtige Stunden« entfernt ist.[10] Das Musizieren, so sagt der Teufel, sei eine Kunst, die es auch für Höllenbewohner zu erlernen lohne.[11]

Daß der Teufel die Trommel und die Flöte bevorzugt, kommt nicht von ungefähr. Die wilden Rauschtänze der Mänaden, jener rasenden Begleiterinnen des bocksfüßigen und gehörnten – und somit teufelsähnlichen – Halbgottes Dyonisos, werden von dem ohrenbetäubenden Getöse der Handpauken, Zymbeln und Klappern, vom durchdringenden Ton der Hörner und dem grellen Pfeifen der großen Doppelflöten begleitet. Eine weitere Erklärung der teuflischen Vorliebe für Pfeifinstrumente läßt sich in der Geschichte finden. Das Flötenspiel galt den mittelalterlichen Kirchenlehrern als Brückenpfeiler zur sinnlichen Liebe, zu Trunkenheit und vernunftwidriger Leidenschaft.

»Die Schwegelpfeife«, so sagt der Kirchenlehrer Clemens von Alexandria in seiner Schrift ›Über Unterhaltungen bei Gastmählern‹, »wollen wir den Hirten lassen, die Flöte den abergläubischen Menschen, die zum Dienste der Götzen eilen.« Und ebenso entflammen Trompete, Syrinx und Cymbel die Begierden und erwecken sinnliche Lust. Sie erweisen sich in manchen Schlachten als wirksame Instrumente des Krieges, weil sie durch ihren aufreizenden Klang die Kampfeswut schüren.

Daß Pfeifinstrumente eine verhängnisvolle Macht ausüben können, zeigt auch das Märchen »Die Zwerchpfeife«. Denn ein Soldat zwang den Teufel, zur Musik seiner Pfeife »wie besessen« zu tanzen, »daß seine Hörner an die Decke stießen und sein Schwanz die Stube fegte, bis der dicke weiße Schaum auf ihm stand.« Den geschwächten Teufel vertrieb der Soldat mit einem Fußtritt, »daß er wenigstens fünfzig Schritt weit hinausflog.« Sicher nicht aus Liebe zur Musik, sondern aus Furcht vor der Zwerchpfeife machten die Teufel in der Hölle den Soldaten zu ihrem Obersten.[12]

Erschien den mittelalterlichen Kirchenlehrern nur rauschende, ekstatische Musik bestimmter Instrumente als sittenverderbend, so galt der Tanz uneingeschränkt als teuflisches Laster. Während in der Antike kein Mysterienkult ohne Tänze denkbar war, sagt Hugo von Trimberg in seinem Lehrgedicht »Der Renner«: »Wo Tanz ist, da ist auch der Teufel.«[13] Und »De saltatione Christiana«, »Ob einem Christen zu tantzen erlaubt sey«, nennt sich eine Doktorarbeit aus Rostock noch im Jahre 1719.

Wenn ein Mauerblümchen auf dem Tanzboden seufzt: »Selbst wenn der Teufel mich zum Tanz aufforderte, ich schlüge es ihm nicht ab«, begibt sich dieses Mädchen in die Gefahr, daß der Teufel mit ihr bis in die Hölle tanzt.[14] Der Teufel ist ein leidenschaftlicher, bei den Mädchen beliebter Tänzer und erscheint auch ohne Einladung auf der Tanzfläche. Wird aber der wilde Tänzer an seinen ekstatischen Sprüngen und glühenden Augen als Teufel erkannt, muß sogleich die Musik abbrechen und die Menge einen Choral singen. Bei der beschwörenden Formel »Ihr Höllengeister packet euch!« verschwindet der Teufel, ohne ein Mädchen in die Hölle entführen zu können.

Der Tanz des Teufels hat also nichts mehr mit einem rituellen Dämonentanz oder einem religiösen Mysterientanz zu tun. Vielmehr tritt der Teufel als vollziehendes Organ göttlicher Strafgerichtsbarkeit auf. Der Tanz ist nämlich im Mittelalter mit dem Geruch der Sündhaftigkeit behaftet. Denn daß er teuflischen Ursprungs sei, weil es mit dem Tanz um das Goldene Kalb seinen Anfang genommen habe, ist die Überzeugung mittelalterlicher Kirchenlehrer. In diesem Sinne äußert sich auch Sebastian Brant in seinem »Narrenschiff«.

»Die hielt ich fast für Narren ganz,
Die Lust und Freude haben am Tanz
Und springen herum grad wie die Tollen,
Im Staub sich müde Füße holen.
Aber wenn ich bedenke dabei,
Wie Tanz mit Sünde entsprungen sei,
So kann ich merken und betrachte,
Daß ihn der Teufel wohl aufbrachte,
Als er das Goldne Kalb erdachte
Und schuf, daß man Gott ganz verachte.[15]

Das Mißfallen, das die mittelalterliche Kirche an allzu weltlichen Lustbarkeiten, insbesondere an Tanzvergnügungen, äußert, gilt in verstärktem Maße dem Spiel. Und tatsächlich gehört den Gauklern und Spielleuten die besondere Zuneigung des Teufels.

In den zahlreichen Geschichten von den Teufelswetten kommt die Spielleidenschaft des Teufels zum Ausdruck. Obwohl er stets den kürzeren zieht und vom Menschen betrogen wird, tritt er immer wieder zum spielerischen Wettkampf an.

In dem Märchen »Die drei Wettkämpfe«[16], einem der zahlreichen Redaktionen dieses Motivs, werden die Teufel im Wettspiel besiegt, weil der menschliche Gegner beim Wettlauf einen Hasen als seinen Sohn, beim Wettringen einen Bären als seinen Großvater vorstellt. Der Oberteufel, der darum wettet, wer das stärkste Gewitter machen könne, wird in eine Kanone gelockt und mit solcher Gewalt abgefeuert, daß er bei seinem Aufprall in der Hölle »vierzig Teufeln die Hälse zerbrach.«

Es ist aber nicht nur der Sieg selbst, um den der Teufel kämpft, sondern sein Spiel geht immer auch um einen Einsatz, meistens um die Seele eines Menschen. Die Spannung entsteht – wie bei allen Spielen – durch die Unsicherheit des Ausgangs, umso mehr, als es sich um ein Spiel mit dem Leben und Seelenheil handelt.

Neben dem spielerischen Wettkampf liebt der Teufel vor allem das Würfelspiel. Nicht immer galt dieses Spiel als höllisches Laster. Es konnte durchaus Teil religiöser Handlungen sein. Gemäß einer altindischen Überlieferung dachte man sich sogar die gesamte Welt als ein Würfelspiel, das der Gott Siva mit seiner Gemahlin spielte. Und auch in der germanischen Mythologie versammelten sich, nachdem die Welt geordnet war, die Götter zum Würfelspiel. Zu Unrecht wunderte sich daher Tacitus darüber, daß die Germanen das Würfelspiel als ernsthafte Beschäftigung betrieben und das einmal gegebene Wort auch beim Würfelspiel einlösten. So merkwürdig das Wort »Ehre«[17] auch im Zusammenhang mit dem Fürsten der Finsternis klingen mag: für den Teufel gilt der Spruch: »Spielschuld ist Ehrenschuld«. Ohne verdrehende Auslegung der Abmachung hält er alle Verbindlichkeiten ein, seien sie nun durch Spiel oder einen ernsthaften Vertrag entstanden. Der Teufel unterwirft sich nicht nur der kanonischen Rechtslehre, die fordert, daß ein Versprechen gehalten werden müsse, sondern er fühlt sich als gefallener Engel immer auch noch in Gottes Rechtsordnung[18] eingebunden. »Ich muß mein Eid halten, darumb so far ich davon«, sagt er zu einem Ritter, dem er zu Turniersiegen verholfen hat.[19]

Von einer sakralen Bedeutung des Würfelspiels ist allerdings im Mittelalter nichts mehr spürbar. Karten- und Würfelspiel gelten als höllische Laster. Um den Teufel als Mitspieler zu gewinnen, bedarf es nur einer kurzen Einladung. Die Spieler, denen ein Mann in der Partie fehlt und die sich daher laut wünschen: »Wenn nur jemand käme, und wär's der Teufel selbst«, wird der Wunsch schnell erfüllt.[20] Natürlich ist der Teufel den anderen Spielern überlegen und nimmt ihnen alles Geld ab. Der Teufel spielt also nicht nur um den Besitz der Seele, sondern gemäß mittelalterlichen Gepflogenheiten auch um irdische Güter. Da sein Spiel jedoch immer mit einem hohen Einsatz verbunden ist, überwiegt das kämpferische Moment und läßt ein fröhliches Sichgehenlassen gänzlich vermissen.

Daß Karten- und Würfelspiele als sittlich verwerflich galten und damit in die Nähe teuflischer Laster gerückt wurden, ist auch bei Sebastian Brant zu lesen:

»Spiel kann wohl niemals sein ohn Sünd,
Ein Spieler ist nicht Gottes Kind:
Denn Spieler all des Teufels sind!«[21]

Die weltliche Obrigkeit versuchte der mittelalterlichen Spielleidenschaft durch städtische Verordnungen Herr zu werden. Spielverbote wurden erlassen, weil das Spiel Anlaß zu bösen Schwüren gebe und manchen um Hab und Gut bringe. Das Spiel an sich sei sündig, lasse die Arbeit versäumen, schaffe unrecht Gut und befördere Fluchen, Gotteslästerung, Hurerei, Ehebruch und Schläge.[22] Die Strafen für verbotenes Spiel waren hart: Pranger, Turmhaft oder Verbannung, auch das Ausstechen der Augen als sogenannte spiegelnde Strafe in Bezug zu den Augen der Würfel. Der Teufel aber weiß sich auch beim verbotenen Glücksspiel immer der irdischen Strafgerichtsbarkeit zu entziehen.

Die Abneigung der mittelalterlichen Kirche gegen den Tanz, der wegen seiner Gefühlserregung als sündig galt, die städtischen Spielverbote, die dazu dienten, den Bürger vor dem Verlust von Hab und Gut zu schützen, aber auch die Spuren, die zu den mythologischen Wurzeln tanzender und musizierender Dämonen und Halbgottheiten führen, geben noch nicht eine erschöpfende Auskunft auf die Frage, warum sich der Teufel in besonderem Maße zu Spielleuten und Gauklern hingezogen fühlte.

Ein Blick in die Geschichte kann zur weiteren Klärung beitragen. Kreuzzüge hatten die Straßen mit Gläubigen, aber auch mit Abenteurern und keineswegs harmlosen Landfahrern gefüllt. Die Pest trieb Flagellanten und Bußprediger von Ort zu Ort, der Bauernkrieg hatte zahllose Bauern ins Elend und damit in die Ungesetzlichkeit getrieben. Im Spätmittelalter tauchten dann vermehrt fahrende Leute auf, denen man schon im Fränkischen Reich vereinzelt begegnet war: Spielleute, Musikanten und Gaukler, Quacksalber und Marktschreier. Das Volk bestaunte und belachte die Spielleute, aber es verachtete sie zugleich, und diese Verachtung erhielt im Mittelalter rechtliche Gestalt.

Die Ehrlosigkeit der Spielleute, die sich darin ausdrückte, daß diese ihr Selbst zu Erwerbszwecken preisgaben und sich so den unfreien Knechten gleichstellten, zeigte sich an der verminderten Rechtsfähigkeit: wenn ihnen Unrecht geschehen war, durften sie gemäß Sachsen- und Schwabenspiegel nur an dem Schatten Rache nehmen, den ihr Schädiger an die Wand warf. Die Erbitterung über diese Rechtlosigkeit ist an dem Racheakt des Rattenfängers von Hameln, aber auch an den Streichen Till Eulenspiegels spürbar.

Zu dieser Gemeinde der Ausgestoßenen fühlt sich der musizierende, tanzende und spielende Teufel hingezogen. Nicht zufällig erscheint Mephisto dem Faust zuerst im Gewand des Fahrenden Schülers. Denn gerade diese Gruppe des Fahrenden Volks, die Vaganten, gefielen sich in keckem Freidenkertum und Kirchenspott. Von da gab es manchen Übergang zu bedenklichen Zaubereien und Schatzgräberei. Auch bei Hans Sachs finden wir häufig, zum Beispiel im Schwank »Der Fahrend Schüler ins Paradeis«, den fahrenden Schüler als schwindelhaften Magier.

Die Landstraße bedeutete Diebstahl und Betrug, Totschlag, Mord und alle anderen Arten teuflischer Laster. Will man nun also den Teufel als Musikant, Tänzer und Spieler einordnen, bedarf es der Überlegung, ob der Teufel in dieser Travestie dem Fahrenden Volk zuzurechnen ist, das für den seßhaften Bauern und städtischen Bürger alle teuflischen Laster verkörperte.

So ergeben sich im Rahmen des Themas drei verschiedene Sichtweisen: die Berücksichtigung mythischer Wurzeln, des märchen- und sagenhaften Aspektes und des historischen Hintergrundes. Aber auch mit dieser dreifachen Beleuchtung wird immer nur eine kaleidoskopartige Darstellung möglich sein, da der Teufel aufgrund seiner Travestiebefähigung stets eine schillernde Persönlichkeit bleiben wird.

»Welche Gestalt ist so heilig und schön, ja so abscheulich und erschröcklich, daß nicht längstens der Teuffel in selbiger erschienen ist«, schreibt schon der berühmte mittelalterliche Prediger Ignatius Ertl in seinen Sonntagspredigten. Und so steckt auch hinter dem Musikanten und Tänzer doch immer wieder nur der leibhaftige Satan.

Es wäre jedoch ein Fehlschluß, wollte man aus Furcht vor satanischen Versuchungen die Musik, den Tanz und das Spiel insgesamt ›verteufeln‹. Denn ob Freude und Lust sich zu Lastern entwickeln, wird immer davon abhängen, wie Menschen mit ihren Neigungen und Wünschen umzugehen pflegen. Und nicht zuletzt sollte in diesem Zusammenhang ein Ausspruch Kants in Erinnerung gebracht werden:

»Das Böse ist die Triebfeder zum Guten.«[23]

Anmerkungen

1 KHM 100.
2 Richard Kieckhefer, Magie im Mittelalter, München 1992, S. 170.
3 Geb. 582 v. Chr.
4 Max Lüthi, Märchen, Stuttgart 1976, S. 8.
5 Die Schwögel, auch Schwegel genannt, ist ein im Mittelalter häufig gespieltes Instrument: eine kleine klappenlose, mit einer Hand gespielte Querflöte mit drei Grifflöchern.
6 Gustav Neckel, Vom Altertum zum Mittelalter, Reihe Deutsche Sagen Bd. 2, Darmstadt 1964, S. 134.
7 Johann W. Wolf, Verschollene Märchen, Nördlingen 1988, S. 149 ff.
8 Johann W. Wolf, a. a. O., S. 30 ff.
9 Gustav Neckel, Vom Altertum zum Mittelalter, S. 133.
10 Gustav Neckel, Vermischte Sagen, S. 154 f.
11 Paul Zaunert, Deutsche Märchen seit Grimm, 2 Bde. Jena 1922/23, Ndr. Hildesheim 1975, I, S. 152.
12 Johann W. Wolf, a. a. O., S. 168–170.
13 Hugo von Trimberg, Der Renner, Hrsg. G. Ehrismann, Tübingen 1908/10, Vers 1908.
14 Lutz Röhrich, Sage und Märchen, Erzählforschung heute, Freiburg 1976, S 257.
15 Sebastian Brant, Das Narrenschiff, Basel 1494. Hrsg. H. J. Mähl, Stuttgart 1964, S. 216 f.
16 Gottfried Henßen, Volksmärchen aus Rheinland und Westfalen, Elberfeld 1932, Ndr. Hildesheim 1981, S. 89 ff.
17 Gotisch »aistan«, sich vor jemand scheuen, ihn achten, führt zu indogermanischem »ais-«, verehren, ehrfürchtig sein; altitalienische Mundartformen »aisis«, den Göttern; griechisch »aidomai«, scheuen, verehren; althochdeutsch »êre«, Lob, Würde, ist noch kultisch-religiös. Um 1000 Umbruch zum Sittlichen; mittelhochdeutsch »era« wird unter dem Einfluß von Ciceros ›honestum‹ zum ritterlichen Wert. F. Kluge, Etymologisches Wörterbuch, Berlin u. a. 1975, S. 153.

18 Recht bedeutet im mittelhochdeutschen Sprachgebrauch »ordo« im Sinne von »gotes ordenunge«.
19 Paulis Schwanksammlung c 93.
20 Will-Erich Peuckert, Deutsche Sagen, Berlin 1961, I, S. 153.
21 Sebastian Brant, a. a. O., S. 286.
22 Rudolf His, Das Strafrecht des deutschen Mittelalters, Aalen 1964, II, S. 327, FN 3.
23 Reflexionen zur Anthropologie, Werke Bd. 15, S. 790.

Nancy Thym-Hochrein

»WAS WILLST DU FÜR DEIN HARFENSPIEL?«
Die Rolle der Harfe in Volkserzählungen

»Sobald die Gedächtnisbecher aufgetragen wurden, schlug ›Sigurd‹ (Bósi als Sigurd verkleidet) die Harfe so gut, daß man meinte, er hätte seinesgleichen nicht. Als der Becher des Thor in die Halle hereingetragen wurde, änderte er seine Melodien und es entstand Unruhe: lose Gegenstände kamen in Bewegung – Messer, Teller, alles was nicht festgehalten wurde – die Leute sprangen von ihren Sitzen auf und tanzten. ... Dann kam der Becher aller Götter. ›Sigurd‹ änderte wieder seine Melodie, und dieses Mal spielte er so laut, daß die Musik durch den ganzen Palast erklang. Alle sprangen auf ihre Füße, außer dem König und dem Brautpaar. Die Gäste gerieten in heftige Bewegung, und alles andere auch. ... Dann schlug er die Melodien der »scheußlichen Alten«, des »Träumers« und des »Kriegers«. Danach wurde es Zeit für den Becher Odins. ›Sigurd‹ öffnete die Harfe. Sie war mit Gold verziert und so groß, daß ein Mann aufrecht in ihrem Klangkörper stehen konnte. Daraus entnahm er ein paar goldbestickte Handschuhe und schlug den »Kopfputzwerfer«. Dabei wurde der Kopfputz aller Frauen von den Köpfen geweht und tanzte über den Balken des Saales. Alle Frauen und Männer sprangen auf ihre Füße und nichts blieb still an seiner Stelle. Schließlich kam der Becher der Freyja (Liebesgöttin). ›Sigurd‹ fing an, eine Saite anzuschlagen, die quer über den anderen liegt, und sagte dem König, er sollte sich für den *Rammislagr* (Kraftmelodie) bereitmachen. Der König war so von dieser Weise ergriffen, daß er aufsprang – die Braut und der Bräutigam auch –, und niemand tanzte leidenschaftlicher als sie.« (aus der »Bósisaga«, Island, 14. Jh.[1])

»Im Speisesaal der Fomoire hing Dagdas Cruit (keltisches Saiteninstrument)[2] an der Wand. In diesem Cruit hielt Dagda die Melodien so gefangen, daß sie nur durch ihn zum Klingen gebracht werden konnten, wenn er rief: »Komm Daurdabla! Komm Coir-cethar-chuir! Komm Sommer! Komm Winter! Stimmen von Cruit und Sack und Pfeife!« ...

Wenn Dagda also mit dem Cruit sprach, dann sprang das Cruit von der Wand hinunter und tötete neun Fomoire auf dem Weg zurück zu ihm. Er spielte für die Fomoire die drei Dinge, die einen Cruitspieler auszeichnen, nämlich Klänge zum Einschlafen, Klänge zum Lächeln und Klänge zum Weinen. Er spielte die Klänge zum Weinen so, daß die Frauen heulten. Er spielte die Klänge zum Lächeln so, daß die Frauen und Kinder lachten. Er spielte die Klänge zum Einschlafen, und die ganze Gesellschaft schlief ein. Durch diesen Schlaf konnten die drei Männer unverletzt von den Fomoire fliehen, obwohl diese sie töten wollten.« (aus der keltischen Sage »Die Schlacht von Mag Tured« ca. 8. Jh.[3])

Die Harfe ist eines der ältesten Instrumente der Welt und regt mit ihrem zauberhaften Klang und ihrer schönen Gestalt seit frühesten Zeiten die Phantasie der Erzähler von Epen, Märchen, Sagen und Legenden an.[4] In Volkserzählungen der ganzen Welt kommt die Harfe in einer Vielfalt verschiedenster Motive vor. Ein paar der häufigsten werde ich hier beschreiben und erläutern.

Verkleidungen gehören zu Märchen und Sagen aller Art, und die *Verkleidung als Harfenspieler* wird häufig als Mittel zu einem Zweck benutzt – oft die *Befreiung* eines geliebten Menschen. In der deutschen Geschichte »Die getreue Frau« verkleidet sich die Frau eines Kreuzritters als harfespielender Mönch, um ihrem vom türkischen Sultan gefangenen Mann nachzugehen. Der Sultan ist vom Spiel des »Mönches« so entzückt, daß er bereit ist, drei seiner christlichen Sklaven zu befreien.[5] In der nordischen Bósisaga tötet Bósi den Harfenspieler Sigurd, zieht seine Haut über, und so verkleidet, kann er an einer Hochzeitsfeier teilnehmen. Bósi bringt die Hochzeitsgesellschaft so zum Tanzen, daß es ihm gelingt, die Braut (die Frau seines Blutsbruders) in seine Harfe zu stecken und sie zu entführen.[6] Der englische König Alfred verkleidet sich als Harfenspieler, um ins Lager der Dänen zu schleichen.[7] In dem Fall ist es nicht ein Mensch, sondern sein Land, das befreit werden soll. Als Dagdas Cruit die Zuhörer in Schlaf versetzt, können Dagda und sein Gefolge von den Fomoiren entkommen. Das schottische Märchen »The Sea Maiden« (Die Wasserjungfrau) erzählt von einer Königstochter, die ihre Harfe am Strand spielt, um ihren Mann von einer Wasserfrau zurückzugewinnen.[8] In der mittelenglischen Romanze »Sir Orpheo« (die Orpheus-Sage in mittelalterlicher Kleidung des 14. Jhs.)

spielt Orpheo, als Spielmann getarnt, auf seiner Harfe für den Feenkönig und bekommt als Belohnung (durch List) seine Frau Erodys aus dem Feenland zurück.[9] Es ist möglich, daß all diese Geschichten, in denen jemand durch Harfenspiel befreit wird, auf die klassische Orpheus-Sage (oder einen noch früheren Vorgänger) zurückzuführen sind.

Das aber, was am stärksten in diesen Geschichten beeindruckt, ist der tiefe Glaube an die *Zauberkraft der Harfenklänge.* Der Sultan und der Feenkönig sind von der Musik derart verzaubert, daß sie bereit sind, einen hohen Preis als Belohnung dafür zu zahlen. Dagdas Cruit spielt drei verschiedene Klänge: zum Lachen, zum Weinen und zum Schlafen. Von jedem gälischen Harfenspieler wurde erwartet, daß er diese drei Musikarten beherrschte. Die drei »Klänge« waren vermutlich verschiedene Tonarten oder Harfenstimmungen. Manch ein gälischer Harfenspieler konnte sich durch die Schlafklänge aus einer prekären Situation retten.

In der irischen Geschichte »Die Erfindung der Harfe«[10] schläft eine verstörte Frau am Strand ein, beruhigt durch den Klang des Windes, der durch die getrockneten Sehnen eines Walkadavers bläst. Daraufhin baut ihr Mann eine Harfe aus den Knochen und Sehnen, um damit seine Frau weiterhin zu beruhigen. In dem irischen Epos von »Labraid Loingsech«[11] benutzt ein Liebhaber die Kunst seines Harfenspielers, um an sein Ziel zu kommen. Durch die Töne der Harfe schläft die Mutter, die ihre Tochter bewacht, ein. So kann der Liebhaber zu seiner Geliebten gelangen.

Auch außerhalb des gälischen Raumes erregen Harfenklänge ähnliche Gemütsstimmungen bei ihren Zuhörern. Die getreue Frau, als Mönch verkleidet, besänftigt mit ihrem Spiel und Gesang den wütenden türkischen General, der dabei ist, sein Schiff zu zerschlagen. In den nordischen Sagen begegnen wir auch der besänftigenden Wirkung der Harfenklänge. Weil seine Hände verbunden sind, spielt Gunnar in der Schlangengrube mit seinen Zehen auf der Harfe, bis alle Schlangen (außer einer) einschlafen.[12]

Erheiternd wirkt die Harfe auch. In einem norwegischen Märchen stiehlt Aschenbrödel die goldene Harfe eines Trolls, »die von der Beschaffenheit ist, daß jeder, wenn er auch noch so traurig ist, froh wird, wenn er darauf spielen hört.«[13]

Während die gälischen Harfenspieler also drei Musikarten zu beherrschen hatten, so mußten die nordischen Spieler in mindestens sieben verschiedenen Stimmungen spielen. Bósi, als Sigurd verkleidet, spielt bei der Hochzeit eine Melodie zum Lobe jeder Gottheit, als die Gedächtnisbecher hereingetragen werden, und bringt dabei alles zum Tanzen. Auch in Wales ist das Tanzmotiv bekannt. In einem walisischen Märchen bekommt Morgan eine goldene Harfe von den Feen als Belohnung für seine Güte.[14] Diese Harfe hat aber die Eigenschaft, daß jeder sofort tanzen muß, wenn er sie hört, und nicht aufhören kann, bis das Spiel zu Ende ist.[15] Morgan mißbraucht die Harfe, und am Ende verliert er sie.[16] Also kann die Harfe auch Böses bewirken. Beim Saxo grammaticus lernen wir zudem von einem Harfenspieler, der behauptet, er könne die menschliche Seele durch sein Spiel beeinflussen. Er riet dem König aber, alle Waffen wegzuschließen, bevor das Spiel beginnt. »Zuerst erregte er bei seinen Zuhörern Sorge und Kummer, dann überlustige Heiterkeit; endlich aber spielte er so, daß alle in Wut gerieten.«[17] Da gelingt es dem König selbst, sich der Waffen zu bemächtigen, und er tötet vier seiner eigenen Männer, bevor er überwältigt wird.

Harfenklänge können also Geliebte erretten. Sie können Leute in Schlaf versetzen und Gefühle der Trauer oder der Heiterkeit hervorrufen. Sie können die Menschen zum hemmungslosen Tanz zwingen, sogar in Wut entbrennen lassen. Harfenklänge können aber auch die Raserei besänftigen, wie David, der König aller Harfenspieler, einst Saul beruhigte. Die Geschichten erinnern an eine Zeit, da Musik mehr bedeutete als reine Unterhaltung, Hintergrundgedudel oder Konsumgut aus der Tonkonserve, an eine Zeit, als Saitenklänge eine unglaubliche Wirkung auf die Menschen ausübten.

Anmerkungen

1 Aus »Bosi and Herraud« in Hermann Pálsson und Paul Edwards: *Seven Viking Romances*, London 1985, S. 220–221 (Übersetzung Autor).

2 Das gälische Wort *Cruit* wird oft als Harfe übersetzt. Von der Beschreibung her handelt es sich eher um eine Leier. Es gibt keine Abbildungen von Harfen in Irland vor dem 12. Jh. Später wurde aber die Harfe zum Nationalinstrument Irlands, und die Musiktraditionen bauten auf die Musik der Cruit auf. Die mittelalterliche gälische Harfe oder Cláirseach hatte, im Gegensatz zu anderen Harfen, Messing- statt Darmsaiten.

3 Tom Pete Cross und Clark Harris Slover: *Ancient Irish Tales*, New York 1936, S. 47 (Übersetzung Autor).

4 Musikorganologen beschreiben die Harfe als ein bogen-, winkelförmig oder dreiekkiges Instrument mit Saiten bespannt, die senkrecht aus dem Klangkörper ragen, um sie von Leiern, Psalterien und Lauten-Instrumenten zu unterscheiden, bei denen die Saiten parallel zum Klangkörper laufen. Übersetzer haben häufig Saiteninstrumente einfach als »Harfe« übersetzt, besonders im 19. Jh. Wir dürfen nicht annehmen, daß jede »Harfe« im Märchen eine Harfe im modernen Sinne bedeutet, sondern eher ein gezupftes Saiteninstrument. Es ist wichtig, den Originaltext genau zu studieren, um herauszufinden, was für ein Instrument gemeint ist. Oft findet man den gleichen Märchentyp in verschiedenen Ländern mit verschiedenen Instrumenten, also widerspiegeln die Instrumente in Volkserzählungen die Instrumente, die im Gebrauch sind. Aber im Volksmund geht es um das *Motiv* Harfe und seine *Bedeutung* für die Leute, die die Geschichte erzählen. Es geht nicht um eine genaue historische Beschreibung eines Instrumentes. Es geht um *die symbolische Vorstellung* und nicht unbedingt um *die Tatsache.* So müssen wir die »Harfe« in Volkserzählungen als stellvertretend für die Kraft der Saitenklänge überhaupt verstehen.

5 Die früheste erhaltene literarische Fassung dieser Geschichte wurde 1493 als Meistergesang »Ein edler herr was zu Mencz gesessen« gedruckt. Die Geschichte findet man als Ballade (Ludwig Erk und Franz Böhme: *Deutscher Liederhort,* Band I, Hildesheim, New York 1972, Nachdruck, S. 93–98), Sage (Jakob und Wilhelm Grimm: *Deutsche Sagen,* Band II, Frankfurt 1981, Nachdruck, S. 210–212) und Märchen (Johannes Bolte: »Deutsche Märchen aus dem Nachlasse der Brüder Grimm« in *Zeitschrift des Vereins für Volkskunde* 26, 1916, S. 19–42). Ein Holzschnitt beim Erfurter Druck des Meistergesanges 1495 zeigt die getreue Frau als Mönch verkleidet mit ihrer Harfe im Garten des Sultans. Die Harfe war ein häufiges Instrument der Adeligen in der Zeit der Kreuzzüge, also ist anzunehmen, daß es sich tatsächlich um eine Harfe handelt. »Die getreue Frau« finden wir in Rußland als »Die Zarin mit der Gusli« – ein harfenähnliches Psalterium.

6 Eine sehr seltene Harfenart mit Metallsaiten und einer hohlen Vorderstange wurde in Norwegen bis ins 19. Jh. gespielt. Wie weit die Tradition zurückreicht, ist noch nicht feststellbar. In der Ragnar Lodbrok Saga (13. Jh.) wird ein kleines adeliges Mädchen in einer Harfe versteckt.

7 Geoffrey of Monmouth (12. Jh.): *History of the Kings of Britain.*

8 Joseph Jacobs: *Celtic Fairy Tales,* London 1892, S. 144–155.

9 Joseph Ritson: *Ancient Engleish Metrical Romancees,* Vol. II, London 1802, S. 248. Das gleiche Motiv finden wir bei der mittelalterlichen Romanze von Tristan und Isolde.

10 »The Great Bardic Company« in Russel Walton: *A Harp of Fishbones,* Belfast 1992, S. 24–25.

11 Myles Dillon: *The Cycles of the Kings,* London, New York 1946, S. 5.

12 »Völsungasaga« (13. Jh.), Finnur Jónsson: »Das Harfenspiel des Nordens in der alten Zeit« in *Sammelbände der Internationalen Musikgesellschaft,* Band 9, 1907–08, S. 531–532.

13 »Von Aschenbrödel, welcher die silbernen Enten, die Bettdecke und die goldne Harfe des Trollen stahl« in Peter Christian Asbjörnsen und Jörgen Moe: *Norwegische Märchen,* Nördlingen 1985, S. 5–9.

14 Dorothée Kreusch-Jacob: *Der fliegende Trommler,* München 1990, S. 110–113.

15 Dieses Motiv ist bekannt von der Geschichte »Der Jude im Dorn« von den Brüdern Grimm, wo das Instrument eine Geige ist. In dem norwegischen Märchen »Der kleine Fritz und seine Mandoline« ist das Instrument eine Mandoline.

16 Die frühesten walisischen Harfen bestanden aus einem aus Holz geschnitzten Klangkörper, mit Pferdehaut als Klangdecke bezogen. Die Saiten waren aus Pferdehaaren. In der Barockzeit kam die »Triple Harp«, eine chromatische Harfe mit drei Saitenreihen, nach Wales und wird heute als die typische walisische Harfe betrachtet.

17 Finnur Jónsson, S. 537.

Die Abbildungen zeigen:
»Trinity College Harp«, Irland, 15. Jh., Radierung von John Kirkwood. Aus: Edward Bunting, The ancient Music of Ireland, Dublin 1840 und
»König David« auf einem Fresco in der Roda Kirche, Värmland, Schweden. Aus: Hortense Panum, Stringed Instruments of the Middle Ages, London 1940.

Uta Schier-Oberdorffer

WO MÄRCHEN UND SPIEL SICH BEGEGNEN
Gemeinsame Elemente in Volkserzählungen und überlieferten Kinderspielen

Es war in den siebziger Jahren im Zillertal. Bei einer sehr spielfreudigen großen Geschwistergruppe hatten wir einen Nachmittag lang Spiele aufgenommen und fragten nun nach weiteren bekannten Spieltiteln, so auch nach der *Lausigen Magd.* Das sei doch aber eine Geschichte, die ihnen die Mutter immer erzählen müsse, sagten die Kinder. Und die Mutter erzählte ihnen als Geschichte, was sie als Kind so gern mit ihren Gefährten gespielt hatte: Eine Bäuerin hat viele Kinder und will eine Magd einstellen. Da kommt eine, ganz krumm und bucklig, die schickt sie wieder fort. Dann kommt eine, der rinnt immer die Nase, dann eine, die kratzt sich immer am Kopf, weil sie Läuse hat – alle schickt sie wieder fort. Aber dann kommt eine, die sieht ordentlich aus und verspricht, fleißig und sauber zu sein und für die Kinder etwas Gutes zu kochen. Als die Mutter nach einer Weile ins Haus zurückkommt und fragt, was die Kinder denn zu essen bekommen hätten, da waren es gebratene Spinnen, gekochte Krötenbeine und ähnliches. Die Magd aber sei faul und schmutzig gewesen, sie habe sich einen Eierschmarrn gemacht und allein gegessen. Zur Begeisterung der Kinder wird nun auch diese Magd davongejagt. – Heute freilich lernen ihre Kinder kein Gesinde mehr kennen, darum spielten sie auch dieses Spiel nicht selbst, meinte die Zillertaler Mutter, aber sie hätten so viel Spaß an der Darstellung der lausigen Mägde und der üblen Kocherei.[1]

Das Spiel von der *lausigen Magd*, der *faulen* oder *wilden Dirn*, dürfte dem von den *Faulen Mägden* in der Spielliste aus Johann Fischarts Geschichtklitterung (1. Aufl. 1575) entsprechen und ist aus Österreich, Schwaben und der Schweiz bis in unsere Zeit belegt[2]; erzählt man es, wird es zu einem Schwank und erinnert an Motive aus Geschichten von Brautproben und von faulen Dienstleuten (u. a. AaTh 1452–1462, 1464 C*, sowie AaTh 1561, 1562, 1572*)[3].

Im Spiel wird die Geschichte von den Mägden dargestellt mit verschiedenen Rollen, die vor allem durch akustische und gestische Maskierung, gelegentlich auch durch Verkleidung mit Tuch oder umgedrehter Jacke gekennzeichnet werden. Die Dialoge können frei nach der Situation und individuellen Phantasie ausgeweitet werden, es gibt lebhafte Aktion, und etwa beim Fortjagen oder Einfangen agieren die Kinder die Spielspannungen aus. Der Ablauf des Geschehens folgt einem festgelegten Muster, wird mehrmals wiederholt und bietet so durch die spielbedingten Rollenwechsel den Kindern einen besonderen Reiz. Dies gilt auch für andere sogenannte dramatische oder Handlungsspiele, die in den Sammlungen der europäischen überlieferten Kinderspiele reich belegt sind. Dabei ergeben sich bei allen Variationsmöglichkeiten doch erkennbare Grundstrukturen, die einen gemeinsamen Bestand an Spieltypen in verschiedenen europäischen Sprachen deutlich machen.[4] Solche überlieferten Spiele – wie auch allgemein das Spielen in überlieferten Formen – weisen Bezüge auf zum Erzählgut, zu Lied, Tanz und Brauchhandlungen und werden in ihrer Ausgestaltung der jeweiligen Alltagskultur der Kinder angepaßt. Für die Volkskunde müßte also dieses Gebiet ein reiches Forschungsfeld sein, aber nur wenige Kulturwissenschaftler haben sich damit befaßt, und der ganze Bereich des Spiels wird in volkskundlichen Grundrissen oder Einführungen oft vernachlässigt. Ein Forschungsfeld ist es allerdings für Kinder- und Entwicklungspsychologen, die nach Motivationen des Spiels, nach seiner Bedeutung bei der Sozialisierung und beim Training kognitiver Fähigkeiten fragen. Solche Untersuchungen haben wichtige Erkenntnisse erbracht, auch wenn sie vorwiegend unter Laborbedingungen erfolgten.

Der belgische Folklorist und Spielforscher Roger Pinon sieht ganz allgemein in einem Spiel »das Zusammenwirken eines Themas, einer Spielweise und eines Spielzeugs«. Er konstatiert, daß es »*primäre* Spielzeuge gibt, d. h. speziell für das Spiel bestimmte Fabrikate, – *sekundäre*, aus utilitarischen Objekten verfertigte Spielzeuge, – *zufällige* Spielzeuge, – *lebende* Spielzeuge, – und *ideologische* Spielzeuge«, also Vorstellungen als Spielmittel[5]. Ein solches vorgestelltes Thema ist verbunden mit einer *speziellen* Spielweise, auch besonderen Regeln, und einer *speziellen* Benennung des Spiels. Selbst wenn beispielsweise in einer Gruppe von Bewegungsspielen die Hauptaktivität in jedem Fall das Loslaufen und Fangen ist, kommt es doch zu einer Vielfalt von so unterschiedlichen Fangenspielen wie *Katz und Maus, Wer fürchtet sich vorm*

Schwarzen Mann, Fischer, welche Fahne weht heute oder Herr König, ich bin in deinem Land. Einfallsreichtum, Vergnügen an der besonderen, auch komischen Situation und Poesie spiegeln sich in vielen Spielnamen, auch dort, wo Zielen mit Bällen, Kugeln, Stöcken, oder Hüpfen, Springen, Kraft und Konzentration wichtig sind: *Gefoppter Onkel, Sautreiben* (im Englischen ist die mit Stöcken in Grübchen getriebene Kugel die »Katze«), *Himmel und Hölle/Tempelhüpfen, Langes Roß* (das englische *Jonny on the pony*), *Geiß aufstellen, Der Kaiser schickt Soldaten aus, Ochs am Berg* mögen als Beispiele genügen.

Reigen und Singspiele werden meist nach der Eingangszeile benannt (*Blauer, blauer Fingerhut; Wer eine Gans gestohlen hat,* u. a.). Von den ursprünglich vielstrophigen Texten sind heute oft nur noch Rudimente erhalten, aber z. B. bei den sog. *Brückenspielen* wird immer noch von der goldenen Brücke gesungen, die zerbrochen ist und bei der der letzte Durchziehende gefangen wird, oder vom goldenen Wagen, in dem der Mann mit den goldenen Haaren sitzt und die Schönste haben will. Im angelsächsischen Sprachgebiet singen die Kinder von der zerbrochenen Brücke in London und womit sie wieder errichtet werden solle. Sie müssen sich – wie die deutschsprachigen Kinder – zwischen zwei Begriffen entscheiden (Salz/Pfeffer; Apfel/Birne; Gold/Silber u. a.) und damit in zwei Gruppen aufteilen, die zuletzt meist mit einem Ziehkampf das Spiel beenden[6]. Unter den auch heute noch beliebten Tanzspielen, die häufig in Kindergarten und Schule gelernt werden, sind viele wahrscheinlich schon lange vor ihrer Aufzeichnung im vergangenen Jahrhundert verbreitet gewesen, so z. B.: *Wir treten auf die Kette; Der Zaun, der wird geflochten; Petersilie Suppenkraut; Grünes Gras unter meinen Füßen; Drunten am Karolersee* (dabei werden »Fische« aus einem »Teich« der Reihe nach abgerufen: »Der Goldfisch, der folge mir« usw.); *Ist die schwarze Köchin da.* Auch die in der Gegenwart so beliebten *Klatschspiele* hatten in früheren Spielgenerationen Vorgänger (z. B. »Scherenschleifen, Scherenschleifen, ist die beste Kunst ...«)[7]. In dem Nachahmungsspiel *Adam hatte sieben Söhne,* das schon im 16. Jahrhundert genannt wird, machen die Spieler »Adams Söhnen« verschiedene Gebärden und Tätigkeiten nach und stellen Berufe dar. Dies hat Elsa Enäjärvi-Haavio zu der Überlegung geführt, daß das Spiel aus dem Umkreis der Legendenerzählungen von Eva und ihren Kindern stammen könnte (KHM 180: *Die ungleichen Kinder Evas;* AaTh 758), in denen durch göttliche Einsetzung Stände und Berufe unter den Menschen verteilt werden.[8]

In manchen Spielliedern der Kinder, die auf eine Partnerwahl abzielen, sind deutlich Reminiszenzen an Brautwerbetänze der Erwachsenen zu erkennen, wie ja überhaupt das Kinderspiel auch immer Elemente der Erwachsenenkultur widerspiegelt. Erst im letzten Jahrhundert begann das Auseinanderdriften der Spielwelten von Erwachsenen und Kindern, viele der heute nur den Kindern zugesprochenen Spieltypen gehörten nicht nur in so spielfreudigen Epochen wie der Renaissance oder dem Rokoko selbstverständlich zum allgemeinen Spielgut. So findet sich der Schreittanz mit Brautwerbung von den *Drei Herren von Ninive* (auch *Es kommen drei Herren mit einem Pantoffel,* u. a.) – wohl als frühe Übernahme aus dem Deutschen – unter ähnlichen Werbetänzen in skandinavischen Aufzeichnungen: Eine Braut soll von den Werbern ausgewählt und abgeholt werden, was in einigen Versionen erst nach mehreren sich steigernden Drohungen (»Dann schlagen wir die Scheiben ein!« – «Dann machen wir die Läden zu!«; »Dann stecken wir das Haus in Brand!« – »Dann holen wir die Feuerwehr!«) gestattet wird. In einem Teil der Texte ist es eine »Himmelsbraut«, die ins Kloster gebracht werden soll, so wie in dem Zitat des Spiels in Briefen der Liselotte von der Pfalz (Herzogin von Orleans) vom Anfang des 18. Jahrhunderts:

»Da kommen wir gecken und nonen her,
herr domine, herr domine!
Undt wass nicht ist, mag werden war,
Cede, cede, sancte, quit, nostre domine.«[9]

Kinder hatten auch teil an der allgemeinen Kenntnis von Erzählliedern; sie hörten Balladen und Bänkellieder und haben manche davon ins Spiel umgesetzt, vielleicht auch lediglich in vereinfachter Form die ehemals beliebte Tanzballade weitertradiert. In New England konnte man im vergangenen Jahrhundert die bekannte alte englische Ballade von *Barbara Allen* (Child, Nr. 84, *Barbry Ellen*) als Kinderspiellied beobachten[10]; in Kentucky wurde diese traurige Geschichte über zwei gebrochene Herzen noch um 1916 von Schulkindern gesungen, ebenso die vom Mädchen unter dem Galgen (*The Maid freed from the Gallows.* Child, Nr. 95)[11]. Im 19. Jahrhundert spielten in Westengland Kinder die alten Rätselballaden *The Elfin Knight* und *Proud Lady Margaret* (Child, Nr. 2 und 47), und so weitverbreitete Balladen wie die von *Lord Randal* (Child, Nr. 12) und dem giftigen Mahl (»Where have you been all the day, Randal, my son?«) gehörten zur »nursery lore«[12]. Diese in ganz Europa bekannte Ballade von der *Giftköchin* (DVldr Nr. 79, *Die Schlangenköchin*) wurde um 1896 in Schleswig von Kindern gespielt, von wo es auch bis zur Mitte unseres Jahrhunderts Aufzeichnungen über weitere Kinder-Tanzspiele aus Balladenumkreis gibt: *Die Königskinder* (DVldr Nr. 20), *Die Rheinbraut* (DVldr Nr. 47), sowie Schwankballaden (*Es ging eine Bäurin durch die Stadt; Müller und Edelmann*)[13]. Das sozialkritische Erzähllied vom Streit zwischen *der reichen Schäferin und dem armen Edelmann* wird ebenfalls als Singspiel mehrmals im 19. Jahrhundert genannt, es findet sich als solches in Schleswig-Holstein und noch zwischen 1906–1923 in Frankfurt.[14] Unter den württembergischen Spielliedern, die Ulrich Baader 1952–1972 aufgezeichnet hat, gibt es ein Rudiment der Jägerballade *Es wollt ein Jäger früh aufstehn*[15], und mehrere der auch in den Sammlungen des 19. Jahrhunderts verzeichneten Kettenlieder als Kinderspiele: z. B. *Ein Schneider fing 'ne Maus*[16] und *Ein Bauer fuhr ins Holz.* In diesem seit dem 17. Jhd. als *Kirmesbauer* belegten und weit verbreiteten Lied nimmt sich der Bauer ein Weib, dieses eine Magd, die einen Knecht, der einen Hund, dieser 'nen Knochen, – oder ähnliche Folgen, die dann wieder zurückgespult werden[17]. Die Übergänge zwischen Kettenlied, Kettengedicht und Kettenmärchen sind fließend, und das bei Kindern so beliebte Kettenlied *Der Bauer schickt den Jockel aus* hat unter den sog. Formelmärchen (AaTh 2000–2199) eine eigene AaTh-Nummer (2030 E). Fischart hat es schon in seiner Geschichtklitterung erwähnt, und nachdem es nie gestorben ist, lebt es noch heute[18].

Von erstaunlicher Lebenskraft ist auch das gespielte Erzähllied *Mariechen* (auch *Anna*) *saß auf einem Stein.* Sie kämmt ihr Haar und weint in Vorahnung ihres Todes, denn gleich kommt ein Jäger (Fähnrich, Reiter) aus dem Wald und sticht ihr das Messer in das Herz. In manchen Versionen treten auch Mutter oder Vater auf, häufig der Bruder, der in späten Texten dann selbst der Mörder ist. Die Handlung und die Dialoge erinnern an Moritaten und können lebhaft ausgespielt werden. Das Singspiel gehört in den Umkreis der alten Balladen vom *Mädchenmörder* (*Halewijn-Ulinger;* DVldr Nr. 41), und von da aus kann auch das Auftreten der Eltern und des Bruders erklärt werden. Das Mädchen erbittet sich vom Mörder, einem Blaubart-Typus, als letzte Gunst, drei Schreie tun zu dürfen. Mit den ersten beiden ruft sie Vater und Mutter, den dritten hört der Bruder, eilt zu ihr und ersticht den Mörder. Es gibt – in den Balladen wie in den Spielformen – auch einen tragischen Ausgang: Die Hilfe kommt zu spät, und der Bruder kann nur mehr den Tod der Schwester rächen. Dies ist so in der frühen Aufzeichnung des Spiels, die Ernst Meier in seiner Sammlung wiedergibt (Nr. 439, *Bertha im Walde*) und in der auch die drei Schreie vorkommen. Bei einigen der vielen Varianten dieser Ballade finden sich nach dem tragischen Ende Schlußstrophen, die beschreiben, wie das Mädchen unter Glockengeläut begraben wird, dem Mörder aber die Raben nachschreien, und bis in unsere Zeit gibt es bevorzugt einen entsprechenden moralischen Spielschluß: »Die Anna ist ein Engelein, der Jäger ist ein Teufelein«[19]. Inhaltlich gehören Ballade und Spiel zu den Geschichten von *Blaubart* (AaTh 312) und *Räuberbräutigam* (AaTh 955), sie haben in jeder Gestalt mit ihren unheimlichen und schaurigen Elementen die Phantasie angeregt.

Um das beliebte aber so blutrünstige Spiel vom todgeweihten Mariechen zu ersetzen, dichtete um 1890 die Dresdner Lehrerin Margarete Löffler das Spiellied vom *Dornröschen* zu der Mariechen-Melodie[20]. Es hat zwar das Mariechen-Spiel nicht wirklich verdrängt, wurde aber rasch akzeptiert, über Spielbücher verbreitet, bald übersetzt, und da die Kinder es selbständig weitergaben, gehört es heute in mehreren Sprachen zum Repertoire überlieferter Kinderspiele. – Es ist für Kinder unwichtig, woher sie ein Spiel übernommen haben, sie interessieren sich weder für dessen Alter noch seine Bedeutung. Entscheidend ist nur, ob es ihnen gefällt, Anreiz zum Spielen bietet und ihre Bedürfnisse in Hinsicht auf Darstellungsmöglichkeit, Bewegung, rhythmische Wiederholung und abwechslungsreiche Aktion in einer Gruppe befriedigt. Offenbar entsprach das *Dornröschen*-Lied diesen Bedürfnissen besonders gut, denn kein anderes von Erwachsenen für Kinder gedichtetes Märchen-Spiellied hat solch eine Rezeption erfahren, auch wenn z. B. das *Hänsel-und-Gretel*-Lied aus Liederbüchern für Schule und Kindergarten an verschiedenen Orten im freien Gruppenspiel beobachtet wurde[21].

Roger Pinon hat Beziehungen zwischen Märchen und überliefertem Spiellied in verschiedenen Sprachen untersucht, er erwähnt ein flämisches *Rotkäppchen*-Singspiel und nennt Belege für Spiele von der *Eingemauerten Königstochter* aus Belgien und den Niederlanden.[22] Das Kreisspiel von des Königs Töchterlein, das im Turm eingemauert ist und durch Herausbrechen der einzelnen Steine befreit werden muß, ist im deutschen Sprachraum seit dem 18. Jahrhundert bis heute durch viele Aufzeichnungen bekannt und hat immer wieder zu Erklärungen herausgefordert:

Kling, klang, gloria!
Wer sitzt in diesem Doria?
»Da sitzt 'ne Königstochter drin.«
»Kann man sie nicht zu sehen kriegen?«
»Nein, der Turm ist viel zu hoch.«
Das schadt nicht, das batt nicht.
Mauern muß man brechen,
Steine muß man stechen.[23]

Für das Spiel von der Jungfrau im Turm wie für das von der *Goldenen Brücke* und ähnliche archaisch wirkende Texte hat es häufig Überinterpretationen von Namen und Begriffen gegeben, so in Wilhelm Mannhardts Deutungsversuchen aus Naturmythologie und germanischem Heidentum (z. B. Ringelreihen als Rest alten Opferreigens, die Frühlingsgöttin Holda im Winterturm, die Goldene Brücke als glänzende Brücke ins germanische Totenreich). Sicherlich haben in Handlungsmotiven, Tanzweisen, in sprachlichen wie gestischen Formeln in den Kinderspielen Teile sehr alter Überlieferungen fortgelebt, aber sie können nicht leicht zugeordnet werden und wurden mit Sicherheit unreflektiert weitergegeben. Die Frage nach Relikten etwaiger heidnischer Glaubensformen oder anderen kulturhistorischen Wurzeln des Themas ist für die Spieler selbst nicht relevant, allerdings scheinen sie doch über die Zeiten hinweg von einer so phantasieanregenden Vorstellung wie der von der Prinzessin im Turm fasziniert worden zu sein. Sie verbindet das Spiellied auch mit dem Märchen von der *Jungfrau Maleen* (KHM 198, AaTh 870), bei dem ein plattdeutscher Spieltext an den Schluß angehängt worden ist.

Beim gespielten und getanzten Erzähllied wird die Geschichte in aufeinanderfolgenden Strophen gesungen und durch Choreographie und Gebärden verdeutlicht. Es gibt aber einige dramatische Spiele, bei denen eine komplexe Handlung szenisch und durch Dialoge zwischen den Spielern verschiedener Rollen dargestellt wird, so wie in dem bereits beschriebenen Schwankspiel von den faulen Mägden. Besonders interessant sind vor allem die verschiedenen Spiele mit dämonischen Gegnern, die nach bestimmten Grundmustern der Handlung die Hauptspieler ihrer Gefährten berauben, indem sie ihnen diese abjagen, abbetteln, abhandeln, durch Erraten erwerben oder einfach stehlen. Öfters ist eine Rückgewinnung möglich, wenn schwierige Aufgaben gelöst werden, der Weg zum Versteck der Beute gefunden wird und das Verlorene und manchmal Verwandelte durch richtiges Raten oder Erkennen identifiziert werden kann. In diesen Spielen ergibt jeweils die Grundstruktur der Handlung das Thema, und sie können auch nach ihren Grundstrukturen unterschieden werden, also nach der Konstellation der verschiedenen Rollen mit ihren Funktionen und den Weisen der Ab- und Rückgewinnung. Das komplexe Geschehen solcher Spiele enthält mehrere Elemente, die sich auch in Volkserzählungen finden.

In verschiedenen europäischen Sprachen, nach Orten und Zeiten weit gestreut, gibt es viele Belege zu dem dramatischen Spiel vom kinderraubenden Dämon, von der *Childstealing Witch.* Im deutschen Sprachgebiet erscheint dieser Spieltypus häufig unter einem so unauffälligen Titel wie *Leinwanddieb, Stoffe stehlen* oder *Ellen messen. Tuchdiebes* ist sein Name in einem Brief, in dem Goethes Mutter 1786 ihren Schlosserschen Enkelinnen von beliebten Spielen schreibt. Wegen der Ausgangsvorstellung von einem Laden mit Stoffen wird das Spiel fälschlich oft unter ganz andere »Verkaufsspiele« eingereiht.

Ein scheinbar alltäglicher Schauplatz mit alltäglichen Personen sagt aber zunächst nichts über den dramatischen Spielablauf aus. Spielforscher wie Karl Haiding und Roger Pinon haben zu Recht hervorgehoben, daß die Personifizierungen einzelner Spielrollen sehr vielfältig sein können, auch wenn ihre Funktionen feststehen. Das zugrundeliegende Handlungsmuster ist aber konstant und ermöglicht es, den Typus zu bestimmen:

Eine Beschützer-/Besitzerfigur (Mutter, Herr, Bauer, Schafmutter, Glucke, Kaufmann) vertraut ihre Schützlinge/Güter (Kinder, Schäfchen, Küken, Leinenstücke/Stoffballen) einer Wächter-/Aufpasserfigur an (Magd, älteste Tochter, Hirt, Hund, Hahn, Geselle) und verläßt das

Haus, nachdem sie die Schützlinge/Güter gezählt oder gemessen hat. Manchmal gibt es noch ein ausdrückliches Verbot der Mutter, einen Fremden einzulassen oder etwas aus dem Haus fortzugeben. – Eine unheimliche Figur (Hexe, Alte, Hausiererin, Bettlerin, Zigeunerin, Menschenfresser, Räuber, Alter, Wolf, Fuchs, Jude, Hausierer) begehrt Einlaß. Durch Handeln, Betteln, Bestechen und häufig durch Ablenken gelingt es ihr – manchmal mit Hilfe des Wächters – einen der Schützlinge (Güter) wegzuholen. Nach dem Verlust ruft der Wächter (auch zusammen mit den restlichen Schützlingen) die Beschützer-Person zurück. Dabei findet sich im Englischen wie im Deutschen besonders oft ein Ruf wie: »Der Topf (Milch, Brei, Brühe, Suppe) kocht über!« oder: »Der Kuchen (Brei, Sterz) brennt an!« (Das gleiche Motiv kann auch bei den Ablenkungsversuchen vorkommen). In einem Redewechsel gibt der Beschützer/Besitzer Anweisungen, was dagegen zu tun sei, der Wächter antwortet, das sei nicht möglich. Schließlich kommt der Beschützer zurück, zählt oder mißt die Schützlinge und stellt den Verlust fest. Der Wächter wird gescholten, manchmal gestraft. – Dieser erste Teil wird wiederholt, bis alle Schützlinge/Güter, manchmal auch der Wächter, gestohlen sind.

Der Beschützer macht sich nun, gelegentlich zusammen mit dem Wächter, auf die Suche nach dem gestohlenen Gut. Er fragt den Dieb nach dem Verbleib der »Kinder« (Tiere, Güter) und bekommt irreführende Auskünfte: sie seien an diesem oder jenem Ort, soundso weit entfernt, oder sie seien zu erreichen über Straßen, auf denen gefährliche Hindernisse (wilder Stier, böser Hund) zu überwinden sind. Wenn der Beschützer/Besitzer nach diesen Umwegen (oder auch direkt) die Behausung des Diebs betreten will, kann es auch hier noch zu einer Verzögerung kommen; besonders in den englischen Aufzeichnungen verweigert der dämonische Dieb dem Beschützer den Eintritt, weil dessen Schuhe zu schmutzig seien.

Der Beschützer findet im Diebshaus seine verlorenen Kinder oder Güter, häufig in verwandelter Gestalt, vor allem als Eßwaren (Speisen), und kann sie zurückgewinnen durch Identifizieren: er nennt sie beim richtigen Namen oder beschreibt die Farben ihrer Kleidung, auch durch Ertasten oder Erschmecken kann er sie erkennen. Die Zurückgewonnenen werden heimgeschickt, manchmal gestraft, oft strafen alle zusammen den dämonischen Dieb, nachdem sie den Weggelaufenen eingefangen haben.

Auch wenn, vor allem in den jüngeren Belegen, nicht immer alle Einzelzüge voll ausgespielt erscheinen und besonders die Rückgewinnung verkürzt wird, haben sich doch die signifikanten Motive dieses Dramoletts gut erhalten, und es ist verblüffend, wie sehr z. B. auch neuere Spielbeschreibungen von den Shetland-Inseln und aus Sizilien übereinstimmen, die Iona und Peter Opie in ihrer Darstellung des Spiels anführen.[24] Sie fanden in ihren eigenen englischen Aufzeichnungen aus den sechziger Jahren überzeugende Entsprechungen zu den Texten des 19. Jahrhunderts und haben für ihre Analyse neue zusammen mit alten Belegen verwendet, darunter eine Reihe amerikanischer. Bereits dem amerikanischen Folkloristen William W. Newell war das Kinderstehl-Spiel besonders aufgefallen, und er hatte es in den letzten Jahrzehnten des 19. Jahrhunderts ausführlich beschrieben[25].

In den englischen Versionen werden meistens einer Mutter die Kinder gestohlen (häufig haben sie Wochentagsnamen), gelegentlich sind es Küken oder Lämmer, die der Wolf dem Hirten raubt. Der Dieb ist im allgemeinen eine Hexe (Hausiererin o. ä.), manchmal ein Schwarzer Mann oder auch der Fuchs bzw. Wolf. Bei den deutschen Spielen dieses Typus findet sich neben den Bezeichnungen *Stoff-/Leinwandverkaufen, Ellenmessen, Tuchdieb* auch wie bei einigen englische Belegen als Spieltitel der typische Alarm- oder Ablenkungsruf, *Mutter, der Brei kocht über!* Beim *Ellenmessen* stehen oder sitzen die Schützlinge/Güter mit seitlich ausgestreckten Armen nebeneinander und stellen so Stoffballen oder ausgelegtes Tuch dar, woran der Besitzer (Kaufmann/Mutter) Ellen abmißt, also die Kinder zählt. Sie werden als »Kinder« bezeichnet, bei der Suche fragt die Mutter aber auch nach dem Verbleib ihrer »Lämmer« oder »Hühnchen«. Die dämonische Figur verlangt als Käufer, Hausierer, Dieb, Hexe oder tierischer Räuber nach einem bestimmten Stück Stoff oder stiehlt es, nachdem sie die ausgestreckten Arme des Kindes heruntergeschlagen hat. Als Wächter/Aufpasser fungiert oft Magd oder »älteste Tochter«, aber es kann auch ein Hahn diesen Part darstellen – als Inbegriff eines Wächters auch im Stoffladen noch eher motiviert als die Tuchdiebe Fuchs oder Wolf. Beim Zurückrufen des Beschützers oder bei der Ablenkung vom Diebstahl heißt es in den deutschsprachigen Aufzeichnungen: »Der Reis (Brei, die Milch, die Suppe) kocht über (brennt an)!«, manchmal auch, es brenne im Nachbarhaus oder das Kind sei aus der Wiege gefallen und ähnliches. Bei der Rückgewinnung muß die Mutter (der Kaufmann) an verschiedenen Orten suchen (die »Stoffe« seien z. B. in Graz, dann in Wien oder im Nachbardorf), wird mehrmals eine Strecke weit in die falsche Richtung geschickt, und wenn sie ihre Kinder – im Haus des Räubers – findet, muß sie sie vor allem durch Beschreiben identifizieren; in Bremen fragt sie vorher beim Haus des Wolfs nach einem Stück Brot und einem Stück Speck, worin wohl die Verwandlung in Speisen anklingt. Die Spielspannung wird fast immer in einer gemeinsamen Jagd nach dem Dieb mit zusätzlicher Bestrafung (Zupfen, Zwicken u. ä.) gelöst.[26]

Analogien zu einigen Märchen bei Handlung und Motiven sind nicht zu übersehen. Die Eingangsszene des Spiels entspricht der im Märchen *Der Wolf und die sieben jungen Geißlein* (KHM 5; AaTh 123): Die Mutter warnt vor dem Fortgehen die Kinder/Geißlein davor, den Wolf einzulassen. Im Märchen wie im Spiel werden sie überlistet, im Spiel geraubt, im Märchen bis auf eines verschlungen. Wie beim Rückgewinnungsteil des Spiels macht sich die Mutter, zusammen mit dem Übriggebliebenen, auf die Suche nach den Kindern und dem Übeltäter. Die Geraubten/Verschlungenen werden gefunden und gerettet, schließlich bejubeln alle gemeinsam die Bestrafung des Bösen. Die Varianten des Märchens zeigen, daß es sich nicht um ein eindeutiges Tiermärchen handelt, denn wie in den Spielversionen können die Handlungsträger Tier oder Mensch sein.[27] Das gilt auch für verschiedene verwandte Geschichten von kannibalischen Fängern und ihren – nicht immer geretteten – Opfern. Sie gehören zu den *Verschlinger-/Fressermärchen* und fungieren häufig als Warn- oder Schreckmärchen.[28] Die geraubten Kinder (Schafe, Güter) des Spiels werden zwar nicht verschlungen, aber ein Kannibalismus-Element weisen die Versionen auf, in denen die Mutter ihre in Speisen verwandelten Kinder durch Kosten erkennen soll: in einem Spiel aus London lädt die Hexe die Mutter zum Dinner ein und serviert die Kinder als verschiedene Fleischgerichte, in einem aus New York werden sie als Obstkuchen gekostet[29]. Dies erinnert an das grausige Mahl im Märchen *Von dem Machandelboom* (KHM 47, AaTh 720), oder in der Geschichte von dem von Tantalus geschlachteten Pelopsknaben, der den Göttern aufgetischt wird, um ihre Allwissenheit zu prüfen. Auch in der flämischen Geschichte vom *Smoutebolleken* wird wie im Machandelboom-Märchen ein Kind geschlachtet und gekocht und dem Verwandten vorgesetzt. Der Inhalt dieses Schreck-Märchens sei kurz skizziert:

> Der kleine Smoutebolleken soll allein zu Hause bleiben, während die Mutter Besorgungen macht. Die Mutter hat mit ihm Verstecke im Haus vereinbart, für den Fall, daß die böse Zauberhexe aus der Nachbarschaft kommt. Zweimal gelingt es ihm, sich vor der Hexe zu verbergen (in der Tischschublade und im Uhrenkasten). Sie kann ihn nicht finden, obwohl er sie aus dem Versteck heraus verspottet. Beim dritten Mal entdeckt sie ihn im Herd, nimmt ihn mit, zerhackt ihn zu Hause bei sich und lädt die Mutter zur Suppe ein. Die erkennt in der Speise ihr Smoutebolleken. Die Hexe wird angeklagt und aufgehängt, die Mutter legt die Knöchlein des Kleinen zusammen und macht ihn wieder lebendig.[30]

Gottfried Henßen bespricht die Geschichte in Zusammenhang mit anderen europäischen Schreckmärchen, in denen vorwitzige Kinder gegen das elterliche Verbot hinauslaufen und dabei von einem Kinderräuber gefangen und im Sack fortgetragen werden (AaTh 327 C). Meist gelingt es mehrmals den Opfern, unterwegs aus dem Sack zu entkommen und den Menschenfresser zu täuschen. Manchmal entkommen sie erst in seinem Haus, oder es gibt dort, wie in älteren romanischen Märchen vom *Rotkäppchen*-Typus (AaTh 333), ein tragisches Ende. Das Smoutebolleken wird, wie die sechs Geißlein und die Kinder im Spiel, trotz Vorwarnung vom eingedrungenen Fresser-Dämon gefunden, wie im Spiel wird es ins Haus der Hexe verschleppt und soll dort von der Mutter verspeist werden, wird aber von ihr erkannt. In Spiel und Erzählung wird der dämonische Räuber entlarvt und bestraft und das von der Mutter wiedergefundene und wiederbelebte Kind kehrt nach Hause zurück.

Das unheimliche Haus des Bösen ist von besonderer Bedeutung in den Geschichten vom *Haushalt der Hexe* (u. a. KHM 43: *Frau Trude*, KHM 42: *Der Herr Gevatter;* AaTh 334 u. 333 B), die Walter Scherf in seiner umfassenden Untersuchung verwandter Dämonenmärchen für das deutsche Sprachgebiet zusammengetragen und tiefenpsychologisch analysiert hat[31]. Er interpretiert den Gang ins Trudenhaus als Auseinandersetzung mit eigenen Vernichtungsängsten im Gefolge der Ablösung von der Mutterbindung. Die bedrohlichen Seiten der Mutter sieht er gespiegelt in der »grausigen Wirtschaft der Kindsfresserin«, in der Leichenteile verteilt sind und Schüsseln mit Blut stehen.

Auf dem Weg in das Dämonenhaus gibt es schaurige Begegnungen mit seltsamen Gestalten und Objekten. Für dieses Element finden sich im Spiel kaum Parallelen, es klingt vielleicht an bei der Auskunft, auf dem Weg zum Kinderversteck seien ein roter Stier oder Schlangen. Aber bis in unser Jahrhundert hat sich in vielen englischen Versionen beim Versuch der Mutter, ins Diebshaus einzutreten, eine merkwürdige Dialogsequenz erhalten; in den sechziger Jahren klang sie in Swansea so:

> Mother: »I want to see them.«
> Man: »Your shoes will dirty the carpet.«
> Mother: »I'll take them off.«
> Man: »The wool will come off your stockings.«
> Mother: »I'll take off my stockings.«
> Man: »Your feet are dirty.«
> Mother: »I'll cut them off.«
> Man: »The blood will go on the carpet.«[32]

In anderen Versionen bietet die Mutter darauf an, die blutenden Stümpfe in Decken zu wickeln, es gibt auch den Vorschlag, zuletzt Glaspantoffel, ja sogar Diamantpantoffel anzuziehen, dann erst darf sie eintreten. Ähnlich ergeht es in einem Spielbeleg aus Cornwall dem Hirten, der seine geraubten Schafe aus dem Haus des Wolfs zurückholen will[33]: Die Selbstverstümmelung ermöglicht der suchenden Person, die Dämonenschwelle zu überschreiten. Dieser Vorgang erinnert an das Motiv vom Abschneiden eines Fingers, wodurch der Zugang zu einem magischen Ort möglich wird: ohne den geopferten Finger kann der Glasberg nicht erklommen oder ein verzauberter Eingang nicht geöffnet werden.[34]

Verletzung oder Verlust von Gliedmaßen und Körperteilen kommen in Volkserzählungen in verschiedenen Motivzusammenhängen vor und müssen differenziert betrachtet werden. Es soll daher hier auch nicht der Versuch einer verbindlichen Zuordnung gemacht, sondern nur die konstante Einbindung der Sequenz in den Spielablauf betont werden.

In seinem materialreichen, allerdings unübersichtlichen Vergleich von Entsprechungen zwischen Kinderspiel und Volksüberlieferung wollte Karl Haiding – wie für andere thematische Analogien – auch für Fuß-/Beinverletzungen und behindertes Gehen verschiedenartige Belegstellen aus europäischen Handlungsspielen und Märchen in einen Zusammenhang bringen und auf einen gemeinsamen mythischen (vor allem »arischen«) Ursprung zurückführen.[35] Er beschäftigt sich dabei immer wieder mit dem Motiv des Hinkens, das in vielen Spielen vorkommt und mit dem in der Tat sehr häufig ein unheimlicher Gegenspieler gekennzeichnet wird. Aber gerade das Hinken kann in seiner Funktion ambivalent sein[36], im Spiel kann es auch als eine unter anderen gestischen Maskierungen (Schielen, Einäugigkeit, Schulter hochziehen, Grimassen) vorkommen oder einfach als Erschwerung des Laufens auferlegt sein. Indem Haiding einzelne Motive und Spielelemente heraushebt und zusammenfassend erklären will, kann er zwar ihre Bedeutung unterstreichen, aber die mit ihnen verbundenen Handlungsmuster werden dabei oft vernachlässigt und unterschiedliche Spieltypen vermengt. Einseitige Interpretation nach mythologischen wie psychoanalytischen Gesichtspunkten, und womöglich auch nur auf der Basis vereinzelter Belege, kann zur Folge haben, daß die Grundstrukturen einzelner Spieltypen übersehen werden, die sich ohnehin oft erst im Vergleich der Variantenvielfalt abzeichnen.

Anders als in der Erzählsituation sind beim Spiel alle Beteiligten auch aktiv Mitwirkende, und sie sind zunächst grundsätzlich gleichrangig. Besonders spielfreudige und -kundige Kameraden werden als Impulsgeber geschätzt und können manchmal selbst eine Rollenverteilung übernehmen, ansonsten entscheidet dabei natürlich der Auszählreim. Die Handlungsmuster dramatischer Spiele erfordern die Aufteilung in einen oder mehrere Hauptspieler (unter ihnen auch der oder die Gegenspieler) und eine freie Zahl von Nebenspielern. Die Besetzung der Rollen wird im allgemeinen bereits im nächsten Spielablauf wechseln. Haupt- und Gegenspieler können zwar z. B. eine Beschützerfigur und ein dämonischer Bedroher sein, aber auch einfach Anführer zweier Parteien, die sich im Wechsel ihre Mitspieler abgewinnen.

Ein interessantes dualistisches Element zeigt das Auftreten von zwei Gegenspielern in dem europäischen Spieltypus, zu dem ein Spiel vom *Farbenerraten* und eins vom *Vogelkaufen* gehören. Ein Hauptspieler verteilt an die Nebenspieler verschiedene Farben (rosarot, grasgrün, himmelblau usw.) bzw. Vogelnamen (Spatz, Meise, Eule usw.). Dann tritt ein erster Gegenspieler auf, und es folgt ein Dialog mit dem Hauptspieler:

»Ging, ging, ging!«
»Wer ist draußen?« – »Der Engel mit dem goldenen Stab.«
»Was will er haben?« – »Eine Farbe.«

Hat der Engel eine vorhandene Farbe erraten, folgt ihm das Kind »ins Paradies«, wenn nicht, muß er allein wieder abziehen. Danach tritt ein zweiter Gegenspieler auf:

»Gong, gong, gong!«
»Wer ist draußen?« – »Der Teufel mit der Kette!«
»Was will er haben?« – »Eine Farbe.«

Ist die geratene Farbe da, geht das Kind mit dem Teufel »in die Hölle«. Wenn von Engel und Teufel alle Farben geraten wurden, gibt es zwischen der Engel- und der Teufelgruppe einen Ziehkampf. Das *Vogelkaufen* verläuft entsprechend, in beiden Spielen gibt es beim Abgewinnen eine Erweiterung durch einen Fanglauf zwischen Engel bzw. Teufel und dem erratenen Spieler (der Verkäufer ruft dann: »Vogel, flieg aus!«): gelingt es diesem, vor Engel bzw. Teufel wieder beim Hauptspieler oder einem Freimal zu sein, ist er frei und bekommt einen neuen Namen. – Nicht nur der Ziehkampf zwischen Engeln und Teufeln entspricht dem dualistischen Schlußteil bei den *Brückenspielen*, wie bei diesen kann es auch das Wiegen der Englein bzw. das Hin-und-her-Stoßen der Teuflein geben.[37] Eine endgültige Scheidung von Englein und Teuflein ergibt sich manchmal auch erst beim Auswiegen auf den Armen zweier Spieler im Vorgang der sogenannten Lachmeidung: bleibt das »gewogene« Kind ernst, wird es ein Engel, zeigt es (beim Lachen) die Zähne, wird es ein Teufel – es kommt also zu einer Art von »Seelenwägung«, die für die Volksfrömmigkeit früherer Zeiten in Legende, geistlichem Volksspiel und bildlicher Darstellung eine vertraute Vorstellung war.

In ihrer Beschreibung des Kinderstehlspiels *Mother, the Cake is Burning* stellen Iona und Peter Opie fest: »This pantomime of a game contains enough myth and madness to gratify both folklorists and 9-year-olds.«[38] Und Volkskundler können in der Tat hier wie in vielen anderen dramatischen Spielen schwelgen in einer Fülle von Bezügen zu Brauchtum und Volksglauben. So erbittet in englischen Spielen der einlaßbegehrende dämonische Räuber zuerst Feuer vom Herd für seine Pfeife (in neuerer Zeit will er ein Feuerzeug), er spuckt beim Raub auf den Herd, in einer neuseeländischen Version spucken die Kinder bei ihrer Befreiung aus dem Diebshaus auf den Boden: Einzelzüge, die an Praktiken der Volksmagie erinnern, an das Feuererbitten zu magischem Zweck und den Abwehrzauber des Ausspuckens.

Rituelle Formeln und Gesten, die ihre Wurzeln in allgemeinen Formen des Aberglaubens haben, finden sich in vielen Bereichen der alltäglichen Kinderkultur. Ein berührter Talisman hilft bei der Schulaufgabe, als Orakel auf dem Schulweg zählt gelungenes Balancieren auf dem Bordstein oder vielleicht »drei rote Autos hintereinander«. Orakelt wurde und wird immer noch durch Abzählen von Blütenblättern und Knöpfen, während alte rituelle Orakelfragen an Marienkäfer und Schnecken sich wohl nur mehr in Kinderreimsammlungen finden. Beim Beschwören von Heil oder Unheil weiß man, daß Glückspfennige oder Vierblattklee verschenkt werden müssen, damit sie wirken, daß zerbrochene Spiegel Pech bedeuten und verschüttetes Salz Ärger, man klopft rechtzeitig auf Holz und sagt »toi-toi-toi« und kennt die Formel »Rechts pecht's – links gelingt's«. Versprechen werden besiegelt mit »Großem Indianerehrenwort« oder »Hand aufs Herz und nicht gelogen« – jeder erinnert sich wohl an Ähnliches aus seiner Schulzeit.

In den Spielen der Erwachsenen wie der Kinder sind Rituale häufig Strukturbestandteile, ihre Formelhaftigkeit fördert die Tradierung, da rituelle Elemente einfach zu übernehmen sind. Die Zusammenhänge von Ritual und Spiel sind komplex und sehr vielschichtig, der große Bereich kann hier nur in einigen Beispielen angesprochen werden.

Im Spiel ist eine Situation, in der etwas neu begonnen, ausgewählt oder festgelegt werden soll, häufig durch rituelles Handeln oder Sprechen gekennzeichnet: Spielanfang, Wechsel in die nächste Spielphase oder Spielabschluß können durch Wort- oder Handlungsformeln begleitet werden. So kann z. B. der schon genannte Ziehkampf in verschiedenen Spielen rituelle Schlußentscheidung zwischen zwei Gruppen sein. –

Rituell können auch Tanzformen sein: Das Umkreisen eines Zentrums, die Auflösung des Kreises, die wechselweise Bildung von Reihen, die Bewegung in der Kette. Beim Spiel von der *Schwarzen Köchin* entsteht nach und nach aus einem stehenden Kreis eine Spirale, indem die ihn umschreitende »Schwarze Köchin« auf bestimmte Weise einen Spieler nach dem andern abholt: »Dreimal muß sie rummarschiern, das vierte Mal den Kopf verliern, das fünfte Mal komm mit!« – Manche Mythologen haben auch in diesem Fall überinterpretiert, indem sie in dem Spiel den Nachfahren eines kultischen Rituals erkennen wollten, oder die Schwarze Köchin so wie den Schwarzen Mann, vor dem man sich nicht fürchten will, wenigstens in die Nähe von Totentänzen der Pestzeiten rückten. Die Feststellung der Entstehungszeit oder andere historische Einordnungen sind allerdings für die einzelnen Spiele kaum möglich, sie können nur typologisch erfaßt werden.

In der Forschung werden seit einigen Jahrzehnten zunehmend Rituale des Alltags beachtet, triviale Handlungen, deren ritueller Charakter nicht immer sofort offensichtlich ist (z. B. Begrüßung, Abschied, Formen der Gastfreundschaft u. ä.). In einem Beitrag zu diesem Thema definiert Arnold Niederer die Kategorie der Rituale allgemein nach folgenden Grundzügen:[39]

1. Die Handlungen werden wiederholt nach einem Zeitmuster, das gesellschaftlich definiert ist, oder sie finden statt in einer gegebenen Situation,
2. sie sind institutionalisiert, d. h. sie folgen den Regeln einer bestimmten Gesellschaft,
3. sie sind ihrer Natur gemäß expressiv und unterscheiden sich dadurch von rein zweckgebundener Aktion.

Wie Niederer betont, verwenden Erwachsene im Alltag das Ritual, um Interaktion zu erleichtern, während die kindliche Gesellschaft den Ritus als eine Quelle des Vergnügens für sich wahrnimmt. Und beim Auszählreim handle es sich gewissermaßen um die reinste Form des Rituals: Er ist institutionalisiert, nicht »nützlich«, wird wiederholt und ist expressiv.

Wiederholung, Regelhaftigkeit und Expressivität gehören allerdings ohnehin zu den charakteristischen Merkmalen der Spiele selbst. Das Beherrschen der Regeln macht ebenso Vergnügen, wie ein wiederholtes und extensives Auszählen, wenn etwa an den Reim selbst noch das Buchstabieren eines Namens oder das Abzählen einer Altersangabe angehängt wird. Die Kinder dehnen also einen Vorgang genüßlich aus, der eigentlich nur zur Bestimmung eines Spielers für eine besondere Funktion in dem folgenden Spiel führen soll. Der große Bestand an vielfältigen, oft umfangreichen, alten wie neuen Abzählreimen hat dazu geführt, daß dieser Teil der Kinderlore besondere Beachtung findet und sie manchmal in Sammlungen in einer eigenen Abteilung als »Abzählspiele« aufgelistet werden, obwohl sie in jedem Fall ja nur Mittel zum Zweck des eigentlichen Spiels sind. – Vergnügen am Ritual bedeuten auch andere Formen des Auslosens: Hälmchen ziehen, Knobeln (»Stein, Papier, Schere«) und z. B. beim *Räuber-und-Schandi*-Spiel das Auswählen der Spieler für die beiden Parteien durch »Blind-Bestimmen«: ein Spieler muß die Augen zuhalten, ein anderer deutet der Reihe nach auf die Mitspieler und fragt den Nicht-Sehenden jeweils, zu welcher Partei dieser Spieler gehören solle.

Bei den Fangspielen entscheidet die rituelle Berührung – manchmal darf der Berührte sogar noch weiter mitlaufen, muß aber die Hand auf der berührten Körperstelle lassen. Der Sucher in den Versteckspielen scheidet meistens den Entdeckten durch die Namensnennung aus, aber in einigen Spielen verlangt die Regel auch das gleichzeitige »Anschlagen« am Mal, an dem sich andererseits ein unentdeckt Gebliebener »freischlagen« kann. Mit einem Schlag kann allerdings auch ein schon Gefangener durch Mitspieler befreit werden. Die eigentümliche »magische« Bedeutung der Berührung mit der Hand läßt sich auch erkennen in dem weit verbreiteten Ritual des »Letzten geben«: Wenn die Spielgruppe nach dem Spielende auseinanderläuft, versucht man einen letzten Abschlag rasch weiterzugeben – wer ihn nicht mehr loswird, muß ihn sozusagen über Nacht behalten.

Das Freimal, also ein Ort des Asyls, und eine Reihe von rituellen Spielstrafen ebenso wie Formeln bei der Eigentumssicherung und dem Eid sind in früheren Spielgenerationen aus dem miterlebten Rechtsbrauch übernommen worden[40], zu manchen finden sich noch heute Analogien im Brauchtumsumfeld. – Rituelle Spielstrafe kann das Schlagen mit dem Plumpsack sein, auch eine Art Spießrutenlaufen durch die Doppelreihe der Mitspieler, die mit Händen oder geknoteten Taschentüchern nach dem »Delinquenten« zielen. Sie sind nicht zu verwechseln mit Bestrafungen in Rollenspielen, die Vorgänge der Erwachsenenwelt nachahmen und dabei lebensgefährlich werden können; es gibt immer wieder einmal aktuelle Presseberichte über einen ähnlich tragischen Ausgang eines Kinderspiels, wie in den Geschichten vom *Hängen spielen* oder dem *Schweineschlachtenspiel* (AaTh 1066, 1343 und AaTh 2401).– Eine rituelle Schmähstrafe bezieht sich auf die Konstellation der Spieler und meint nicht das individuelle Kind. So kann der letzte übriggebliebene Spieler bei der *Schwarzen Köchin* von allen als »Faules Ei« (englische Kinder sagen »rotten egg«) ausgelacht werden, meistens wird er selbst bei der nächsten Spielwiederholung die Schwarze Köchin sein. Einem Verlierer kann auch der Schmähtitel »Esel« verliehen werden – in einem agonalen Spiel wurde sein Besieger früher dann häufig als »König« geehrt. Eine Erniedrigung als Spielstrafe bei gleichzeitiger Erhöhung des Gewinners drückt sich aus in einem Ritual, das zeitlich und regional sehr weit gestreut vorkommt. Es handelt sich um das »Huckepack-Tragen«, bei dem zum Spielende der oder die Verlierer den oder die Gewinner eine Strecke weit auf dem Rücken tragen mußten.[41] Auf so anschauliche Weise wird damit Unter- wie Überlegenheit demonstriert, daß verständlich wird, warum sich dieses Ritual auch in ganz anderem Kontext wiederfindet. In einigen der Tiermärchen von Wolf (Bär) und Fuchs trägt der durch Verschulden des Fuchses schwer angeschlagene Wolf (Bär) den unverletzt gebliebenen Fuchs auf dem Rücken, der den Düpierten zusätzlich verhöhnt, indem er singt: »Der Geschlagene trägt den Nicht-Geschlagenen« (AaTh 4).

Zwischen Dämonenspielen und Sagen gibt es manchmal Gemeinsamkeiten, die aus einem allgemeinen »Humus« des Aberglaubens entstanden sein mögen, und es entsprechen sich dann die Vorstellungen von Geistern und unheimlichen Orten. In Skandinavien erzählen sich Kinder in unserer Zeit gern die Gruselsage von dem gespenstischen Wesen (Herings- oder Marmeladetopf) im Keller, das jedes Familienmitglied mit dem Tode bedroht, wenn es etwas von dort holen will.[42] Ein vergleichbares Thema hat das Spiel von der *Hex im Keller* (engl. *Ghost in the Well*), ein Dramolett mit festen Rollen und mehreren Handlungsteilen und -orten. Seit über hundert Jahren gibt es Aufzeichnungen von diesem Typus in einigen europäischen Sprachen. Seine vorgestellten

Handlungsorte und Requisiten können zwar variieren, aber es weist eine immer gleiche Grundstruktur auf. Nach einer eigenen Aufzeichnung aus den siebziger Jahren im Münchner Umland gab es folgenden Spielverlauf:

> In der Ausgangssituation befinden sich die ›Kinder‹, die eben ›von der Schule gekommen sind‹, vor der ›Mutter‹ im ›Haus‹, die ›Hexe‹ kauert davon entfernt im ›Keller‹.
> Ein Kind: »Mutter, kann ich ein Butterbrot (einen Apfel, ein Kuchenstück) haben?«
>
> Hierauf wird die Situation mit Fragen der Mutter ausgespielt, z. B. ob die Schulaufgaben schon gemacht seien: das Kind weist die Handflächen als Seiten eines Heftes vor. Die Mutter kontrolliert etwa auch, ob die Hände schon gewaschen sind, und schickt erst das Kind zum Waschen.
>
> Dann sagt die Mutter: »Geh in den Keller und hol dir ein Butterbrot (Apfel usw.).«
> Das Kind geht zum Ort der Hexe, dort richtet sich die auf, fuchtelt mit den Armen und macht »Huu!«
> Das Kind rennt aufgeregt zur Mutter: »Mutter, im Keller ist eine Hex und macht ›Huu‹!«
> Mutter: »Ach nein, da hängt bloß dem Vater sein Hemd (Jacke, Hose, Mantel usw.).«
> Die Mutter schickt (bei wenigen Mitspielern) das Kind zusammen mit den anderen noch einmal in den Keller, oder sie schickt (bei mehreren Spielern) das nächste Kind, das ebenfalls um ein Butterbrot oder etwas ähnliches gebeten hat.
>
> Auch in den Wiederholungen wird jeweils die Eingangsszene ausgespielt, dann wiederholt sich die Begegnung mit der Hexe, das Berichten bei der Mutter und deren Beschwichtigung: »Das ist bloß die Jacke (oder andere Kleidungsstücke) vom Vater!«

Nachdem das letzte Kind zurückgekommen ist, will die immer noch ungläubige Mutter nachsehen und geht zusammen mit allen Kindern selbst in den Keller. Die Mutter sieht die Hexe, die sich erhoben hat, und legt ihr die Hand auf den Kopf. Die Hexe dreht sich darunter.
Mutter: »Wer bist du?« – Hexe: »Eine Hex!«
Mutter: »Was ißt du?« – »Hexe: »Menschenfleisch!«
Mutter: »Was trinkst du?« – Hexe: »Menschenblut!«
Mutter: »Wann kommst du?« – Die Hexe flüstert der Mutter eine Zahl zwischen 1 und 12 (bzw. 24) ins Ohr, ohne daß die Kinder es hören können.
Mutter und Kinder fassen sich an den Händen, gehen im Kreis herum und singen: »Ein Uhr hat's geschlagen und die Hex ist noch nicht da, zwei Uhr hat's geschlagen ...«, bis zu der Zahl, die nur die Hexe und die Mutter kennen. Ist diese genannt, ruft die Hexe: »Und die Hex ist da!« und stürzt sich auf die davonstiebenden Kinder. Die ersten beiden Gefangenen werden im neuen Spielablauf Hexe und Mutter.[43]

Der Schlußteil mit dem Zeitaussingen fehlt in den englischen Versionen und in manchen deutschen, er kommt aber deutsch wie englisch kombiniert mit anderen Dämonenspielen vor und findet sich in mehreren Sprachen auch als selbständiges Spiel. In deutschen, österreichischen, schweizerischen und in niederländischen Aufzeichnungen soll Butter aus dem Keller geholt werden, und der Menschenfresser ist meistens eine Hexe, die ja in vielen Sagen eine deutliche Verbindung zum Buttermachen hat; besonders in Österreich heißt das Spiel manchmal auch *Das Butterfaßl.* In den englischen Aufzeichnungen schreckt die Kinder vor allem ein Geist oder ein Alter Mann, der aus dem Brunnen aufspringt, an den die Kinder zum Händewaschen geschickt worden sind, bevor sie ihren Hunger stillen dürfen. Der Brunnen kann in einem Garten vorgestellt werden, modernere Fassungen haben eine Wasserstelle in der Waschküche. Der gefährliche Geist scheint also, wie in manchen englischen Sagen, eine feste Beziehung zum Wasser (Brunnen, Quelle) zu haben.

Konstant mit dem Typus verbunden sind die Beschwichtigungen der Mutter (meist werden Kleidungstücke des Vaters genannt) und Dialogsequenzen, mit denen sich das gespenstische Wesen als Menschenfresser zu erkennen gibt. Sie entsprechen häufig ähnlichen Menschenfresserdialogen in anderen Dämonenspielen. Und durchgehend findet sich die Einbettung in eine reale häusliche Alltagssituation mit Mutter und Kindern, zu der die Begegnung mit dem Unheimlichen einen spannungsreichen Kontrast darstellt – auch darin zeigt sich eine gewisse Nähe zur Sage.

Die in den verschiedenen Beispielen aufgezeigten Gemeinsamkeiten von dramatischem Spiel und Volkserzählung in den Gattungen Ballade, Märchen, Legende, Schwank und Sage betreffen aber immer nur bestimmte Elemente einzelner Spiele und sagen nichts aus über mögliche inhaltliche Kategorien, die den Einteilungen der Volkserzählungen entsprechen könnten. Märchen und Spiel sprechen die Beteiligten in jeweils spezifischer Weise an und haben für sie unterschiedliche Funktionen. Zu deren besserem Verständnis kann die Psychologie wesentlich beitragen und manche Vorgänge beim Spielen erklären. Allerdings sollten auch hierbei einige der Einschränkungen beachtet werden, die Lutz Röhrich für ausschließlich psychologische Deutungen von Volkserzählungen anführt[44]. Wie beim Märchen ist es müßig, nach einer Urform suchen zu wollen oder nach einer bestimmten Entstehungszeit. Spieltexte sind auch nicht in erster Linie Literatur, selbst wenn sie zusammenhängende Reimabfolgen und Dialogpassagen enthalten, von denen manche als frei verfügbare Teile im Märchen wie im Spiel einsetzbar erscheinen, so wie die Menschenfresser-Sequenz vom Menschenfleischessen und Bluttrinken.

Im Spielgeschehen wirken in komplexer Weise mehrere Komponenten zusammen: der Wunsch nach gemeinschaftlicher Unterhaltung, die frei ist von den Bestimmungen durch die Erwachsenenwelt, abwechslungsreiche Aktivitäten einer Gruppe nach selbstgesetzten Regeln, und Befriedigung einer Reihe von spezifischen Bedürfnissen. Wenn Kinder in einer informellen Gruppe miteinander spielen, geht es um freie Bewegung, Steigerung ihrer körperlichen und sprachlichen Geschicklichkeit, sie erproben Abwechslung im Ausgestalten ebenso wie Beherrschung von Regelstrukturen. Die Vielfalt der Spiele eines Repertoires bietet ihnen dafür kombiniert motorische, haptische, verbale, akustische, optische Reize, und sie können ihre Phantasie einsetzen und Gefühle ausagieren. Auf verschiedene Arten befriedigen die Kinder das Bedürfnis nach Spannung und deren Lösung: es geschieht z. B. in Versteck- und Fangenspielen und auf besondere Weise in den Dämonenspielen durch eine Begegnung mit dem Unheimlichen. Die Konfrontation mit etwas, das Angst macht, findet sozusagen im schützenden Simulationsraum der Spielwirklichkeit statt. Mit geringem Risiko kann das Kind Gefahr und Bedrohendes provozieren[45], kann es auch parodieren und sich sozusagen mit Genuß gruseln. Da durch den Rollenwechsel jeder einmal Angst haben und einmal Angst machen kann, kann sie auch bewältigt werden.

Viele dieser entwicklungsbedingten Grundbedürfnisse der Kinder bleiben in allen Zeiten gleich, und darin liegt wohl auch eine Erklärung dafür, daß bestimmte Spielmuster so lange überlebt haben und mit »modernisierter« Ausstattung weiter existieren. Es wirken zusammen einerseits Beharrungsvermögen im Beibehalten der Strukturen und andererseits in der Ausgestaltung flexible Anpassungsfähigkeit an das alltägliche Umfeld. Aus diesem nimmt die Kinderlore jederzeit gängige Begriffe der Erwachsenenumwelt, sowie, vor allem durch die Medien, Elemente aus populären Erzählstoffen auf. In Reimen zum Auszählen oder zum Hüpfen finden sich heute sowohl Namen von Prominenz aus Politik und Unterhaltung wie auch griffige Formeln aus der Werbung, da gibt es Coca-Cola und Opel, Tarzan, Winnetou, Micky-Maus und Donald Duck, Robin Hood und Superman. Und schön gruseln kann man sich nicht nur bei Hexe und Schwarzem Mann, sondern auch bei Dracula. So heißt es dann im Ruhrgebiet wie in Tirol in einem Klatschspiel:

> Eins, zwei, drei, vier, Drakula,
> fünf, sechs, sieben, acht, Drakula,
> neun, zehn, elf, zwölf, Drakula.
> Die Uhr, die schlägt schon zwölf am Turm,
> Drakula am Telefon.
> Es klappert sein Gebeine,
> es klappert sein Gebiß,
> der Drakula hupft Gummitwist.[46]

Kinderverse

Ene, dene, supdrahene,
divi, davi, domine,
ecka, brocka, kasanocka,
zincki, zancki, drauß!

Rössei b'schlagn, Rössei b'schlagn,
miaß ma s' Nagei einischlagn,
ham ma s' Nagei einig'schlagn,
miaß ma's wieda außagrabn.

Auf dem Berge Sinai
wohnt der Schneider Kikriki.
Seine Frau, die Margarete,
saß auf dem Balkon und nähte.
Fiel herab, fiel herab,
und das linke Bein brach ab.
Kam der Doktor hergerannt,
mit der Nadel in der Hand,
näht es an, näht es an,
daß sie wieder laufen kann!

Summakäferl, fliag zum Brunn,
bring uns heit a warme Sunn.
Fliag davo, fliag davo,
daß i mi boid warma ko!

Ein Huhn und ein Hahn,
meine Predigt fängt an.
Eine Kuh und ein Kalb,
meine Predigt ist halb.
Eine Katz und eine Maus,
meine Predigt ist aus!

1 Schier-Oberdorffer 1985, S. 143 f.
2 Rausch, Nr. 78; Meier, Nr. 429; Züricher, Nr. 983; Haiding/Gaß, Nr. 59; Horak, II, Nr. 7404–7406.
3 Moser-Rath, Elfriede, EM (= Enzyklop. d. Märchens) Bd. 2, »Brautproben«; Horn, Katalin, EM Bd. 4, »Fleiß und Faulheit«.
4 Zu Sammlungen überlieferter Spiele in europäischen Ländern vgl. Literatur bei Schier-Oberdorffer, Uta, EM Bd. 7, »Kinderspiel«.
5 Pinon 1967, S. 14 f.
6 Opie 1985, Nr. 8.
7 Vgl. Beispiele bei Baader sowie Segler/Batel.
8 Röhrich, Lutz, EM Bd. 4, »Eva: Die ungleichen Kinder Evas«; BP (= Bolte, J./Polívka, G., Anmerkungen zu den KHM, 1913–1932) Bd. 3, S. 308–321; Enäjärvi-Haavio, Elsa: Über nordische Kinderspiele. In: Studia Fennica, Bd. 2. Helsinki 1936, S. 99–127, hier S. 124 f.
9 Bolte 1894, zu »Herzogin v. Orleans« bes. S. 183; Baader, Nr. 63, 64; Böhme (= Böhme, F. M., Deutsches Kinderlied und Kinderspiel, 1897), Teil II, Nr. 268–288.
10 Newell 1883/1903, S. 78. – Child, F. J., The English and Scottish Popular Ballads. 1882–1898.
11 Wells, Evelyn K.: The Ballad Tree. New York 1950, hier Kap. 6: The ballad and the nursery, S. 158–175.
12 Baring-Gould, S., Sheppard, H. F., Bussell, F. W.: Songs of the West. London 1905, S. 14. – Opie 1951, Nr. 44.
13 Wittrock, Wolfgang: Zur Tanzballade in Schleswig-Holstein. In: Jahrbuch für Volksliedforschung 14 (1969), S. 53–61, hier S. 58–61. DVldr (= Deutsche Volkslieder mit ihren Melodien),hg. v. Deutschen Volksliedarchiv, Bd. 1–4 Berlin 1935–59, Bd. 5 ff. Freiburg 1965 ff.
14 Böhme, II, S. 549–552; Wehrhan, Nr. 3304.
15 Baader, Nr. 77.
16 Baader, Nr. 106; Böhme, I, Nr. 1239.
17 Baader, Nr. 104; Böhme, II, Nr. 620; Bolte 1909, S. 401 u. ö.
18 Horak, I, Nr. 3841–3866. – Vgl. Wienker-Piepho, Sabine, EM Bd. 7, »Kettenmärchen«.
19 Horak, II, Nr. 7029–7045; Wehrhan, Nr. 3359–3361.
20 Schläger, Georg: Das Dornröschenspiel. In: ZfVk. 35/36 (1925), S. 259–271.
21 Kampmüller, Nr. 258; Horak, II, Nr. 7062 u. 7063.
22 Pinon 1958/59, S. 27–44.
23 Böhme, II, Nr. 123–159; Baader, Nr. 35; Horak, II, Nr. 6934–6938.
24 Opie 1969, *The Cake is burning,* S. 317–329, hier S. 328 f.
25 Newell 1883/1903, S. 215–221, 258–263, 279 f., 282; Newell 1890.
26 Literatur und Zusammenstellung einzelner englischer und deutscher Beispiele bei Schier-Oberdorffer, 1985, S. 251–260. – Vgl. zusätzlich Horak, II, Nr. 7448–7458.
27 BP, Bd. 3, S. 37–42.
28 Rumpf, Marianne, EM Bd. 5, »Fressermärchen«; dies., Ursprung und Entstehung von Warn- und Schreckmärchen. (= FFC 160), Helsinki 1955.

29 Gomme, I, S. 399: *Mother, mother, the pot boils over!;* II, S. 394: *The witch.* – Newell 1883/1903, Nr. 154: *Old witch,* S. 217.

30 Henßen, Gottfried: Deutsche Schreckmärchen und ihre europäischen Anverwandten. In: ZfVk. 50 (1953), S. 84–97, hier S. 86.

31 Kerbelytė, Bronislava, EM Bd. 6, »Haushalt der Hexe«; Scherf 1987 a, S. 25–75.

32 Opie 1969, S. 323 f.

33 Gomme, II, S. 391–396: *Old witch;* S. 187–189: *Shepherd and sheep;* Newell 1883/1903, S. 259 f.: *Old witch* (»glass/diamond slippers«).

34 Klíma, Josef R., EM Bd. 4, »Finger«, bes. Sp. 1142–1144; Röhrich, Lutz, EM Bd. 7, »Kleiner Fehler, kleiner Verlust«, bes. Sp. 1442 f.

35 Haiding, Karl: Kinderspiel und Volksüberlieferung. München, o. J. [1939], S.96 f., 107–111 u. passim.

36 Uther, Hans-Jörg, EM Bd. 6, »Hinken, Hinkender«.

37 Horak, II, Nr. 7420–7433 u. 7434–7445.

38 Opie 1969, S. 317.

39 Niederer, Arnold: Comportement ritualisés au quotidien. In: Ethnologia Europaea 20,2 (1990), S. 151–160, hier S. 152 f.

40 Künssberg, Eberhard Frh. v.: Rechtsbrauch und Kinderspiel. 2. erg. Aufl. Heidelberg 1952. (= Sitzungsber. d. Heidelberger Akad. d. Wiss., Philos.-histor. Klasse, 1952, 3. Abhandlung). Bes. S. 52–66.

41 Schier-Oberdorffer 1983, Das Huckepack-Tragen als Spielstrafe. Bes. S. 77 f.

42 Virtanen, Leea: Children's Lore. Helsinki 1978. (= Studia Fennica 22), S. 76.

43 Schier-Oberdorffer 1985; Vergleichsbelege S. 195–242.

44 Röhrich, Lutz: Vom »Woher?« zum »Warum?«. Was kann die volkskundliche Erzählforschung von der Psychologie lernen? In: Christine Burckhardt-Seebass (Hg.): Urbilder und Geschichte. Basel/Frankfurt 1989. S. 11–33.

45 Scherf 1987 b.

46 Fischer, Helmut, Kinderreime im Ruhrgebiet. Köln 1991, Nr. 1046–1058. – Horak, II, Nr. 7734.

Die Kinderreime auf S. 205 wurden ausgewählt und geschrieben von Petra Scholz.

Baader	Baader, Ulrich: Kinderspiele und Spiellieder. Bd. 1 u. 2. Tübingen 1979.
Bolte 1894	Bolte, Johannes: Das Kinderspiel vom Herrn von Ninive. In: ZfVk. 4 (1894), S. 180–184; 6 (1896), S. 98 f.; 22 (1912), S. 188–194.
Bolte 1909	Bolte, Johannes: Zeugnisse zur Geschichte unserer Kinderspiele. In: ZfVk. 19 (1909), S. 381–414, sowie ZfVk. 33/34 (1923/24), S. 85–95.
Gomme	Gomme, Alice Bertha: The Traditional Games of England, Scotland and Ireland. Bd. 1, London 1894, Bd. 2, London 1898. (Repr. New York 1964 und 1984).
Haiding/Gaß	Haiding, Karl u. Gaß, Sophie: Kinder- und Jugendspiele aus Niederösterreich. Wien 1980.
Horak	Horak, Grete: Tiroler Kinderleben in Reim und Spiel. Teil I – Reime. Innsbruck 1986. Teil II – Kinderspiele. Schwaz 1989.
Kampmüller	Kampmüller, Otto: Oberösterreichische Kinderspiele. Linz 1965.
Meier	Meier, Ernst: Deutsche Kinder-Reime und Kinder-Spiele aus Schwaben. Tübingen 1851 (Nachdruck Kirchheim/Teck 1981).
Newell 1890	Newell, William W.: Game of the child-stealing witch. In: Journal of American Folklore, 3 (1890), S. 139–148.
Newell 1903	Newell, William W.: Games and Songs of American Children. New York, 2. [erw.] Aufl. 1903. [1. Auflage 1883, Reprint der 2. Aufl. New York 1963].
Opie 1951	Opie, Iona u. Peter: The Oxford Dictionary of Nursery Rhymes. London 1951 (mehrere z. T. korr. Nachdrucke bis 1975).
Opie 1969	Opie, Iona u. Peter: Children's Games in Street and Playground. Oxford 1969 (Nachdruck m. Korr. 1970).
Opie 1985	Opie, Iona u. Peter: The Singing Game. Oxford 1985.
Pinon 1958/59	Pinon, Roger: La chanson de jeu et ses relations avec la matière épique. In: Fabula 2, 1958/59, S. 27–44.
Pinon 1967	Pinon, Roger: Probleme einer europäischen Kinderspielforschung. In: HessBlfVk. 58 (1967).
Rausch	Rausch, Heinrich: Das Spielverzeichnis im 25. Kapitel von Fischarts »Geschichtklitterung« (Gargantua). Straßburg 1908.
Riedl/Klier	Riedl, Adalbert u. Klier, Karl M.: Lieder, Reime und Spiele der Kinder im Burgenland. Eisenstadt 1957.
Rochholz	Rochholz, Ernst Ludwig: Alemannisches Kinderlied und Kinderspiel aus der Schweiz. Leipzig 1857.
Scherf 1987 a	Scherf, Walter: Die Herausforderung des Dämons. München u. a. 1987.
Scherf 1987 b	Scherf, Walter: Kinderspiele als Provokation des Grausigen. In: Baumgärtner, A. C. / Maier, K. E. (Hrsg.): Mythen, Märchen und moderne Zeit. Würzburg 1987, S. 57–77.
Schier-Oberdorffer 1983	Schier-Oberdorffer, Uta: Das Huckepacktragen als Spielstrafe. Bemerkungen zur Typologie eines Gestus. In: Dona Ethnologi-

ca Monacensia. Festschrift f. Leopold Kretzenbacher. München 1983. S. 67–81.

Schier-Oberdorffer 1985 Schier-Oberdorffer, Uta: Hex im Keller. Ein überliefertes Kinderspiel im deutschen und englischen Sprachbereich. München 1985.

Segler/Batel Segler Helmut u. Batel, Günther: Tänze der Kinder in Europa. Bd. 1 u. 2. Celle 1990.

Wehrhan Wehrhan, Karl: Frankfurter Kinderleben in Sitte und Brauch, Kinderlied und Kinderspiel. Wiesbaden 1929.

Züricher Züricher Gertrud: Kinderlied und Kinderspiel. Zürich 1902 (Neuauflage Bern 1951).

Holger Sandig

PUPPENSPIEL ALS MASKENSPIEL

Symbol, Stil und *Satire* sind Begriffe, die sich in einer langen Tradition mit den mediengerechten Ausdrucksmöglichkeiten des Puppenspiels verbinden, das in seiner Entwicklungsgeschichte überall dort eine Schlüsselfunktion erhielt, wo das szenische Spiel mit Menschen entweder tabuisiert oder doch auf einen engen Themen- und Formkreis reduziert war, wie etwa im islamischen Kulturbereich, der über Jahrhunderte hin kein Abbild des Menschen in der Kunst tolerierte. Die Als-ob-Funktion des Theaters wurde durch eine zweite Fiktionsebene gesteigert: Die Figur auf der Bühne, der Schatten hinterm Ölschirm wurde in einer streng stilisierten Darbietungsweise Symbol für verhinderte Spontaneität und rächte sich an der religiösen Zensur durch satirische Anspielungen, wie etwa die oft stark politisch und sozialkritisch engagierte Szene von Karagöz und Hagiewad im türkischen Schattenspiel. Die Puppe wurde zur Maske des Spielenden, der selbst daran gehindert war, vor dem Publikum aufzutreten und seine Überzeugungen in Rollen einfließen zu lassen.

Man braucht aber gar nicht so weit in der Kulturgeschichte zurückzugehen, um den evidenten Maskencharakter des Puppenspiels zu belegen, denn fast jeder kindliche Umgang mit Puppen hat ganz ähnliche Wurzeln. Kinder, die mit Puppen spielen, begeben sich unbewußt auf die Ebene des erst seit kurzem in die pädagogische Diskussion gebrachten Rollenspiels, indem sie ihren Puppen und sich selbst als Spielern Stimmen verleihen, die sich von ihrer natürlichen Stimme und Ausdrucksweise unterscheiden: Sie spielen Vater, Mutter und Kind, Arzt und Patient, Kaufmann und Kunde, Bär und Zoowärter. Erstaunlich ist dabei die Beobachtung, wie sehr Kinder im Spiel auch sprachlich und ausdrucksmäßig ihre Scheu verlieren, Töne und Formulierungen, Geläufigkeit im Sprachfluß und einen Wortschatz entwickeln, den sie sonst verbergen. – Indem sie sich als eigenständige Person hinter ihren »Rollen« verstecken, entfalten sie erst recht Persönlichkeit. Das ist eine

Erfahrung, die sich auch das moderne Kindertheater beim Entwickeln von Stücken in Kindergarten und Schule zunutze macht. Pädagogen berichten, wie Kinder, die große Scheu haben, sich vor Publikum zu zeigen, diese Ängste verlieren, wenn sie sich maskieren oder schminken, und sei es mit den einfachsten Mitteln. Ein übergestülpter Karton mit Sehschlitzen, ein buntes Tuch, und sie scheinen nicht mehr sie selbst zu sein: sie stellen dar. Jüngere Beobachtungen haben gezeigt, daß Kinder im Rollenspiel Themen, die sie scheinbar überfordern, leichter bewältigen, wenn man sie anleitet, mit Sprechmasken zu spielen, die Stimme also – entsprechend einer vorgestellten Figur – zu verändern. Spontan verfügen sie über reiche Ausdrucksmittel, die sie ohne Hemmungen ihren ›Rollen‹ zuordnen.

Immer wieder erlebt man auch, wie Kinder mit Figuren aus dem Alltagsleben – Polizisten, Sanitätern, Feuerwehrleuten und Soldaten – spielen, die Lautsprechercharakteristik ihrer Sprechfunkgeräte imitieren, beim Sprechen zu unterscheiden wissen zwischen Kommandosprache, Rufcharakteristik und Unterhaltung, als seien ihnen solche Erfahrungen geradezu angeboren. Bei der Behandlung von verhaltensgestörten Kindern hat man gerade mit Rollenspielen, die oft Spielpuppen zugeordnet wurden, überraschende Heilerfolge erzielt.

Auch das Kinder-Handpuppentheater gehört in diesen Bereich, weil die Handpuppe es dem Spieler ermöglicht, hinter der abgeschirmten Spielleiste zu wirken und dort ein ganzes Repertoire von typischen Stimmen, die mit dem Publikum kommunizieren, vorzuführen. Als Spielzeug wird die Puppe nicht nur zum Rollenträger, sondern auch zum Partner des Zuschauers, der zum Mitspieler wird; es entsteht eine Illusion, die auf gebrochene Weise im Bewußtsein beider Seiten ist und doch wieder durchs Spiel daraus verdrängt wird. Die Handpuppe des spielenden Kindes ist nicht nur Partner des Publikums, sondern auch des Spielers selbst, erfüllt also eine doppelte Masken- und Rollenfunktion. Einfacher zu erkennen ist dies an jenen Spielpuppen, mit denen das Kind seine Rollenspiele ohne Publikum veranstaltet; der phantasiebezogene Spielpartner, der einen Namen erhält: Teddy und Petz, Twiggy und Bello. Das Kind redet *mit* der Puppe und *durch* sie, indem es mit sich selbst redet, und bei diesem Reden gibt es ihr eine andere, eigene, dem Spielzeug zugeordnete Spielweise. Darüber hinaus projiziert das Kind in sein Spielobjekt Mimik, Gestik, Habitus und Attitude: Der kriechende Bär, die schlafende Puppe. Durch Gruppierungen und Umgruppierungen lassen sich sogar psychosoziale Beziehungen zwischen den Figuren herstellen und verändern.

Am sinnfälligsten wird der Maskencharakter beim einfachen *PAPIERTHEATER*, wie es noch in den 30er Jahren unseres Jahrhunderts in Deutschland, heute noch in Dänemark und England gepflegt wird: »Schreibers bunte Bilderbogen« und das dänische »Dukketheater« sind dafür die repräsentativen Beispiele, auf die gegenwärtig von manchen Kindertheatermachern zurückgegriffen wird, die ihren Programmheften Ausschneidekartons beilegen, aus denen man Bühne und Figuren des gezeigten Stückes zum Nachspielen herstellen kann. Als Ausdrucksträger einer Szene liefert die Papierfigur des Dukketheaters die nicht transitorischen Momente der Rollenträger: Ausdrucksindifferenz im Gesicht, vieldeutbare Körperhaltung bzw. biegsame Extremitäten bei der aus Draht angefertigten Spielpuppe. Darüber hinaus besteht eine gewisse Analogie zum perspektivischen Kulissentheater wegen der Fixierung möglicher Gänge zwischen den Papierkulissen, die keine perspektivische Verschiebung zulassen.

Durch den hohen Abstraktions- und Allgemeinheitsgrad der Papierfiguren bleibt den Kindern ein relativ großer Freiraum zu spielen, wie es ihren psychischen Bedürfnissen gerade entspricht, und in den indifferenten Ausdruck eigene Vorstellungen zu übertragen. Die Figur wird – ebenso wie die Handpuppe – zur Maske des Spielers, dessen Stimme durch sie hindurchtönt. Durch das *Wie* der Rede erhält die Figur Aussagekraft und vertritt ihren Spieler.

Das Äußern dessen, was ungebrochen seinen Adressaten kaum erreicht, ist aber nicht allein im kindlichen Puppenspiel, sondern überhaupt im szenischen Spiel mit Puppen ein signifikantes Merkmal des ganzen Mediums, dem man bei allen Puppenspielarten der Gegenwart begegnet: Handpuppe, Marionette und Stockpuppe.

Die *HANDPUPPE* hatte sich zu Beginn der 20er Jahre und dann auch nach dem II. Weltkrieg wieder in Deutschland – vor allem durch die *Hohnsteiner Handpuppenspiele Max Jacobs* (gest. 1967) als Medium von großer Eigenständigkeit profiliert, und das in einer Konzeption, die auf fast dekorationsloser Bühne mit viel Lichtregie arbeitete, wenige Versatzstücke benutzte und recht konkrete Effekte (Feuer auf der Bühne, Wasser kochen, Erblühen von Blumen) als Stilmittel einsetzte. Das Leibinstrument der Hohnsteiner war das Akkordeon, das die Gesänge Kasperles (Tra tra trallala) begleitete, der ohne Mikrophon den direkten Kontakt mit dem Publikum suchte. Schon Max Jacob schuf mit seinen Tierfiguren Klappmaulvarianten, wie wir sie aus der Muppet-Show kennen. Auch das ist mediengerecht, denn grade dreiste Tiere und Großmäuler kann man sich besonders plastisch mit Klappmaulfiguren vorstellen.

Die Hohnsteiner brachten das Jahrmarktpuppenspiel, das heute noch ein bescheidenes Eigenleben fristet, in den Theatersaal. Beibehalten hatten die Hohnsteiner auch die Jahrmarktstradition des bewährten Handlungsschemas: Mit Kasperles Hilfe wird eine schwierige Situation unter Mitwirkung der Zuschauer gemeistert. Ein typisches Spielmodell ist die alte Turandot-Fabel, nach der eine kapriziöse Prinzessin nur dem gehören will, der ihre Rätsel löst. – Die Figuren waren ein Typenensemble: Kasperl, sein Freund Seppl, Kaspers Frau Grete, Großmutter, Polizist, Tod und Teufel, Räuber, König und Prinzessin sowie die Tiere: Hund, Schlange und Krokodil. Übergroße Requisiten unterstrichen den drastischen Stil der Handpuppenbühne.

Im modernen Handpuppenspiel wird häufig auf die tradierten Figuren verzichtet, so daß eine weniger klischeehafte Aussage mit neuen Formen, Figuren und Stilmitteln möglich wurde: Tierfabeln, Musicals und Interaktionsstücke mit sozialkritischem, literarischem bzw. experimentellem Charakter setzen die Tradition der Kommunikation mit dem Publikum durch die Handpuppe fort.

Als Gegenpol hat sich in Deutschland auch die *MARIONETTE* durchgesetzt. Abgesehen von den *Schichtl*schen Jahrmarktspuppen gibt es eine Reihe führender Marionettentheater, die zum großen Teil stark von *Harro Siegel*, dem Braunschweiger ›Marionettenprofessor‹ geprägt sind. Zu ihrem Repertoire gehören Stücke wie der *Puppenspiel-Faust*, Mozarts Singspiel *Bastien und Bastienne*, Günter Eichs *Böhmische Schneider* (eine Abgrundsvision nach einem möglichen Atomkrieg, in der einer pervertierten Menschheit das Normale als abnorm erscheint). *Pti und Hapschisut*, eine ägyptische Liebesgeschichte, das chinesische *Lied der Laute* mit seiner Graf-von-Gleichen-Fabel, Michael Endes *Jim*

Knopf und Lukas der Lokomotivführer, kurz all das, was in großer Stilisierung zum Bereich des Phantastischen und Exotischen zählt, – last not least auch das Märchen.

Epische Stoffe werden im Marionettentheater bevorzugt. Auch spielt die Musik eine außerordentliche Rolle, weil ihr bindende *Kraft* zugeschrieben wird, die die pendelnden Bewegungen der Puppen organischer wirken läßt. Sogar wo mit abstrakten und mechanistischen Formen experimentiert wird (Harry Kramer/Paris, Spieldose/München), hat die Musik eine stützende Funktion.

Zwischen Handpuppe und Marionette steht die *STOCKPUPPE.* Sie hat sich in Deutschland – sieht man vom rheinischen Volkstheater ab – am wenigsten durchgesetzt. Kombiniert mit anderen Puppenarten, haben einige Bühnen in Deutschland einen neuen Ansatz gewagt. Sie lassen ihre Stockpuppen mit einfachsten Mitteln für Kinder spielen.

Die *Berliner Kullerköpfe* haben einige programmatische Thesen zum Stockpuppenspiel entwickelt. Darin heißt es: Der Mensch, der nicht unmittelbar, sondern durch die Puppe darstelle, kehre zur Urform des Theatralischen zurück. Die Puppe zeige das Wesentliche, was ihre Notwendigkeit erkläre. Diese Notwendigkeit müsse sichtbar werden.

Eine rein formalistische Gliederung nach Puppenspielarten (wie sie Beaumont schon 1938 vorlegte) bietet zwar Vollständigkeit, vergißt aber darüber deren Wesensmerkmale, also spezifischen Ausdruck und Bewegungsweise. Für den spezifischen Ausdruck aber bietet sich der graduelle Unterschied der Maskenhaftigkeit geradezu an.

Die Maskencharakteristik ist nicht zuletzt von Bewegungsart und Führungstechnik der Spielpuppen abhängig. *Walter Kipsch* hat in seinem Aufsatz *Vom Wesen der Puppenspielarten* in Harte und Weiche Führung untergliedert, was gleichbedeutend ist mit der engeren oder loseren Verbindung zum Puppenspieler, so daß vor allem die weicher geführte Figur, wie die an Fäden hängende Marionette, ein stärkeres Eigenleben erreichen kann. Kipsch schreibt: Das Mittel, mit dem die Bewegung auf die Puppe übertragen werde, bestimme den Charakter der Bewegung und dadurch die Artung des Puppenspiels: Die ›weiche‹ Führung an Fäden lasse dem ›Willen‹ und der Eigengesetzlichkeit der Puppe verhältnismäßig weiten Spielraum. Die ›harte‹ Führung der Stäbe und Drähte gebe dem Wollen des Puppenspielers stärkere Möglichkeiten.

Geht man vom Maskencharakter der Spielpuppe aus, läßt sich – analog zur harten bis weichen Führung – sagen, daß dieser um so subtiler wird, je weicher die Führung ist. Mit zunehmender Weichheit der Führung nimmt das Verhältnis des Spielers zu seiner ›Maske‹ allerdings einen anderen Stellenwert ein, denn je eigenwilliger sich seine ›Maske‹ entfaltet, desto mehr ist er darauf angewiesen, sich in sie einzufühlen, um ihr zunächst ihre Ausdrucksmöglichkeiten abzulauschen, bevor er sie nutzen kann. Ferner eignen sich Puppen mit harter Führung viel mehr zur Darstellung von *Typen* mit entsprechend typisierter Redeweise als weich geführte Figuren, die durch ihre größere Unabhängigkeit im wortwörtlichen Sinne so etwas wie eine individuelle Ausdruckscharakteristik gewinnen. Die Eckpole von Hart und Weich sind Handpuppe und Marionette; die Stockpuppe ist in einem Zwischenbereich angesiedelt.

Im komischen Puppenspiel – von der Handpuppe über die Stockpuppe bis zur Marionette – herrschen Typen vor, als pflanze sich in diesem Bereich die Dramentheorie von Diderot, Hurd und Lessing fort. Für die Puppe bedeutet dies, daß charakteristische Wesenszüge des physiognomischen und habituellen Ausdrucks einer bestimmten Vorstellungsgruppe von Märchengestalten oder psychosozial repräsentativen Vertretern durch die jeweilige Figurengestaltung derartig verdichtet werden, daß jede Figur eine Gattung vertritt. Dabei zeigt es sich, daß nicht nur komische, sondern auch geradezu nichtswürdig-lächerliche Gruppenrepräsentanten, die auf dem Menschentheater wie böswillige Karikaturen wirken würden, auf der Puppenbühne ihre verletzende Schärfe verlieren, daß Kleinheit und Stilisierung zu einer Wirkung führen, die sogar in der Aggression dem Liebenswürdigen noch näher ist als dem Polemischen. Auf diese Weise vermögen Puppenspieler durch ihr Medium Aussagen zu transportieren, für die – wegen der scheinbaren Harmlosigkeit der Präsentation – ein offeneres Ohr zu erwarten ist als im Menschentheater. Hinzu kommt, daß hinter den Aussagen des Puppenspiels meistens nur ein oder wenige Spieler stehen, die nicht selten auch noch ihre Figuren selbst angefertigt haben, also voller Überzeugung und Diskretion zugleich *durch* sie sprechen.

Vor allem die volkstümlichen *Figuren* (insbesondere die lustige Person) bieten sich für Anspielungen geradezu an. Aus dem italienischen *Pulcinella* wird in Deutschland *Kaspar Putschenelle,* in England *Punch,* in Frankreich *Guignol.* Der Stammvater all dieser der Commedia dell'arte verwandten Figuren ist der türkische Schattenspielclown *Karagöz.* Er versammelt um sich zahlreiche Vertreter einer ›ehrenwerten Gesellschaft‹, insgesamt über fünfzig. Wie Seppl der klassische Freund unseres Kaspers ist, ist es dort Hadschi Eiwad oder Hagiewad. Ferner gibt es den beschränkten Bauern, den sporenklirrenden, hochnäsigen Offizier, der an den Capitano der Commedia dell'arte erinnert, den reichen Geschäftsmann à la Pantalone, den Schacherer, den Gauner, den Räuber, die Dirne und den radebrechenden Ausländer.

Mit dem deutschen Handpuppenspiel haben diese türkischen Schattenfiguren die harte Führung gemeinsam, die Möglichkeit zur unmittelbaren Kommunikation mit dem Publikum. *Fritz Eichler* hat in seiner Münchner Dissertation über *Das Wesen des Handpuppen- und Marionettenspiels* (1956) die Bewegung der Handpuppe als ganzkörperliche, derb zupackende, undifferenzierte Ausdrucksmittel geschildert, weil die Hand des Spielers gewissermaßen den Leib der Puppe bildet. Hinter den verschiedenen Figuren, die auf der Handpuppenbühne aufträten, stehe eine vollkommen mit sich selbst identische Spielhaltung des einen Spielers, der mit einer ganzen Palette von Sprechmasken seine Figuren handeln lasse, sich an keinen festen Text, sondern – wie die italienischen Stegreifspieler – lediglich an ein Handlungsschema halte, das er vom Publikum mitbestimmen lasse, indem er es ständig befrage und ins Spielgeschehen einbeziehe.

Wenn dies heute auch nicht mehr ausschließlich zutreffen mag, so wird das Handpuppenspiel doch auf doppelte Weise zu einem Maskenspiel, denn zur Figur mit ihren für den Spieler selbst typischen Bewegungen treten viele Sprechmasken, die ständig mit den redenden Puppen wechseln, hinter denen aber die allen Figuren gemeinsame Identität des Puppenspielers steht.

Von der Führungstechnik her sollte man annehmen, daß die Stockpuppe die Brücke zur Marionette schlägt, weil sie die unmittelbare Führung der Handpuppe mit starren Verbindungen zum Spieler *und* die Gelenkigkeit der Fadenpuppe verbindet. In Deutschland allerdings war es zuerst, seit 1858, *Papa Schmids* Münchner Marionettentheater, für das Franz Graf *Pocci* seine Kasperle-Stücke schrieb, deren Hauptheld der Kasper Larifari von der Spielbude war. Hier wurde auf liebenswürdige Weise mit noch nicht ganz mediengerechten Mitteln mit Handpuppentypen eine Brücke zur subtilen Marionettenkunst geschlagen. Kasper Larifari war der Posse schon weitgehend entwachsen: An die Stelle der Situationskomik trat die Wortkomik. Vor allem *Die Geburt der Komödie,* die sich vordergründig an Kinder *und* Erwachsene richtet, zeigt die neue Tendenz auf ein Bildungspublikum hin, das zwischen den Zeilen zu hören vermag.

Viele Spiele Poccis sind in handfester bayerischer Mundart geschrieben, und in ihrer literarischen Form gestatten sie kaum ein Improvisieren mit dem Publikum. In der Geschichte des Puppenspiels nimmt Pocci eine Übergangsposition ein: Er unternimmt den Versuch, die Tradition des Handpuppenspiels mit den Ausdrucksmitteln des Marionettentheaters fortzusetzen. Vollkommen konnte dies allerdings nicht gelingen, da alle Puppenspielarten ihre eigenen Gesetze haben, die sich insbesondere aus der Führungstechnik herleiten und entsprechend die jeweilige Dramaturgie beeinflussen. Beides aber, Führung und Dramaturgie, hängt aufs engste mit der graduellen Differenzierung des Maskencharakters der Spielpuppen zusammen.

Die Handpuppe steht dem Menschentheater am nächsten. Ihr ganzkörperlicher Ausdruck entspricht der *Geste,* und die harten Bewegungen, die die starke Typisierung unterstreichen, bieten sich dem Zuschauer als einheitlicher Ausdruck dar.

Die Fadenpuppe hingegen spricht durch die sehr behutsamen, kleinen Bewegungen; sie kann mit Hilfe der – je nach angelegter Charakteristik – speziell führbaren Gelenke oft mehr mit einer Geste aussagen als die Handpuppe mit ihrem ganzen Körper. Dabei wirkt die Marionette noch weniger als die Handpuppe wie ein Schauspieler. Es entsteht eine Spielsituation, als befände sich eine gläserne Wand zwischen Puppe und Zuschauer, denn die Marionette bewegt sich zeichenhaft: Sie *ist* nicht, sie *bedeutet,* ihr Ausdruck wirkt am stärksten entmenschlicht.

Die platte Wirklichkeitsähnlichkeit eines Wachsfigurenkabinetts wäre ihrem entmenschlichten Stil unangemessen. Die Ausdrucksmittel der

Marionette liegen weitgehend zwischen denen des Schauspielers und der Plastik. Auch die gelungene Plastik als konzentriertes Abbild des Lebens scheint sich zu bewegen, indem sie – wie Lessing im *Laokoon* sagt – einen nichttransitorischen Moment ausdrückt. Schon im Lichthof aufgestellte Statuen scheinen sich unterm wechselnden Sonneneinfall zu verändern; wieviel mehr die Marionette – auch in ihren starren Ausdruckselementen – im Licht der Bühne und im bewegten Agieren. Aber die Marionette ist nicht nur ein plastisches Kunstwerk, sie ist auch ein szenisches, maskenhaftes Ausdrucksmittel. Erst das Spiel, ihr *Bewegtwerden*, läßt die Marionette an einem szenischen Vorgang teilhaben. Plastik *und* Bewegungstechnik stehen im Dienst der Szene. Harro Siegel spricht von der Wirkung der selbstbewußten Illusion, die die Marionette erzeuge: »Eine Illusion, die man vergißt und um die man doch weiß«. Während die Handpuppe wegen ihrer ganzkörperlichen Simplizität dann mediengerecht eingesetzt ist, wenn sie auf der Linie eines Typs improvisiert, ist es die Marionette, wenn ihr charakteristische Nuancen abverlangt werden, die der Einmaligkeit ihres Ausdrucks entsprechen.

Das Marionettenspiel wird von einer ganzen Gruppe von Spielern getragen, die jeweils eine Figur führen. Da aber die Gruppe der Marionettenspieler durch die Aufsicht von oben kein objektives Bild davon erhält, wie weit die Figuren in ihren Bewegungen den Ausdrucksabsichten der Spieler entsprechen und ob das Zusammenspiel nicht durch unterschiedliche Dynamik und Auffassungen der einzelnen Puppenspieler leidet, bedürfen die Marionetten – übrigens auch die Handpuppen und Stockpuppen – einer besonders sorgfältigen Regie, die mit Licht und Ton – beobachtend und korrigierend – experimentiert.

Infolge der weichen Führung gewinnt die Marionette, mehr als die anderen Spielfiguren, ihre unverwechselbare Eigengesetzlichkeit. Alle Glieder sind – wie Kleist dies in seinem Marionettentheater-Aufsatz beschrieben hat – zum Ruhepunkt strebende Pendel. Da nun die Schwerpunkte jeder Marionette, entsprechend ihrem differenzierten Ausdruck, anders gelagert sind, besitzt auch die einzelne Puppe ihre ganz eigene Bewegungscharakteristik, mit der sich ein Spieler erst vertraut machen muß, bevor er ihre Möglichkeiten ausschöpfen kann. Dadurch, daß die Marionette Schwerkraft und Zug ausgeliefert ist, gerät sie zwischen diesen Gegenkräften in einen Schwebezustand; durch das jeweilige Übergewicht *einer* dieser Kräfte kann sie mitunter Bewegungen ausführen, deren Nuancen bei ihrer Konstruktion nicht voll berechenbar waren. Die Marionette ist also nicht nur plastisches Kunstwerk, das in seinem Ausdruck auf sich selbst verweist, sie ist zugleich auch Mittel für ein einzelnes Puppenstück, für das sie geschaffen wurde.

Bei soviel Eigengesetzlichkeit ist es für den Spieler kein geringes Problem, den Maskencharakter seiner Spielpuppe angemessen zu nutzen. *André-Charles Gervais* unterscheidet in seinem Buch übers Französische Marionettenspiel (Paris 1947) drei Haupttypen von Marionettenspielern, die ihm in der Praxis mit unterschiedlicher Einstellung zu ihren Aufgaben begegnet sind:

1. Der Spieler, der nur die Möglichkeiten seiner Puppe zur Geltung bringen möchte. Die Rolle im Stück ist ihm Nebensache. Es geht ihm nicht darum, die Figur durch ihre Bewegung zu charakterisieren, sondern um die Wirkung der Puppe als Puppe. 2. Der Spieler, der *nur* die Rolle der Puppe so intensiv vor Augen hat, daß er darüber die Puppe vergißt. Die Puppe erscheint dann entweder passiv, oder ihr werden wegen der Rollenvorstellung des Spielers Bewegungen abverlangt, die in ihr nicht vorgeformt wurden und darum unecht erscheinen. 3. Für Gervais ist der beste Puppenspieler fähig, sich mit der ›Rolle‹ (= Aufgabe) der Puppe *und* mit der Puppe selbst zu identifizieren, sie also intuitiv als Maske zu nutzen. Mit der bloßen Intuition allerdings ist es nicht getan, da Spieler und Regisseur mit einer der Puppe angemessenen Distanz das Verhältnis von intendierter und realer Wirkung kontrollieren müssen.

Auch *Artur Kutscher* hat in seinem *Grundriß der Theaterwissenschaft* die Eigengesetzlichkeit der Marionette betont: Der Marionettenspieler schaffe den Ausdruck nicht frei und willkürlich aus sich selbst heraus, er ordne nicht seine körperlichen und seelischen Regungen der Puppe über, sondern unter, nehme die Gesetze ihrer Führung aus ihr, gebe ihr – im Gegensatz zur Handpuppe – einen entmenschlichten, rein puppenhaften Ausdruck.

Der Puppenspieler muß also vor allem darauf achten, daß die einzelne Gebärde mit dem Gesamtausdruck der Marionette harmoniert. Sie hat ihren eigenen puppenhaften Ausdruck, der sich aufs jeweils Wesentliche beschränkt: Die Marionette ist Maske des Spielers als Puppe. Ihre Stärke beruht auf der Paradoxie, daß menschliches Wesen mit nichtmenschlichen Mitteln zeichenhaft ausgedrückt wird.

Die Stockpuppe ist eine Zwischenform von Handpuppe und Marionette. Bis zu ihrem heutigen Stand hat sie eine lange Entwicklung durchgemacht, die zurückgeht auf das javanische Stabpuppenspiel, in dem stark stilisierte Figuren, allerdings in menschenähnlich vertrauten Proportionen, vor allem historische Stoffe, Sagen und Mythen vorführten.

Ist die Handpuppe weitgehend eine Typenfigur geblieben, so hat sich die Stockpuppe von ihr weg, auf die Marionette zu, zu einem Ausdrucksmittel sehr differenzierter stilistischer Absichten entwickelt, das in ihrem Bau quasi ›individuell‹ für eine jeweils einmalige Ausdrucksmöglichkeit präpariert werden kann, etwa einen beweglichen Mund, wenn es darauf ankommt, oder die Fertigkeit, sich bestimmter Geräte, die im geplanten Stück eine Rolle spielen, zu bedienen. Mit der Handpuppe hat die Stockpuppe die ›harte‹ Führung gemeinsam: Der Puppenspieler hat es mit dem Führungsstab des Körpers und den Drähten für Hände und Arme fest im Griff, welche Bewegungen seine Stabpuppe ausführen soll. Mit der Marionette hat die Stockpuppe die Palette der Gestaltungsmöglichkeiten gemeinsam: Zwischen Realismus und Abstraktion fließen die Grenzen.

Als Zwischenwesen gibt auch die Stockpuppe ihrem Spieler auf, ihr die spezifischen Ausdrucksmöglichkeiten erst abzulauschen. Auch gegenüber der Fadenpuppe hat sie den Vorteil, daß sich Bewegungen und Gesamtausdruck präziser planen lassen. Ordnet sich die Handpuppe ihrem Spieler als Instrument seines Willens unter, und paßt sich der Marionettenspieler weitgehend der Fadenpuppe an, deren Möglichkeiten er erst ertasten muß, so steht die Stockpuppe zwischen beiden Führungstechniken mitteninne: Hat der Spieler einmal das Wesen seiner Figur erfaßt, ist er, dank der ›harten‹ Führung, in der Lage, die Bewegungen seiner ›Maske‹ gezielt einzusetzen.

Die Stockpuppe stellt in ihrer Zwischenposition im Grunde die ideale Puppenspielart mit der größten theatralen Bandbreite dar, zumal es durchaus möglich ist, Handpuppe und Stockpuppe in *einer* Inszenierung sinnvoll zu kombinieren und darüber hinaus auch Zwischenformen von beiden Figurenarten zu entwickeln.

Vor allem der russische Puppenspieler *Sergej Obraszow* hat von solchen Möglichkeiten auf phantasievolle Weise Gebrauch gemacht, indem er seine sichtbar eingesetzten Hände, auf deren Finger er z. B. Kugeln als Puppenköpfe setzte, kombinierte mit Kostümierungen, die es gestatteten, einen Puppenarm am Stab zu führen, während der zweite Arm sein eigener war, dessen Hand – mit einem Handschuh überzogen wirkte wie eine Puppenhand, die zu den erstaunlichsten Aktionen fähig war. In dieser Kombination trat der Maskencharakter des Puppenspiels besonders deutlich zutage: Obraszow war es ja tatsächlich selbst, der sich, wenn auch nur partiell, auf der Puppenbühne zeigte, und der Ausdruck seiner Figuren war sein eigener Körperausdruck. Je mehr offenbar der Puppenspieler überhaupt von seinem Wesen in das der Puppe überfließen läßt, desto intensiver nutzt er deren Maskencharakter, der bei der Puppenplastik beginnt und sich im Spiel vollendet.

Auch der Bühnenschauspieler maskiert sich mehrfach: Er schminkt sich, trägt Kostüm, Perücke oder Bart, er macht Maske auf die Figur hin, die er darstellen will. Aber jenseits dieser äußerlichen Attribute der Maske beginnt erst die eigentliche Spielmaske, die über Mimik und Gestik bis zur Sprechmaske der darzustellenden Figur reicht. Was der Schauspieler als Persönlichkeit einbringt, ist aber nicht nur seine Verwandlungskunst, sondern darüber hinaus seine einmalige Geistigkeit, Emotionalität und Spontaneität in der Darstellung. Gleichgültig, ob er mehr zum Ich- oder Er-Spieler tendiert, die im Spiel angenommene Rolle als Maske bedeutet für ihn selbst eine Lösung vom Ich, ja sogar von seiner psychischen Verfassung und momentanen Gestimmtheit. Was den Schauspieler – im Gegensatz zur Puppe – immer noch zu stören vermag, sind seine persönlichen Eigenarten und die daraus resultierenden Zufälligkeiten, wegen denen *Edward Gordon Craig* in etwas überspitzter Formulierung der ›Übermarionette‹ den Vorzug vor dem Darsteller gab.

Und doch ist Puppenspiel etwas ganz anderes als Menschentheater: Im Gegensatz zum Schauspieler spielt die Puppe nicht, sie *wird* gespielt. Und je vollendeter ihre Führung ist, desto mehr wird ihr Ausdruck ein mittelbarer in der pantomimischen Gebärde. So tendiert die Puppe, im

Kontrast zur dominierenden Einfühlung des Bühnenschauspielers, eher zur Abstraktion: Was sie vermittelt, sind Signale und Zeichen, deren Verstehbarkeit auf Konventionen zwischen Bühne und Publikum beruht. Die Puppe – selbst schon Zeichen – wird als Material des Spielers zu *seiner* Maske, der er Gebärden ablauscht und wieder verleiht, indem er sie mit Sprechhaltungen verstärkt.

Eine besondere Rolle im modernen Puppentheater spielt der *Ton:* Jahrhundertelang hatte ein eigenartiger Bruch Marionetten- und Stockpuppenspiel in seiner Wirkung gemindert: Die Kleinheit und Künstlichkeit der Puppen stand in einem merkwürdigen Kontrast zu den natürlichen Stimmen der Puppenspieler. Der Handpuppe hatte dieser Kontrast überhaupt nicht geschadet; im Gegenteil: da sie von der Hand des Spielers leiblich verkörpert wurde und im Grunde ein Instrument seiner Gestik war, entsprach die Puppenspielerstimme voll dem Kommunikationsbedürfnis dieser Präsentationsform; mediengerechtes Handpuppenspiel war nichts anderes als improvisierendes Agieren und Reagieren. Anders bei den übrigen Puppenspielarten, deren hoher Stilisierung und Realitätsferne die aufdringlich wirkende Stimme des Spielers im Wege war. So behalf man sich schon in frühesten Zeiten mit allerlei Kunstmitteln, die menschliche Stimme zu verfremden und zu verändern. Eine frühe französische Erfindung war die Puppenspielerpfeife, das *Siflet pratique,* das aus zwei Horn- oder Metallblättchen bestand, die der Spieler zwischen Zunge und Gaumen legte, um so seiner Puppe einen synthetischen Stimmausdruck mit einer merkwürdig fremdartigen Charakteristik zu verleihen. Oder man sprach in Kannen, Tonnen und Eimer, um eine künstliche, oft seltsam hallige oder zierliche Akustik herzustellen. Mit dem Aufkommen von Mikrophon, Lautsprecher und Tonbandgerät waren endlich die mediengerechten Hilfsmittel für den akustischen Teil des Puppentheaters entwickelt, denn die Künstlichkeit elektronisch bearbeiteter Stimmen, Töne und Klänge entsprach der Zierlichkeit von Spielpuppe, Puppenbühnendekoration und Bewegungsform.

Am sinnfälligsten gerät die Maskierung der Spieler beim Zusammenwirken von Mensch, Puppe und Maske, wie dies gerade in den 60er Jahren mehrfach geschah: Im Krakauer *Teatro groteska* mit Mrozeks *Martyrium des Pjotr O'Hey,* beim Stockholmer *Marionetten-Theater* von *Michael Meschke* mit seiner *Ubu Roi*-Inszenierung, vor allem aber beim

New Yorker *Bread-and-Puppet-Theatre,* das der Deutsche *Peter Schumann* leitet. Alle diese Bühnen – und nach ihnen noch viele andere bis in die Gegenwart – haben den gemischten Spielstil gemeinsam, bei dem nicht nur eine permanente Verschiebung der Proportionen stattfindet, sondern darüber hinaus auch eine gestufte Skala von Maskierungsgraden eingesetzt wurde, deren direkteste die Gesichtsmaske, deren sublimste die Maskierung einer maskierten Figur war und ist, wie der des Höllenkönigs *Yama* in *Der Vogelfänger in der Hölle;* das ganze Puppen- und Maskentheater spielt sich quasi in seinem Leib ab, der selbst wiederum Maske für ihn ist, so wie er der Theatertruppe als Maske dient, – einem christlichen Kollektiv, das gegen den Vietnamkrieg protestierte.

An diesen mit Masken und Puppen spielenden Menschentheatern gewinnt die Maske noch eine außerästhetische Bedeutung: Die Maske ist nicht nur Chiffre für jeweils übergreifende Zusammenhänge oder Typen, nicht nur Lösung vom Ich, um einen Tanz von Spielern und Zuschauern einzuleiten, sie ist darüber hinaus ein politischer Schutzschild, hinter den sich zensorisch nicht so leicht greifen läßt wie hinter die Kulissen des Menschentheaters. Deutlicher noch als bei den anderen Puppenspielarten zeigt es sich bei diesem kombinierten Spiel, daß die Maske nicht nur ein Zeichen für Reales sein kann, sondern auch zur Metapher für einfachste, aber offensichtlich gefährdete Wahrheiten werden kann, die nicht zuletzt wegen ihrer Simplizität tabuisiert sind.

Vom Ästhetischen her verbieten Masken und Puppen jegliche ›Einfühlung‹ in die Figuren, die sie repräsentieren – nur die Einfühlung in die Puppe selbst ist zu leisten –, denn die Puppen repräsentieren ihre Figuren auf eine dem Einfühlungsvermögen entzogene Weise, und im Verhältnis zum Stoff tritt für den Zuschauer mit zunehmender Maskierung an die Stelle von Spontaneität die Reflexion. Die Maske wird zu einem Mittel der Brechung oder ›Verfremdung‹. Durch die Künstlichkeit der szenischen Präsentationen entsteht eine ›gebrochene Interaktion‹ zwischen Zuschauer und Spieler, die sich noch stärker als das Menschentheater zur Einwegkommunikation entwickelt: Die von *Heinz Kindermann* beschworenen »rückspiegelnden Wandlungsenergien«, die im Schauspiel vom Publikum auf die Spieler einwirken, müssen gegenüber Puppe und Maskenspieler verblassen. Arbeitet das Puppentheater auch noch mit Tonkonserven, ist die Möglichkeit zum Feedback erst recht gekappt, denn der Spielablauf ist dadurch programmiert.

Vor allem da können Puppen und Masken betroffen machen, wo ihr Larvencharakter durch eine ausgeprägte Deformation des Vertrauten ins Unvertraute gesteigert wurde, wo menschliche Formen sich mit den Zügen von Monstren mischen, wo eine Einzelheit das A- oder Unmoralische verstärkt zum Ausdruck bringt: Der Stahlhelm auf einem beklemmend karnevalistischen Schwellkopf als Zeichen militant bedrohlichen Kadavergehorsams – der Überteufel als Herr einer Bühne, deren Hintergrund von gigantischen Teufelsklauen aufgespannt wird, wie beim Bread-and-Puppet-Theatre. Konnte das Handpuppenspiel gerade durch die Präsenz der Maske eine größere Spontaneität als das Menschentheater in der Kommunikation zwischen Spielern und Publikum hervorrufen, so zeigt sich daran, daß der Maskencharakter einer Aufführung nicht nur beim Spieler Hemmungen und Schematismen löst, sondern auch beim Publikum, das viel bereiter ist, auf maskierte Partner als auf agierende Schauspieler einzugehen, zumal dann, wenn es selbst von der Bühne her so angesprochen wird, als wäre es Teilnehmer der Handlung.

Ein überzeugendes Beispiel von der Mediengerechtheit eines Stockpuppenspiels bietet folgende Erfahrung: Am Kasseler Staatstheater war Ende der 60er Jahre eine Szenenfolge mit Schauspielern produziert worden, die fürs Menschentheater nicht mediengerecht konzipiert war: Die Revue *Ich* von *Niki de Saint Phalle* und *Rainer von Diez.* Die Revue *Ich* erzählt – stellvertretend für ein schwerwiegendes Kapitel der Menschheitsgeschichte – von der Genealogie der Egozentrik, inkarniert in eine Frau. Ihr Lebensweg vom aufmüpfigen Baby, das fast schon dic Eltern umbringt, bis zum kriegerischen Triumph über alle, wird verfolgt. Eine wüste Karriere wird nachgezeichnet: Vom Elternmord im Kindesalter, dem ›Lustmord in der Badewanne‹ an den kleineren Brüdern reicht dieser Weg über folgende Stationen: *Ich* als erfolgreiche Rennfahrerin, als selbstherrlicher Opernstar, *Ich* in der Heilsarmee im Genuß der eigenen Güte. Nach derartigen Selbstbestätigungsversuchen folgen Eigenliebe, Selbstheirat und Funktionieren als Gebärmaschine von kleinen Monstern. Zuletzt erscheint *Ich* als größte Feldherrin aller Zeiten und entfesselt einen Bürgerkrieg, aus dem sie als letzte Überlebende hervorgeht. Angesiedelt ist diese epische Show im Lande *Monsteranien,* einem Drachenmaul, dessen kariöse Zähne das Volk in seiner unterwürfig-affirmativen Haltung repräsentieren.

Sowohl der epische Charakter dieser Nummernrevue mit Szenen ohne Steigerung und voller Künstlichkeiten, als auch die Peinlichkeiten, die erwachsene Schauspieler mit den Einblicken in die Intimsphäre eines solchen Monstrums haben, prädestinieren die Show für ein Puppen- oder Maskenspiel, in dem eine stilisierte Darbietung von derartigen Vorgängen zum Zuschauer einen Abstand herstellt, der ihn aus der banalen Fabel heraushält. Wo Groteskes eine Rolle spielt, wird es dem Zuschauer durch die Verdinglichung der Puppe erleichtert, zwischen den sogenannten dämonischen und banalen Komponenten der Fabelkette zu trennen. Puppenspiel schafft Distanz. Darüber hinaus bewährt sich gerade hier die *Stockpuppe* als angemessene Maske eines Engagements von Spielern, die sich – träten sie leibhaftig auf – durch die ihnen zugemuteten Szenen vor einem beliebigen Publikum schon deshalb unfrei fühlten, weil sie Trivialitäten aus der nichtswürdigen Intimsphäre eines Monstrums mit ihren persönlichen körperlichen Ausdrucksmitteln allzu direkt darzustellen hätten: Ihr Spiel wäre zwangsläufig entweder unbeholfen oder peinlich. Die Puppe hingegen, die gar keine vergleichbare Leiblichkeit, Getriebenheit und Scham einbringt, wird zum Subjekt der Demonstration von Haltungen, die der Zuschauer mit all ihren Verhängnissen wiedererkennen kann, ohne sich einfühlen zu müssen. Außerdem nimmt die Puppe der Thematik das Anstößige: sie ist nicht nur eine ästhetische, sondern auch eine politische Alternative.

Tatsächlich scheiterte der Kasseler Versuch mit Schauspielern an diesem Nummernstück, während er mit Puppen immerhin ohne Stilbruch als machbar erschien. Durch die Puppe decouvrierte Obszönität ist nur noch ihr Zeichen. Der Zuschauer kann sich nicht in die Figuren, sondern nur in den Stoff hineinversetzen, der ihm durch die Puppenmaske vermittelt wird. Die von *Arno Paul* als konstituierendes Element des Theaters verstandene symbolische Interaktion wird zu einer gebrochenen symbolischen Interaktion wegen der Unsichtbarkeit der Spieler und des künstlichen Tones der Elektroakustik. Daß für einen Stoff wie *Ich* sich gerade die Stockpuppe bewährt, hängt mit seiner Konzeption zusammen: Die Hauptfigur ist äußerst aktiv und zupackend, handelnd, eingreifend, verändernd, gezielt in ihren Bewegungen. Dafür würde sich auch die Handpuppe anbieten, wäre die Hauptperson auch kommunikativ. In ihrem Autismus jedoch agiert die Heldin, ohne reagieren zu können; Publikum und mitspielende Figuren sind quasi Staffage. Die passive Marionette aber wirkt weder aggressiv noch bestimmend. Die Stockpuppe wird den Ansprüchen von *Ich* auf ideale Weise gerecht.

Für die Zukunft des Figurentheaters läßt sich die Prognose wagen, daß es sich überall weiterentwickelt, wo es neue Masken und Spielmittel entdeckt und darüber hinaus dem Publikum Masken zum Mitspiel anbietet: *Sprechmasken* vor allem, durch die es – fragend und antwortend – in ein Rollenhandeln versetzt wird, ohne sich identifizieren zu müssen. Indem das Puppenspiel – wie *Oskar Schlemmer* einmal gesagt hat – das Mechanisierbare mechanisiert, wird auf der Bühne das Nichtmechanisierbare freigesetzt. Ähnlich könnte es einem Publikum ergehen, das auf seine Weise am Maskenspiel teilnimmt.

Literatur

Demmeni, Jewgeni: Puppen auf der Bühne. Berlin 1951.

Eich, Günter: Marionettenspiele. Frankfurt a. M. 1976.

Fettig, Hansjürgen: Hand- und Stabpuppen. Werkbuch für Gestaltung und Technik der Akteure im Figurentheater. Stuttgart-Botnang 1970.

Gesellschaft für Theatergeschichte e. V. (Hrsg.): Wanderbühne: Theaterkunst als fahrendes Gewerbe. Berlin 1988.

Günzel, Klaus (Hrsg.): Alte deutsche Puppenspiele. München/Berlin 1971.

Hadamowsky, Franz (Hrsg.): Richard Teschner und sein Figurenspiel. Die Geschichte eines Puppentheaters. Wien/Stuttgart 1956.

Küpper, Gustav: Aktualität im Puppenspiel. Eine stoff- und motivgeschichtliche Untersuchung. Emsdetten 1966.

Malik, Jan: Das Puppentheater in der Tschechoslowakei. Prag 1948.

Merck, Heinrich: Die Kunst der Marionette. Hamburg 1948.

Neuenfels, Hans: Europa und der zweite Apfel. Berlin/Hentrich 1980.

Niessen, Carl: Das Puppenspiel und seine kulturelle Bedeutung. Emsdetten 1971.

Nold, Wilfried (Hrsg.): Handbuch Puppenspiel/Figurentheater. Heft l: Literatur und Institutionen. Frankfurt a. M. 1976.

Purschke, Hans Richard: Die Entwicklung des Puppenspiels in den klassischen Ursprungsländern Europas: Ein historischer Überblick. Frankfurt a. M. 1984.

Ders.: Puppenspiel und verwandte Künste in der freien Reichsstadt Frankfurt/M. Frankfurt a. M. 1980.

Riedelsheimer, A.: Die Geschichte des Schmid'schen Marionettentheaters.

Rühle, Jürgen: Das gefesselte Theater – Der Puppenspieler Obraszow. Köln 1957.

Schubert, Sylvia: Wirkungstendenzen des Handpuppenspiels für Kinder. Erlangen 1982.

Schumann, Peter: Puppen und Masken – Das Bread and Puppet Theater. Frankfurt a. M. 1973.
Union Internationale de la Marionette und Deutscher Bund für Puppenspiel (Hrsg.): Das andere Theater. Frankfurt a. M. 1991.
Union Internationale de la Marionettes: Puppentheater der Welt. Zeitgenössisches Puppentheater in Wort und Bild. Berlin 1965.
Wegner, Manfred (Hrsg.): Die Spiele der Puppe. Beiträge zur Kunst- und Sozialgeschichte des Figurentheaters im 19. und 20. Jhdt. Köln 1989.
Wiegand, C. F.: Das Puppenspiel vom Doktor Faust. Frauenfeld o. J.
Einzelne Arbeiten:
Bahr, Hermann: Marionettentheater. In: Bahr, Hermann: Theater der Jahrhundertwende. Wien 1963.
Eichler, Fritz: Das Wesen des Handpuppen- und Marionettenspiels. In: Die Schaubühne Bd. 17. Emsdetten 1949.
Grimm, Reinhold: Masken, Marionetten, Märchen – Das italienische Teatro grottesco. In: Theater unserer Zeit Bd. 3. Stuttgart/Basel 1962.
Gugitz, Gustav: Die Marionettenspielerfamilie Hofmann. In: Jahrbuch der Gesellschaft für Wiener Theaterforschung. Wien 1951.
Kesting, Marianne: Stanisláw Ignazy Witkiewicz – Outrierte Marionetten. In: Panorama des zeitgenössischen Theaters. München 1969.
Klee, Felix: Paul Klees Marionetten. In: Bühne und bildende Kunst im XX. Jhrdt. Velber bei Hannover 1968.
Kramer, Harry: Figurinen als Objekte. In: Bühne und bildende Kunst im XX. Jhdt. Velber bei Hannover 1968.
Panowsky, Walter: Die Über-Marionette. In: Protest in der Oper. Das provokative Musiktheater der zwanziger Jahre. München 1966.
Salten, Felix: Puppenspiel. In: Schauen und Spielen Bd. II. Wien/Leipzig 1921.
Spies, Otto: Türkisches Puppentheater. In: Die Schaubühne Bd. 50. Emsdetten 1959.
Taëni, Rainer: Die Marionette als Metapher des Grotesken. In: Drama nach Brecht, Theater unserer Zeit Bd. 9. Basel 1968.

DIE AUTOREN

Otto Betz studierte in Frankfurt, München und Bonn Philosophie, Theologie, Germanistik und Erziehungswissenschaft. Von 1964 bis 1985 Professor für Allgemeine Erziehungswissenschaft und Religionspädagogik in der Universität Hamburg. Arbeitsschwerpunkte: Symbolverständnis, Dichtungshermeneutik, Spiritualität des Alltag.

Hans Fink, beheimatet im Banat/Rumänien, studierte Germanistik und Rumänistik an der Universität Temeschburg. 1965 bis 1991 Redakteur für Schulprobleme an der Bukarester Tageszeitung »Neuer Weg«. Veröffentlichungen in Buchform zu Fragen der Pädagogik, des Sprachgebrauchs und der Logik. 1991 Übersiedlung nach Deutschland.

Fritz Graf lehrt als Ordinarius Klassische Philologie und antike Religionsgeschichte an der Universität Basel. Zu seinen Arbeiten gehören »Eleusis und die orphische Dichtung Athens« (1974), »Einführung in die griechische Mythologie« (1985, 3. Aufl. 1991), »La magie gréco-romaine« (1994).

Eike Haenel ist Leiter des Freizeitamtes der Stadt Erlangen, künstlerischer Leiter des Folklore-Ensembles ›Tanz- und Speeldeel Ihna‹, Träger des Pommerschen Kulturpreises 1974.

Verena Kast, Prof. Dr. phil., Psychologin und Psychotherapeutin, Professorin an der Universität Zürich, Lehranalytikerin des C. G. Jung Institutes. 1. Vorsitzende der Internationalen Gesellschaft für Tiefenpsychologie.

Margarete Möckel, Märchenerzählerin und Märchenkundige. 1989 bis 1995 Vizepräsidentin der Europäischen Märchengesellschaft, Ausrichtung des Jahreskongresses 1993 »Spiel, Tanz und Märchen« in Erlangen zusammen mit Dieter Möckel und Helga Volkmann. Leiterin zahlreicher Märchenseminare innerhalb und außerhalb der EMG.

Rajyashree Ramesh erhielt eine Ausbildung im klassischen Tanz in Bangalore, Indien. Heute lebt sie in Berlin und vermittelt ihre Kunst sowohl bei Auftritten als auch im Unterricht, in Workshops und Vorträgen an verschiedenen Institutionen.

Holger Sandig, Prof. Dr. phil., lebt als Theaterwissenschaftler in Erlangen.

Uta Schier-Oberdorffer, Dr. phil., Untersuchungen und verschiedene Publikationen zur Spielforschung. Übersetzungen und Mitherausgabe bei Bänden der Märchen der Weltliteratur (Englische Volksmärchen 1979, Albanische Märchen 1974).

Ulla Schild, Dr. phil., M. A., ist Wissenschaftliche Mitarbeiterin am Institut für Ethnologie und Afrika-Studien der Johannes Gutenberg-Universität Mainz. Zahlreiche Veröffentlichungen zur afrikanischen Literatur, Kultur und Kunst. Mitherausgeberin einiger Märchensammlungen.

Alice Spinnler-Dürr lebt in Basel (Schweiz). Ethnologin mit Schwerpunkt Amerika, Frauen, Textilien, Ethnische Identität und Märchen. Mehrere Forschungs- und Studienaufenthalte in Peru, Bolivien und Paraguay. Fachreferentin an der Universitätsbibliothek Basel.

Nancy Thym-Hochrein studierte Theater, Tanz und Ethnologie an der Universität Kalifornien in Berkeley, Studienabschluß mit dem Diplom für Volkskunde und Mythologie. Sie ist Archivarin des Vereins zur Förderung historischer Harfen e. V. und hat mehrere Artikel zur Geschichte der Harfe veröffentlicht. Bei ihren Auftritten verwebt sie Erzählung, Gesang und Harfenspiel.

Helga Volkmann studierte Germanistik und Anglistik, lebte als freie Autorin in Franken. Beiträge für verschiedene Zeitungen und Zeitschriften und für den Rundfunk, Vorträge, Buchveröffentlichungen, Herausgebertätigkeit. Aktive Mitarbeit in der Europäischen Märchengesellschaft, Mit-Ausrichterin des Jahreskongresses »Spiel, Tanz und Märchen« in Erlangen.

Maria-Gabriele Wosien, Dr. phil., Tanzpädagogin, Schriftstellerin, promovierte über das russische Volksmärchen (Universität London). Weiterführung der Arbeit ihres Vaters Bernhard Wosien, dem Begründer der »Meditation des Tanzes«. Lehrt sakralen Tanz in den Ländern Europas. Zahlreiche Veröffentlichungen zu diesem Thema.

Renate Zelger, Dr. phil., ist freiberufliche Autorin. Beiträge für den Bayer. Rundfunk und verschiedene Periodika. Edition: »Vom Teufel, dem die Lust zum Heiraten verging« (1992). Zweite, rechtshistorische Dissertation »Teufelsverträge – Märchen, Sage, Schwank, Legende im Spiegel der Rechtsgeschichte« (1995).

Die Illustratorin *Burgis Heller* ist Österreicherin; sie lebt und arbeitet seit einigen Jahren in Erlangen.